教育智慧与智慧型教师研究丛书书目

《智慧型教师素质探新》（刁培萼 吴也显 等/著）

《智慧型教师的诞生》（王枬 等/著）

《教学智慧的生成与表达——说课原理与方法》（李兴良 马爱玲/主编）

《儿童文化与儿童教育》（刘晓东/著）

《教师实践智慧及其养成》（邓友超/著）

《教师研究的意蕴》（柳夕浪/著）

《重建课堂文化》（丁谷怡 孙双金/主编）

《课堂教学叙事研究：理论与实践》（傅敏 田慧生/著）

《回归智慧，回归生活——教师教育哲学研究》（高伟/著）

《师生课堂文化冲突：审视与应对》（张希希 苏姗姗/著）

《创造幸福的教育生活》（吴安春/著）

教育智慧与智慧型教师研究丛书

丛书主编　田慧生

丛书副主编　刁培萼　吴也显　吴安春

教师研究的意蕴

>>>　柳夕浪　著

教育科学出版社
·北　京·

全国教育科学“十五”规划重点课题

“教育研究与教师的专业发展”研究成果

作者简介

柳夕浪，1959年生，江苏人，现任江苏省海安县教育局副局长，兼任中国教育学会教育实验研究会副秘书长、教学论专业委员会委员，江苏省基础教育课程改革专家指导组成员，南通大学教育学院教授。主持教育部“九五”青年专项和“十五”重点项目研究。先后在《教育研究》《教育研究与实验》《中国教育报》等报刊上发表学术论文近百篇，发表教育随笔及经验总结三十多篇。参与多部学术著作和教材的编写。

主要著作有：《课堂教学临床指导》（人民教育出版社，1998年第1版，2003年第2版）、《为了共生的理想》（江苏教育出版社，2001）、《教育研究的本质与规范》（四川教育出版社，1997）等。先后五次获江苏省哲学社会科学优秀成果奖。

丛书序

时代呼唤教育智慧及智慧型教师

田慧生

一、当今学校教育和课堂教学缺少什么?

关于教育智慧及智慧型教师问题的思考缘自八九年前发生过的一个真实故事。那时，某实验小学刚加入我主持的活动教学课题研究。为把课题前期的研讨引向深入，学校课题组设计了一道“数学题”，然后让一名数学特级教师对低、中、高三个年级段随机抽取的各20名学生进行测试。题目是这样的：一条船上载了25只羊，19头牛，还有1位船长，要求根据已知条件求出船长的年龄是多少？测试结果是大多数学生居然都算出了具体“结果”，只有少数学生对试题的合理性提出了质疑，且质疑者低年级学生居多，中年级次之，高年级最少。这一结果在学校教师中引起强烈震动，并进而引发了教师们对这样一些问题的不断追问和反思：即以现有的教学方式，我们是否把学生越教越聪明了？当今的学校教育和课堂教学究竟还缺少什么？

时至今日，这些问题依然困扰着我们并依然具有深刻的思考价值。

总体而言，经过了二十多年持续性的教学改革，特别是经过了近年来新课改的冲击与洗礼，中小学课堂教学整体面貌应该说已有了大的改观。在一波又一波改革的推动下，各种新的教育理论、思想、观点纷至沓来，各种新的教育教学模式、方法、技术、手段不断涌进课堂。以往课堂教学普遍存在的理论匮乏、方法单一、技术落后的问题已得到很大程度的解决。在这样的形势下，当下的课堂似乎并不缺少新的理论、方法、技术，也不缺少改革的热情和由此带来的繁荣局面。但是，长久以来人们所期待的课堂教学应有的生机和活力为什么仍然迟迟不能激发出来？学生在课堂中的生命创造和灵性为什么依然得不到释放，甚至在日复一日的机械学习中被销蚀、磨灭？教师在面对各种新的挑战和复杂多变的教学场景时为什么依然时常表现得无所适从、茫然无助？流行于课堂的各种理论、方法、概念、话语不断变换，但课堂的面目为什么依然似曾相识，甚至千篇一律？

再回到前面的问题，我们是否把孩子越教越聪明了？正如开篇的故事所印证的，现实中一个几乎不争的事实是：随着学生年级的递升，受教育时间的增加，知识量的扩大，学生的好奇心、想象力、创造力反而在逐渐萎缩，问题意识、批判意识在淡漠，而对教师、书本的依赖、盲从、迷信程度则越来越严重。为什么在教学改革不断深化的今天，在课堂改革一派繁荣的背后，仍然存在着这样一系列关乎课堂生存与质量的深层问题？原因固然是多方面的，但其中最为关键的因素之一恐怕在于，长期以来在我们热衷于将各种理论模式引入、移植到课堂，并要求教师接受、认知、照搬和实施这些新的东西时，忽视了教师基于自身体验、感悟、反思、实践而形成的教育智慧的作用，甚至压抑了这种作用的发挥。由于这些东西没有内化为教师自身的智慧，因而并没有真正形成对教育现实的内在改变。因此，如果基于以上判断进一步追问：当下的课堂究竟缺少什么？或当前教师的素质中亟待加强些什么？答案应该是一致的：教育智慧。

二、什么是智慧？什么是教育智慧？

什么是智慧？我们认为，在社会生活中，智慧是个体生命活力的象征，是个体在一定的社会文化心理背景下，在知识、经验习得的基础上，在知性、理性、情感、实践等多个层面上生发，在教育过程和人生历练中形成的应对社会、自然和人生的一种综合能力系统。它不只是一般意义上的聪明，甚至也不只是心理学概念中的智商，它是每个个体安身立命、直面生活的一种品质、状态和境界。正因为如此，人们常讲人要有大智慧才会有大格局。智慧实际上涵盖了个体多方面的素质，它融合了个体已有的知识经验、已有的经历。个体所经历的一切都有可能转化为智慧，“这种智慧和机智表达了我们整个身心的存在”①。知识不等于智慧，智慧不能像知识一样直接传授，但它需要在获取知识、经验的过程中经由教育的悉心呵护而不断得到开启、丰富和发展。因此，教育在人的智慧发展，特别是人的早期智慧发展方面，发挥着不可替代的重要作用。但这种作用并不是自然发生的，智慧的发展只能在富有智慧的教育条件下才能实现。也就是说，好的教育有利于智慧的发展，不良的教育条件有可能限制和压抑人的智慧发展。只有智慧的教育才能培养出智慧的人，只有有智慧的教师才能培养出有智慧的学生。同样，只有智慧的校长才能带出有智慧的学校。

---

① 马克斯·范梅南. 教学机智——教育智慧的意蕴［M］. 李树英，译. 北京：教育科学出版社，2001：15.

什么是教育智慧？如同智慧之于个体一样，教育智慧之于教育，同样体现为教育的一种品质、状态和境界。从大的方面讲，教育智慧是良好教育的一种内在品质，表现为教育的一种自由、和谐、开放和创造的状态，表现为真正意义上尊重生命、关注个性、崇尚智慧、追求人生幸福的教育境界。作为教育的一种内在品质，教育智慧是应当渗透、内化于包括师生教育活动及教育目的、教育价值、教育过程、教育环境、教育管理在内的教育的一切方面的。由于教师是教育目的、意义、价值、任务的直接体现者、承载者和实践者，是教育活动的组织者和主导者，因此在具体的教育情景中，教育智慧主要是通过教师的教育教学行为加以体现的。从这一角度来看，教育智慧在教育教学实践中主要表现为教师对于教育教学工作的规律性把握、创造性驾驭和深刻洞悉、敏锐反应以及灵活机智应对的综合能力。

对规律的把握，不是一朝一夕可以做到的，它是教师对教学的一种深层的理性认识，要经过长期丰富的实践才能最终形成，因而是智慧的高度表现。对复杂多变的教学工作、教育情景，能不能创造性驾驭，是否具有深刻的洞察力和敏锐的反应，也是体现智慧的很重要的方面。真正检验一个教师有没有智慧，要在实践中来看。当教学出现一些新的变化和突发性的情况，当具体的任务、目标、场景随着情况发生改变，教师能不能敏锐洞悉，能不能做出灵敏的反应、灵活机智的应对、恰当的现场策略调整，基本上能真实反映一个教师的实际智慧水平。

智慧型教师就是具有较高教育智慧水平的教师。智慧型教师的教育智慧是教育科学与艺术高度融合的产物，是教师在探求教育教学规律基础上长期实践、感悟、反思的结果，也是教师教育理念、知识学养、情感与价值观、教育机智、教学风格等多方面素质高度个性化的综合体现。智慧型教师与研究型教师有诸多共同之处，如都执著于教育规律的探索，现实问题的研究，对理论学习抱有很高的热情，将研究视为重要的成长基础等。但从二者的内涵和目标指向来看，智慧型教师具有更丰富的内涵和更高的目标指向，它对现代教师的成长提出了更全面的要求和更高的发展境界——即在实践与理论的紧密结合中全面提升自身的教育智慧水平。

需要指出的是，近年来我们一直提倡教师向研究型发展，总体上效果是好的，但同时也出现了一些值得注意的问题。一是在当前功利性很强的改革背景下，研究型教师在很多情况下已被当成一个标签，研究是目的还是手段这一问题被颠倒了，出现了大量为研究而研究的情况。实际上研究恰恰是教师智慧生成的重要途径和手段。不能把研究作为目的。研究永远是一种手段，是教师成长的一种途径。一旦把研究本身作为目的的时候，研究就变味了。另一个很大的问题就是，一些教师特别是一些青年教师，在重视理论修养，往研究型方向发展的同时，又出现了另外一种倾向，那就是对实践的忽视。所以，我们试图以“智慧型教师”这样一个概念来对教师专业发展方向进行新的概括，以便对教师专业成长的内涵理解得更为全面。因为教育智慧是教师教育理念、知识学养、情感与价值观、教育机智、教学风格等多方面素质的综合体现，具有更广泛的含义。以智慧型教师作为对教师的整体境界、专业发展的总要求，将从客观上对教师的理论学养和综合实践素质提出更加全面的要求。提倡智慧型教师，一定程度上会使教师的专业发展更为协调、完整和全面。

在实践中，教师教育智慧的形成途径是多方面的，因而教育智慧的构成也是多类型、多层面的。它既包含了基于整体感知、直觉把握形成的知性智慧，基于理论思考、规律认识的理性智慧，基于职业感、道德感、人际交往、师爱的情感智慧，也包含了基于个体经验积累、实践感悟、教学反思形成的实践智慧。教育智慧是教师整体素质的核心构成，它内在地决定着教师教学工作的状态、质量和水平，进而深刻地影响着人才培养的质量。

知性智慧是对教育的直觉把握、整体感知，主要是人对外部世界的一种直觉反映，是建立在直觉基础上的一种整体感知和反应能力。“教育的感知力（pedagogical perceptiveness）部分来自于某种无言的直觉的知识”①。理性智慧是在对教育问题的理性思考和规律认识的

① 马克斯·范梅南．教学机智——教育智慧的意蕴．李树英，译．北京：教育科学出版社，2001：273.

基础上形成的，它是教育智慧的核心构成和高级表现形式。

智慧不仅属于认识范畴，同时也是情感范畴的体现。如果只从认识范畴来谈智慧，这种智慧是不完整的。情感不仅是智慧的重要组成部分，同时还为智慧的生成提供了强大的动力，是智慧发展的维持系统。对教师而言，情感智慧是在教师的职业感、道德感、人际交往和师爱基础上形成的特殊智慧。特别是师爱，即对于教育对象的热爱，是教师情感智慧形成的重要基础，是构成教师情感智慧最为核心的内容。情感智慧对于教育而言是一种很重要的智慧成分，它可以在很高的程度上维持人对于智慧的追求，并不断加深对教育的认识和整体把握。

如果说理性智慧建立在对知识的把握和学习的基础上，那么实践智慧更多的是在经验的基础上，是在个体经验感悟、教学反思基础上形成的教学智慧。如果离开了长期的实践探索，离开了对实践的反思，那么教师的实践智慧水平是很难提高的。

在当前教学过程中，我们应当回过头来大力强调实践及实践智慧的重要性，让教师关注自身的实践智慧，再一次回归到实践中。在过去很长的时间里，一个教师最值得珍惜、能够反映和代表他教育生涯的价值及一生教学最宝贵财富的就是他的教学经验。中小学教师做科研也好，做教学也好，都应非常重视优秀教育经验的总结。在当代，凡在一线产生大的影响，真正被大家所接受的高水平的优秀教师，基本上都是在立足于个体优秀教学经验的提炼、概括、总结中，即在实践智慧的提升过程中，逐渐形成一套自己完整的教学主张并为大家所接受的。比如江苏的李吉林老师，她提出的情景教学理论，就是踏踏实实地产生于个体的长期实践，不是从书本上搬来的，是高水平实践智慧的结晶。但现在学校中又出现了一种倾向，就是对教师的实践经验关注不够。我们在大量移植别人东西的时候，个体的经验受到了忽视，这对整个中小学教育发展来说是十分不利的，所以在当前要特别强调和关注教师的实践经验和实践智慧。

在知识经济快速发展的今天，社会对教育发展的模式、人才培养的规格及教师专业发展的方向都提出了全新的要求。更加关注教育的品质和质量，更加关注人的个性培养和智慧开发，进一步推进教师专业发展由知识型向智慧型转变，已成为时代发展的迫切要求和客观需要。从基础教育阶段来看，九年义务教育基本普及以后，教育发展的模式已由数量扩张向质量提高转变。在这种情况下，我们的教育向何处去？学校教育、课堂教学改革的方向在哪里？一个重要的方面就是要关注教育智慧，关注课堂教育智慧的状态，重视智慧型教师的培养。这是实现学校内涵式发展和提高教育教学品质、质量的必由之路。把这样的要求凝聚在教师专业素质和课堂教学方面，无疑将从新的角度有力推动这两方面的发展与改革。

特别需要指出的是，随着新一轮基础教育课程改革的不断推进和课堂教学改革的不断深化，中小学教育教学改革正在进入攻坚阶段。改革进入攻坚阶段后所呈现出的前所未有的艰巨性、复杂性，以及教学活动自身的特异性、多变性和不确定性，都对教师洞悉复杂局势、把握复杂局面、应对复杂挑战的智慧品质和智慧水平提出了很高的要求。因此，高度重视和深刻认识教育智慧的意义与价值，切实提高教师教育智慧水平，努力探索智慧型教师成长的机制和途径，进而说，让智慧回归教育，让智慧唤醒课堂，让智慧引领教师专业成长，是时代的呼唤，是教师专业成长的需要，是课堂教学焕发生机与活力的契机，是新时期教育教学改革的重大使命。

三、是什么阻碍了教师教育智慧的生成？

（一）传统经典教学体系的束缚。总体而言，经过了二十多年的教育教学改革，我们虽然已经在很多方面取得了改革的成就，但迄今为止还没有从根本上突破传统的经典教学体系的大框架，这一体系在理论、实践上仍然顽强地影响着我们的教学现实。传统的经典教学体系发端于欧洲近代工业革命，20 世纪初经由日本传入我国。这一教学体系在教学认识上强调以知识为本位，以教师为中心，注重教学的知识传承价值，视教学为教师引导学生获取知识的特殊认识过程。在教学操作上，强调教学过程的标准化、程序化、规范化和精确化，视教学活动为可精确预设、程序化操作的标准流程。由于这套体系是在欧洲工业革命背景下形成的，无形中受到了近代工业生产原理的影响，因此其教学操作原理与工业生产原理在诸多方面有惊人的相似之处。这种建立在标准化、程序化、规范化操作基础上的教学体制，大大提高了知识传授效率，使得大批量培养学生在历史上首次成为可能，最大限度地满足了工业时代对培养具备基本读、写、算能力劳动者的需求，所以长期以来受到了广泛的欢迎。

另外，由于这一教学体系立足于教的需要，强调教师作用的发挥，注重为教学服务，重视教学过程、环节的操作化设计，因而具有很强的可操作性和可接受性，为教师的教学提供了最大的便利，在实践中深受教师欢迎和认同，并在长期的应用过程中与教师的内在需要和行为习惯融为一体，逐步形成了强大的实践惯性和超强的稳定结构。正因为如此，中小学教学改革虽经二十多年的艰苦探索，至今仍未攻破传统教学的堡垒。

时代发展到今天，当社会对人才培养的规格及教育发展的需要产生重大转变时，经典教学体系固有的一些优势正成为阻碍新型人才培养和教学创新的内在障碍。从教育智慧生成的角度来看，传统的经典教学体系至少在两个方面束缚、影响着教师智慧的形成。

第一，狭隘、片面的教学理论认识束缚了教师的理论视野，影响了教师对于教育意义、价值及教学活动丰富内涵的全面认识与把握。例如，传统教学理论长期以来坚持把教学过程的本质定位在特殊认识的层面上，即从哲学意义上视教学的本质为教师引导学生掌握知识的特殊认识过程。这样的认识从哲学的角度来看是合理的，但长期以来这种认识始终停留在哲学层面，没有把哲学认识转化为具体的教学认识，从而忽略了教学肩负的多方面使命和教学活动丰富的意义、价值与内涵。教学活动本身除了肩负认识使命之外，还肩负着其他多方面使命。如对学生情感的丰富和发展，对学生整个生命价值的提升，甚至对教师自身的成长的独特价值等。由于没有全面反映教学过程所承载的多方面的教育使命和应有的丰富内涵，因而在理论上导致了对教学价值认识的简单化，同时也导致了实践操作中的简单化倾向，导致教学过程在实践中被简单化为知识的授受过程，甚至简单化为知识的告诉与被告诉过程。在课堂中，教师的主要任务就是把知识告诉学生，学生作为被告诉者接受了知识，教学的意义和价值就全面实现了。这样一种简单化的认识和操作，妨碍和限制了教师的思考，影响了教师的理论视野，使得实践活动本身简单化，对教师教学智慧的形成产生了很大的束缚。

第二，传统教学操作体系高度的技术取向和工业化生产特征束缚了教师创造性的发挥。从操作层面上看，传统的教学操作体系是一个具有高度技术取向和工业化生产特征的体系。它强调教学流程的高度规范化、统一化、精确化和程序化设计，具有高度的可操作性和可接受性，这是其优势所在。教师一旦掌握了基本要求，就可以顺利实施教学。但是也正由于其高度的规范要求，教师在教学实践中创造性发挥的空间受到了极大的限制。按照传统教学的操作要求，教学内容的设计要追求高度的完整和细节化，甚至教师在课堂上讲的每一句话，重要的提示语，基本上都要非常详细完整地写到教案里面。教学过程各个环节的设计要追求高度的精确化和程序化，每个环节的前后衔接、起承转合都要设计得严丝合缝，每个段落用时多少都要做精心计算。教师在执行教学的过程中要完美无缺、高度准确地实现这些预设的目标。可以想见，在完成这样一个教学流程的过程中，教师在教学现场中灵活处置教学变化情况，灵活面对学生多样化需求的空间以及创造性发挥的空间还能有多大？这种高度技术取向的教学体系从根本上束缚了教师创造性的发挥，束缚了教学智慧的生成。对于教师而言，这些精确的规范要求就相当于一个格，教师入格以后，还应该考虑如何出格。但实际上这些过度精细、机械的规范要求使得教师一旦入格后，就被限定在一个具体的框架内，很难再出来。过去人们常说教学有法但无定法，其实这种说法深刻而辩证地反映了教学中教师入格与出格的关系。所谓教学有法，就是教学要有一个基本的规矩，要有一个基本的格。但更重要的是还要追求教无定法。教无定法，就是要求教师入格后还要出格，要大胆创新，要进入自由和智慧的境界。教师被定格，就会失去自我，失去智慧产生的基础。

（二）教学改革和教育科研的功利性取向。近年来，蓬勃开展的中小学教学改革和教育科研工作极大地推进了学校发展，提高了教学质量。但另一方面，改革与研究过程中出现的越来越强的功利性倾向，又正在损害着改革自身的成果，严重制约着教师教育智慧水平的提高。对一个学校也好，对一个教师也好，教学改革或科研工作一旦成为一种追求地位、声誉、利益的手段，乃至关系荣辱、命运的事情，其过强的功利性，必然会限制和阻碍人们的思考，并极大地影响教育的品质及教育者的智慧状态。

在现实中，急功近利式的改革和科研正以各种方式影响和干扰着学校及教师的智慧状况。如今在不少地方和学校，出现了一些所谓快餐式的改革，即为了快出成果、多出成果，什么东西快就学什么，什么东西时髦就学什么。学校中各种改革的话语、口号和主张走马灯似的变换，让人眼花缭乱。很多学校的课堂变成了各种“流行理论”的实验场，一些该传承、坚持的东西没有坚持下去，而所谓新的东西又不能长久。不少学校现在处在一种改革的亢奋过程中，同时也处在思路比较混乱的过程中，对于如何提高教学质量并没有形成比较冷静、严肃和富有智慧的思考。另外，在繁重的教学任务及繁忙的改革的双重重负下，教师在很多情况下已呈现疲于应付、疲于奔命的状态。过去我们总是批评教师给学生灌输了太多东西，现在回过头看，外界也给教师灌输了很多东西，教师的大脑被塞得满满的，再加上一些功利的导向，教师很难有冷静思考的时候，很难在工作过程中有自己的深刻感悟、体验和真正意义上的反思。现在甚至还出现这样的一种情况，即一些教师特别是青年教师在这样的背景下，热衷于通过快速引进、移植、模仿一些新的方法、模式，然后通过参加各种教学比赛获奖而快速成名。在这个过程中，由于教师所掌握的新东西往往停留在模仿、移植层面，并没有内化为教师自身的经验和智慧，快速的成功往往会助长骄傲的情绪，掩盖教师成长中的其他不足，影响他们教学智慧的正常生成。因此，这种“一课成名”式的成长之路，可能最终会影响教师的长远发展。

从教育实践的角度来说，中小学当前进行的教改研究大部分是以求善为目的的研究。求善研究的主要目的是求得改革教学的善策，是直接指向教育实践的。这类研究的一个基本要求就是以教师为研究的主体。如果丧失了这样的主体，研究就会陷入被动，就会成为外在于教师的强制任务，不仅会加重教师的负担，也会影响到教师对问题的独立思考，降低教师的智慧程度，这是应该避免出现的情况。但是不幸的是这种情况还不同程度地存在着，不少学校所作的研究课题或脱离教师的教学实际，远离教师需要；或完全为专家所左右，教师成了科研的木偶，丧失了研究的主体地位。学校虽然出了不少成果，但很多并没有内化成教师自身的东西，没有升华为教师的智慧。另外值得注意的是，如今教师富有个性的、有自己特色的话语越来越少。教师的论文和科研成果的表述，与各种教科书的语言越来越相似。甚至在一些经验交流研讨会上，教师在交流自己教学经验的时候，所说的话也都大同小异，这种情况可以称之为“教师失语症”。“教师失语症”实际反映的是教师个性逐步丧失、智慧水平下降的深层问题。

总体来看，在这样一种忙碌、紧张的功利背景之下，现在学校、课堂中正呈现出有知识却少智慧、有理论但少思想这样一种局面，人的整体智慧水平在表面繁荣下正出现下降。这种状况应当引起我们的高度关注。

（三）教师在传统教学背景下形成的一些习惯工作方式。在现实的教学中，教师长期形成的一些习惯工作方式也在很大程度上阻碍着教师智慧的形成。这些习惯方式主要表现为两类：一类是“搬运工式”的教学方式。在这类方式下，教师在整个教学过程中所做的主要工作就是简单搬运，即把所要教的知识、内容从教科书、教参上搬到教案上，然后把教案搬到课堂里，再把教案的内容告诉学生，一个教学流程就算完成了。教师在这里基本上是按部就班、原原本本地把教科书、教参的内容搬到了课堂，告诉了学生。在这样的教学过程、教学方式中，教师很难有什么创造性。教科书、教参已经成了教师的圣经，教师很难超越。

另一类方式是“捆绑式”教学。这种教学不但束缚了教师，而且在更大程度上束缚了学生。所谓捆绑式教学，就是对学生的思考、对学生的问题解答、对学生的整个思维活动进行人为控制、牵制。按照这种方式，教师在课前要认真设计教学中可能出现的重要问题，并同时设计好解决每个问题的标准思路和方法，确定标准答案。课堂中，教师虽然不再像过去那样把结论、答案直接告诉学生，而往往是以启发的方式提出问题，但教师很快就会以引导性、暗示性的评价语言迅速把学生的思路、解决问题的方法引到设计好的标准化路线上来，然后在教师的牵引下迅速指向标准答案、正确答案。这样，一个教学过程就完成了。这对知识的传授可能是高效的，但是高效背后牺牲的却是学生独立思考能力及实际解决问题能力发展的空间和权利。特别是当这样一种方式被普遍运用到各个学科甚至每一节课教学的时候，它带来的可能就是一种灾难性后果。

近年来进行中西方学生学习状况比较时，大家认同的一个事实是，中国青少年在知识掌握的系统性、完备性方面具有明显的优势，但独立思考的能力、实际解决问题的能力、创新精神与西方国家的学生相比却有差距。为什么会这样？从课堂深层来考虑，一个重要原因就在于长期以来我们已经习惯和普遍依赖这样一些教学方式实施教学。在这样的教学框架下，课堂中一切都按预先设计好的方案按部就班地推进，很少出现思考问题的波澜，出现教学的转折、高潮，这在根本上束缚了两个创造性：既束缚了教师自身，更束缚了学生的发展。十多年前我们在课堂里看到的是，全体学生45分钟都在背着手安静地听老师讲课。与那时比，现在课堂局面已大有改观，师生可以对话、互动，可以讨论、动手操作。但我们不能只看表面的改进，这些根深蒂固的传统教学方式如果不从深层上进行改进，这些表面的改革，最终不可能产生真正的效果。这也是影响师生智慧生成的一个重要方面。

四、教师如何走出缺乏教育智慧的困局？

第一，走出经典教学体系，重新认识教学的意义与价值。教师的教育智慧很多来自于对教学工作深层的、理性的思考和把握，如果理性认识是片面的，是有局限性的，那么教师的教育智慧很难得到提升，很难进入到一个较高境界。所谓有大智慧才会有大境界，这种大智慧很大程度上反映的是人们对问题把握的深刻性和全面性。经典教学体系理论上的诸多局限性，对教师教育智慧的提升已形成严重束缚。例如，教学是有双重性特征的，经典教学体系对教学的一些特征，比如教学的标准化、规范化、程序化以及可预设性、可控性等做了淋漓尽致的阐述，并且形成了一整套规范操作要求。但是教学体系的另外一些特征，如多样性、复杂性、特异性、灵活性、开放性、生成性、选择性等，经典教学体系在理论认识上是严重不足的，而这种理论认识上的不足直接导致了实践中课堂教学长期呈现机械、僵化的局面。因此在当前反思传统教学弊端，推进课堂教学重建的过程中，不仅要注重重建课堂教学的操作体系，更重要的是要重建课堂教学的理论体系，重建它的哲学基础，重新认识教学的意义、价值与特点，要在理论认识上逐步走出经典教学体系的大框架。

第二，要切实关注教师的实践积累和实践反思。教师的实践是每一位教师成长的基石。任何教师的成长，都离不开实践的锤炼。智慧源自实践，"智慧和机智是我们通过教学的实践——不仅仅是教学本身，所获得的。通过过去的经验，结合对这些经验的反思，我们得以体现机智。"① 真正的智慧来自于实践，真正高水平的理论成果也都来自实践。而真正的教育家、教育大师也只能是来自于实践。无论古代还是近代、当代，真正称得上教育家的，没有哪一个是缺少教育实践的。日本人评价中国只有两个半教育家，一个是孔子，一个是朱熹，那半个是陶行知。这当然是他们比较苛刻的说法，但也反映了陶

---

① 马克斯·范梅南．教学机智——教育智慧的意蕴．李树英，译．北京：教育科学出版社，2001：274.

行知在其心目中的地位。陶行知先生是当代著名教育家，是留洋回来的博士，但他真正在教育中产生巨大影响的思想认识，则来自于他的生活教育实践。教师对教育的各种看法、各种主张，教师所接受的各种理论和学说，只有在与实践的结合中，特别是在实践的反思中才能转化为自己的思想。离开了与实践的结合，最多只能说我们掌握了教育学知识，而不能说它已经转化为我们的思想，上升成了一种智慧。

第三，要切实关注教师的个体经验，尊重教师的个人风格。智慧在本质上是高度个性化的，没有完全相同的智慧，每个人的智慧都是深深打上自己的烙印的。要提高教师的教育智慧水平，关注教师教育智慧的状态，首先要关注教师的个体经验。教师的智慧可以通过学习获得，但这种学习首先必须立足于个体经验，外来的知识只有在和教师的个体经验结合的时候，才能被内化。现在教师有自己特色、有个性的东西越来越少，一个重要原因就在于现在有一种忽视教师个体经验，不尊重教师个人风格的倾向，再加之经过各种外在强加的“格式化”培训，教师像被洗脑一样，最后变得都一样，失去了个性和个人风格。如果一个人没有自己的特色和风格，其智慧水平不可能高。就教师个体而言，他最宝贵的财富，就是他的个体经验，特别是那些值得总结、挖掘、提炼的优秀教学经验。在教学实践中应鼓励教师有个人风格，不要怕与众不同，而应该追求这样的东西。教师要学会独立思考，学会用自己的嘴巴说话，学会走自己的路，这是当前改革中应当倡导的。

第四，要淡化改革及科研的功利性，还教育科研以本来面目。只有在这样一个背景下，科研、改革才会成为提升教师教育智慧的重要途径，并且会成为强大的动力，推动教师深入思考，不断发展自己的智慧。要强调科研是手段，不是目的。要在当前心态比较浮躁的背景下，创造条件使校园远离功利，归于宁静。古人所说的“宁静致远”，其实深刻揭示了智慧生成的内在道理。在浮躁的状态下，人的智慧是不可能得到发展的。要致远就一定要宁静，这才是智慧的生成之道。在校园里应该给教师提供一个宁静的、适合于思考的环境，要尽可能减少对教师的各种外在强迫，减轻来自各种功利性任务的压力，让教师在归于宁静的过程中自由生发自己的教育智慧，创造性地推进教学工作。同时也要认识到，当前需要淡化的是科研的功利性，不是要淡化科研自身，科研仍需不断加强。科研是教师智慧生成的重要途径，是教师发展、专业成长的重要途径，这是二十多年证明了的一条成功经验。科研兴教、科研兴校，是大幅度提高教育教学质量的成功之路，而且也是一大批优秀教师成长的成功之路。只要把握住科研的正确方向，用正常的心态来从事教育科研，对于提升教师的教育智慧就会有极大助益。

第五，要切实关注教师职业情感状态。提升教师的智慧水平，不仅仅要提升认识，更要关注教师的职业情感状态。作为一个职业工作者，教师对于教师职业的内在的认同、情感上的接受，会直接影响到他的整体智慧水平。师爱是教师职业情感，是教师情感智慧中的核心组成部分。关心和爱护孩子是教育的一个前提条件，如果缺少这样一种情感，即使有再深的理性认识，教师的个体智慧也称不上是真正意义上的教育智慧。因为在一定程度上，“教育的智慧性是一种以儿童为指向的多方面的、复杂的关心品质”①，“教育智慧与其说是一种知识，不如说是对孩子们的关心”②。由此看来，对教育的责任感，对孩子的责任与关爱是构成教师教育智慧的核心内容，也是教师从事教学工作的基本条件。

第六，要不断提高教学机智水平。教学机智是教育智慧的重要组成部分。机智就是对意想不到的情景，进行崭新而出乎意料的塑造的能力。教学机智是教师在一定的理论修养基础上，在长期实践体验、感悟和实际经验基础上凝成的一种超乎寻常的、出类拔萃的临场发挥能力。它反映了对现场敏锐捕捉的能力、快速反应的能力和非常得体的、合理的应对能力。具有教学机智的教师，可以把教学现场中出现的偶然因素转化成一种有利的教学时机，可以恰如其分地把教学引向

---

① 马克斯·范梅南．教学机智——教育智慧的意蕴．李树英，译．北京：教育科学出版社，2001：12.

② 同①，第270页。

高潮，推向深入。教学机智表现为临场的天赋，但这个天赋不是与生俱来的，是长期在理论和实践两个层面上磨合而成的。同时，教学机智又表现为对教育工作、教育对象的深刻的理解。如果没有深刻的理解，即使表现出来某种机智，也可能只是一种小聪明，不可能对教育工作起到牵一发而动全身的作用，而真正的教学机智正是要起到这种作用。

第七，要激发学习热情，提高综合学养。学习是非常重要的。提高教育智慧水平，与教师终身学习、终身进取密切相关。教师的学习是多方面的，既包括书本的学习，如学科知识的学习、教育理论的学习等——知识的学习是智慧生成的重要基础；同时也包括实践中的学习，经验中的学习，以及向教育的对象——学生的学习等。教师个体智慧需要在不断的学习中来积累，需要在综合学养全面提高的基础上来提升。另外，只有在学习的同时不断地进行反思，才能使教师的学习提高到新的水平，才能不断地生成新的智慧。

五、关于本套丛书

正是基于以上思考，近几年来我一直在考虑如何进一步深化和扩展关于教育智慧和智慧型教师问题的研究。2004 年初，我开始考虑通过策划一套以教育智慧和智慧型教师研究为主题的丛书来推进这方面的研究。正在此时，得知南京师范大学的吴也显、刁培萼教授在几年前就已开展了智慧型教师素质问题的实验研究，并在总结实验成果的基础上完成了《智慧型教师素质探新》一书。于是，经沟通、协商，我们同意把《智慧型教师素质探新》作为这套丛书的首本书，同时邀请国内有志于这一研究的其他学者共同完成这套丛书的撰写。

我们认为，智慧是人类教育的最高目标和永恒追求，智慧型教师是教育智慧的主要承载者和体现者。以“智慧为本”来定位教育和教师工作的意义和形态，进行教育理论和实践的创新，是一件十分有意义的事情。因此，推出“教育智慧与智慧型教师研究”丛书在当前具有重要的理论与实践意义。

第一，能为当前中小学教育教学改革和教师教育的整体发展与规划提供崭新的理论支撑与实践经验的参照。当前我国基础教育的“普九”任务已经基本完成，基础教育的工作重心已从数量达标转向质量的提升。实现基础教育工作重心转型的关键，在于切实提高教育教学的质量和品质，在于建设一支高素质专业化的教师队伍。提高教育质量和建设高素质专业化的教师队伍需要有适切的教育理论为指导，特别是在教师专业化时代，究竟以怎样的理论为背景来建构教师教育的新理念是一个必须解决的问题。“教育智慧和智慧型教师研究”丛书力图应答这样的问题。

第二，能有效地促进教师的专业发展。目前，教师队伍的现状令人担忧：在新课程改革的冲击下，广大中小学教师存在着许多困惑与不适应，许多教师不胜重负，教师的身心健康面临严峻挑战。如何有效地促进教师的专业发展，激活教师的工作激情，让教师在职业生涯中体验自己生命的意义和价值，享受职业创造的快乐，让学校、课堂成为教师创造自己幸福人生的福祉领地，这是本丛书追求的主要目的之一。

第三，能为教师培训提供崭新的理论与成熟的实践模式。一方面，从教育哲学、教育文化学、教育心理学诸学科出发，以教育的本性、教师的本性、学生的本性、课程的本质等最基础的问题为研究基点，揭示教育智慧和智慧型教师的核心内涵、表现特征与实践操作样态，探索教师专业发展的支撑性理论，解决教师专业发展的深层理论问题。另一方面，追踪智慧型教师的成长轨迹，探索教师专业发展的规律和培养模式，形成教师专业发展的实践模式。

第四，注重研究方法的创新。将理论研究与扎根性研究结合起来，建立教育理论研究者与教育实践工作者之间融通的话语系统，打破传统的、单向度的以思辨为主的研究范式，主要开展动态的、探索性研究，在研究中发现课堂教学重建及教师素质提高的新理论和新方法。

本丛书力图将教育智慧和智慧型教师问题的探讨置于当前教育转型的大背景下，从哲学、社会学、教育学、心理学等多学科多角度进行广泛的审视和思考，期望在这样的过程中能触及到教育现实的一些真问题，并做出力所能及的回答。

本套书的出版得到了教育科学出版社的大力支持，责任编辑刘灿、樊慧英同志做了大量工作。前辈学者吴也显教授、刁培萼教授、同事吴安春博士与我一起策划、组织了整套书的编写，在此一并表示衷心的感谢。

2005 年 1 月 3 日

于中央教育科学研究所

前　言

我们经常挂在嘴边的话语，可能是最说不清楚、道不明白的东西。难怪有人说：当我沉默的时候，觉得充实；一开口，便感到空虚。譬如说“研究”，我在基层工作近30年，当过小学教师、中学教师，做过教研员、教科室主任，目前主要从事教育教学业务管理，自以为一直以研究的态度对待日常工作，结合日常教育教学工作的需要开展研究，从未间断过，却说不清“研究”是什么，“研究”对于中小学教师来说意味着什么。

关于中小学教师从事教育教学研究的思考应该是很早以前就开始了。20世纪80年代中期，到县教研室当语文教研员，领导分派我的第一件事便是指导中小学教师从事教改实验，尤其是抓好“注音识字、提前读写”实验。于是白天去实验班听课，研究分析实验教学情况，晚上钻研教改实验的理论与方法，试图站在教育科研的高度引领中小学教改实验，促进教改实验的科学化。后来，居然发表了关于教育实验理论与方法的系列论文，并出版了有关专著。可用这些被认为是规范化的实验理论与方法来观照“他者”实验时，内心总感到有些空虚和不安，因为自己必须拿出像模像样的实验来，才有说服力呀！为此，在后来的“八五”“九五”期间，便自己设计主持有关教改实验项目，亲身感受体验教改实验的甘苦。在从事中小学生人际交际指导研究时，我体验到前所未有的艰难。别的不说，就说学生交往品质的评价。课题组综合运用了量表检测、情境观察与个案研究等多种方法。自编的几份量表中，交往礼仪行为量表经过多次使用修订，检测的效果较好。我们还曾设计儿童集体绘画、模拟公司招工面试等情境对学生的交往能力进行观察评定，这比量表检测信度要高，但费时较多。而无论是量表检验观测，还是情境观测，都难以反映出交往活动中儿童心灵世界变化的历程，这对于强调关注灵魂的交往指导来讲，显然缺乏足够的效度。于是后来又求助于学生发展个案的研究，重视学生在交往活动中内心体验的个案分析，从中把握学生心灵变化的轨迹。案例的筛选、描述与解释需耗费大量的时间精力，即使有了若干可靠的案例支撑，以此来检验实验假说的真伪，还是缺乏普遍的说服力。对于整个实验来讲，评价是一个极为重要、不能不解决而又难以解决、至今没有很好地解决的话题。我们既不想卷入够不够"实验"之格的争论，更不想做无聊的"学术包装"，故而摘掉当时颇有诱惑力的"实验"桂冠，改称"试验"倒也心安理得。

改为"试验"，是否为降格以求？是中小学教师的研究比较粗糙，与科学实验的要求相距甚远，不够格，还是我们自认为那套正规的研究标准、研究程序与方法原本就不适用于教育实践工作者？我们到底是让中小学教师接受比较严格的教育科研程序与方法的专业训练（只有按这套公认的标准、格式展开，才能算得上是"研究"），还是允许他们在这套严格的科研方法程序之外"另搞一套"？目前学术界普遍认为，每一门学科都有自己的研究特性与方法论基础，"方法本在历史中"，它因研究对象、研究内容而异，一些研究者已在讨论"教育研究的特性""教育实验的个性"等。与这些讨论不同，我们所需深究的是，教育研究有没有自己的主体特征和情境特点？会不会因研究主体的不同而不同，能不能因情境的不同而不同？

华东师范大学叶澜老师在《教育研究方法论初探》中指出："教育研究首先遇到的是研究主体的特殊性问题，这在其他研究中是不存在或不突出的。"她肯定了教育研究有自己的主体特性，并且进一步指出，这种主体特性集中表现为"研究主体由两部分构成：一部分是专业研究人员，他们的学术背景有的以教育科学为主，也有的以其他学科为主，辅以教育科学；另一部分来自实践一线的研究人员，主要包括各级教育管理人员和学校教师”。① 显然前者是专业人员的正式研究，后者是教育实践工作者的非正式研究。两者的合作是必要的，却并不意味着一定要聚焦于同样的课题、遵循同样的思路与方式进行，更不能迫使教育实践工作者走正规的、专门化的研究之路，在专家给定的思维与话语方式、在既定的学科规训制度内运作，而应当允许各自从自己独特的视域出发，以自己独特的研究方式去逼近“存在的真实”，并且彼此结成对话互动关系，在合作与竞争中发生多样化的重组、裂变，伴随着创造性的不断涌现，形成共生的学术生态圈，一个没有人声称自己已经拥有真理而每个人都有权利要求被理解的迷人的精神家园。这正是我们提出“教师研究”这一命题的缘由所在。说白了，“教师研究”这一命题的旨趣便在于让那些长期扎根一线的教师，超越专家给定的专门化的思维方式，摆脱失语状态，在教育研究活动中获得应有的主体地位。

作为全国教育科学规划重点项目，自“十五”初期立项至今已有5年多。课题组成员阅读分析整理了大量的关于教师研究的文献资料，进行了关于“磨课”“赛课”“课题研究”“青蓝工程”“考试研究”“论文评比”等学校常见的教师研究活动的调研，开展了“反思性教学”、教育叙事、教研故事、“微型课题”“网上对话”“读书沙龙”“公开教学”“专业团队合作”“课堂教学升格评估”等一系列新的教师研究方式的试验探索，形成了一批质量较高的研究成果。这本《教师研究的意蕴》是在阅读、梳理众多的研究成果基础上写成的，内容论及教师研究的旨趣、本然状况、活动结构、活动方式、研究共同体、成果表达与评价等若干方面。每一章独立成篇，彼此之间又有一定的内在关联，构成一个整体。

近代以来，一部分人从日常生活、生产实践中分化出来，从事专门的科学研究，包括教育科学的研究。这无疑是一种历史的必然与进步，但它并不意味着从此研究就只是少数专业理论工作者的特权，并

① 叶澜．教育研究方法论初探［M］．上海：上海教育出版社，1999：334.

不意味着那些日常生活、生产实践中的研究一定要提高到学术讨论的层次，走专业化的研究之路，相反的却因为其融入日常生活之中，保持着“前科学”“前概念”“前理论”的原生状态，以自己本原的面貌，呈现出自身的一切，显现出真实的生活世界原本具有的复杂多样性，同样开启着人们的视野。教师研究应当以不同于理念的“守门人”的方式，回归本原，踏上“回家的路”。

柳夕浪

2006 年 9 月

目　录

1. 艰难的转换

——教师成为研究者

“教师”与“研究”联系在一起，发生着从研究对象到研究手段、再到研究主体的艰难转换。“教师研究”不同于“经验总结”，有别于“行动研究”，也不必采用“探究”“研究型实践”等“代名词”，它意味着对自上而下的“知识生产机器”的挑战，一种新的研究理念开始得到确认。

意义蕴含于过程之中。“教师”与“研究”联系在一起，发生着从研究对象到研究手段，再到研究主体的艰难转换。这转换的过程迄今为止远远没有终结。而“教师研究”的意义便是在艰难的转换中实现的。

1.1 从“关于教师的研究”到“在教师的配合下进行研究”

人类教育的历史表明，对教师的认识与对教育的认识是同时发生、同步发展的。历史上关于教师的论述涉及教师的社会地位和作用、素质修养、师生关系等各个方面，内容十分丰富。但真正将教师作为研究对象，开展所谓的“关于教师的科学研究”，却起步较晚。托斯顿·胡森（Husen，T.）主编的《国际教育百科全书》堪称第一部真正国际性的、全面反映教育研究最新成果的大型教育辞书。全书收词目 45 000 余条，所搜集的关于教师的研究项目一般起步于 20 世纪 50 年代之后，内容涉及教师的性别、个性、期望、信念（内在教学理论）、教师角色、教学行为、教学经验与教学效果等若干方面。众多的研究把教师的性别、知识、经验、能力、个性、情感、态度、期望等个人特征作为预测教学效果的变量。研究者编制各种关于教师个人品质的测评量表，进行观察评定，寻求品质特征与教学效果之间的关联，用来说明什么样的教师会取得教学的成功。在这类研究中，教师作为研究对象，受到的操纵最典型地表现在所谓的“盲法控制”中，如同学生作为被试一样，教师听从专业研究者的摆布，却不知道自己是实验对象，更不知晓研究者的目的意图。① 理性的狡黠在这里得到了充分的彰显。

与“盲法研究”不同，有关“在教师的配合下进行的研究”，研究者告知教师其实验意图。为了避免教师从某些与实验要求不相一致的主观愿望出发进行实验操作，研究者往往编写具体的实验操作材料，制定操作的程序、规则、要点，并对实验教师进行反复多轮的培训。譬如，中科院心理研究所卢仲衡同志于20世纪60年代，在移植程序教学实验的基础上，对程序教学进行改造，运用九条心理学原则编写了“三个本子”（课本、练习本、测验本）的教材，开展中学数学“自学辅导教学实验”，规定了“启、读、练、知、结相结合”的课堂教学模式。启，就是“从旧知识引进新问题，激发学生的求知欲望”；“读，就是阅读课文”；“练，就是做练习”；“知，就是当时知道结果”，及时反馈；结，就是课堂小结，概括全貌，纠正学生的错误，促使知识系统化。其中，“启和结是由教师在开始上课和即将下课时面向集体进行的，共占10至15分钟。中间的30至35分钟不打断学生的思维，让他们读、练、知交替进行”。②“三个本子”的实验在“文革”十年动乱期间，两次夭折。粉碎“四人帮”后，得以恢复，且迅速推广至全国29个省、市、自治区。对此，媒体曾做过不少的报道，学术界也展开过实验评论。从假设检验的需要出发，必须严格规范实验变量的操作，同时谨防实验组与控制组的混淆，以及无关变量的不当介入。“三个本子”的实验在这方面可谓是个典型。从事此类实验的教师乃是介于研究者与研究对象之间的必要环节，不可没有，因为专业研究者不可能进入课堂直接操作，否则有违实验规范，有碍实验推论。实验教师只能是现成实验教学材料的使用者、固定实验程序的执行者，是如同教科书、教具、测量工具一样的“实验手段”，最多不过是一个“实验助手”，“配合”研究者进行实验而已。在这里，理性不是“向自然立法”（康德语），而是“为人文立法”，强迫教师回答“理性规定的问题”。理性似乎将师生视同可以操作的

① 1968年，罗森塔尔（Roseenthal，R.）和雅各布森（Jacobson，L.）向教育界宣布他们的发现：中小学生在校的学习成绩好坏，是教师对学生不同期望的真实写照。两位研究者在进行了一次预测未来发展的智力测验后，随机抽取20%的学生名单交给教师，并有意称这些学生“学术有为，有巨大的学习潜力和冲击力，是未来的花朵”。后来的成绩测验果然验证了他们的假设。这项后来被冠以“罗森塔尔效应”的心理学界著名的实验，不仅其实验结果引起了不小的争议，而且从伦理角度看，教师在不知不觉中蒙受了欺骗。

② 卢仲衡．自学辅导心理学［M］．北京：地质出版社，1987：32－85.

化合物，将本来丰富多样的课堂教学过程简化为某几条学科原理、几种技术的直接应用，视为某种固定教学模式的推广使用，恐怕有些走过了头。

自20世纪中期以来，世界各地教育革新曾风靡一时，涌现出一批课程与教学改革的项目，中学数学“自学辅导教学实验”只是其中的一个代表。项目一般按“研究——发展——推广”的模式展开。“研究”主要由学科专家与课程专家来承担，形成课程设计的基本理念与框架。“发展”指在学校情境中进行小范围的试验，形成配套的课程文件（如各种课程法规、教材、教辅用书等）与课程实施的样本，这一过程仍由学科专家主导，少数中小学骨干教师作为助手。“推广”阶段则将归纳出的课程开发的一般模式、课程文件推至其他学校的课程实践中。大规模的推广是由教育行政部门与出版公司主导的。革新之初往往雄心勃勃，立意起点不能说是不高。小规模试验一般立竿见影，3~5年便取得明显成效。但一到大规模推广阶段就不那么灵验了，有的甚至遭到严重的挫折。20世纪60年代杰罗姆·布鲁纳（Bruner，J.）所领导的结构主义课程实验可以讲是遭受失败，美国70年代中期，掀起了“恢复基础”的强大教育运动，否定结构主义课程改革，主张恢复传统教育的一套做法。布鲁纳对这段历史进行反思时讲：“现在回想起来，当时实在是‘天真无知’的，而最为不利的情况也许是我们在开始阶段过于理想主义了。”① 若干项目实验调查表明，课程决策者心目中的理想课程、学科专家编制的文本课程与学校的现实课程之间往往存在着较大的差距。学校是发生真正的教育的地方。课堂是现实课程建构的地方。离开了现实的学校情境，离开了教师课堂上的主动建构活动，课程终究只能处于“理想”状态或“文本”形态。众多的课程与教学改革项目研究者自己不能走进中小学课堂，又无法设计万能的“程序教学机”去替代教师，不得不想方设法争取教师的理解与配合，而实际的课程开发与实施不能像洗衣机一样批量生产。大面积推广中，课堂情境千变万化，教师既不可能，也不应该仅仅是“配合”，这迫使课程专家从“在教师的配合下进行研究”，走向“与教师一起进行研究”。②

---

① 布鲁纳．布鲁纳教育论著选［M］．邵瑞珍，等，译．北京：人民教育出版社，1989：430.

② 国外一项研究报告指出，一项变革方案被采用后，研究者将方案所要求的行为模式分解为12种具体的行为，然后用测量工具对教师的行为进行观察测量，结果发现，方案实施的量非常低，只有16%。也就是说，教师的行为只有16%符合方案的要求。参见：张华．论课程实施的涵义与基本取向［J］．外国教育资料，1999（2）：28－33.

1.2 “与教师一起进行研究”

虽然早在1952年美国学者万恩（Wann，K.）就发表了《教师成为研究者》一文①，但学术界一直将“教师成为研究者”（teachers as researchers）与斯腾豪斯（Stenhouse，L.）联系在一起，一致认为他第一次正式提出“教师成为研究者”，并使之成为有影响的运动。

作为英国著名课程理论家，斯腾豪斯对泰勒（Tyler，W.）关于课程编制的目标范式进行批判分析，认为它误解了知识的性质，同时误解了改进实践之过程的性质。知识不是需要学生接纳的现成的东西，而是要学生思考的对象；它不能被作为必须到达的目标来束缚人。目标模式既把学生束缚在预定目标的框架内，又阻碍教师朝向他们能够达到的更高水平迈进。针对目标模式的缺陷，斯腾豪斯提出了课程编制的“过程模式”，“指向教育过程本身的设计，而不是为了达到外在目标而使教育过程成了可以不加考虑的处于起点和终点之间的暗箱”②。以“人文学科课程设计”为例，斯腾豪斯提出了五条“过程原则”：

应当在课堂与学生一起研究有争议的问题，如战争与社会、家庭、两性关系，等等；

教师在有争议的教育情境中应当保持中立的准则；

对有争议事件的探究，主要方法是讨论，而不是讲授；

讨论时应保护参与者的不同观点，而不是试图达成一致意见；

教师作为讨论的主持人，应当对学习的质量和标准承担责任，即保证所有观点与争议都接受推理和论据的检验。

这些原则并没有规定教师具体应当怎么做。对于如何将它们转化成课堂教学行为，可以有各种不同的做法，这为教师在实践中的探索与思考提供了一定的余地，同时也对教师的素养提出了更高的要求。《人文学科课程计划》随后编制出来了，但实际效果并不好，很少有学校采用。当时英国综合中学将注意的重点放在最大限度地提高每一个学生的考试成绩上，同时教师素质也难以适应课程要求。斯腾豪斯对此进行反思，对“过程模式”作进一步的延伸，提出“教师成为研究者”和“研究成为教学的基础”，坚持“没有教师的发展就不会有课程的开发”，每一个课堂都是一个实验室，每一位教师都是教育科学

---

① 刘良华．校本行动研究［M］．成都：四川教育出版社，2002：22.

② 施良方．课程理论：课程的基础、原理与问题［M］．北京：教育科学出版社，1996：180.

研究的成员。

在反思“人文学科课程编制”的过程中，斯腾豪斯意识到，在试图理解课程编制的结果时要考虑的最重要的变量，并不是课程，就课程而论课程没有什么实际意义。在随后的“种族关系”的课程编制中，他采取了与教师共同研究的模式，设计了适用于三种不同社区情境的有关材料、程序原则、教学策略、评价方法，以及在各种情境下使用它们的具体说明。整个课程编制的过程成了一个问题探索研究的过程。斯腾豪斯还区分出两种探究：一是由教师亲自操作的“一线研究”，参与研究的教师被称为“内部研究者”；二是由来自大学的研究小组操作的“二线研究”，参与研究的被称为“外部研究者”。“外部研究者”的责任是推动“内部研究者”积极研究，激励“教师成为研究者”。

理论上，将教师预定为“内部研究者”，同“外部研究者”相提并论是一回事；实际的课程编制中将教师定位于真正的研究者，则是另一回事。据斯腾豪斯的同事埃利奥特（Elliott，J.）的回忆，在“人文课程研究”中，校外研究者与校内教师之间存在某种无法克服的紧张关系，校外指导小组一直不愿放弃自己对教学理论的控制权，将教育理论视为自己的地盘，而将教师限定为实践性探究，较少地注意到教师在反思自己的实践时也可以发展自己的教学策略。“在试验的中间阶段，核心组先摸清对多种背景可进行归纳的种种假设，在试验的后半段就要求教师去验证这些假设。最后，许多教师对他们工作中的详细事例加以研究。”① 斯腾豪斯事后自己也曾反思道：“我们发现自己一直在努力坚持一种实验主义而非教育者的立场。”指导小组经常向教师提供一些“指令”，教师将之视为某些等待检验的假设，不能凭自己的判断发表自己的意见，那些原本作为暂时的、等待检验的假设反而控制了他们的判断。② 如果说自然科学实验“是为了问一问自然是否遵从以及怎样遵从科学事先想象的模式”③ 的话，那么，教育实验便是为了问一问教师，他们教学是否以及应该怎样才能符合课程专家事先设想的模式。“内部研究者”与“外部研究者”（参与者与旁观者）彼此关注的问题不同、视域不同，甚至话语体系也不一样（每一个方面的差异都足以形成认识的鸿沟），该形成什么样的角色分工、研究关系与游戏规则？怎样正确理解和对待彼此间的差异？尤其是拥有更多的学

① 简明国际教育百科全书：教学 上［M］．北京：教育科学出版社，1990：193. 该词目“教师是科研人员”即为J. 埃利奥特所撰写。

② 刘良华．校本行动研究［M］．成都：四川教育出版社，2002：27.

③ 伊·普里戈金，等．从混沌到有序［M］．曾庆宏，等，译．上海译文出版社，2005：36.

术资源和权力的理论家如何悬置原有假设，放弃自己的优越感、控制权，保持开放的心态，从偏见、先见中走出来？如果这些问题不解决，所谓“与教师一起进行研究”终究会演变为“在教师的配合下进行研究”。①

1.3 成为“教育行动研究”者吗？

作为著名的课程论专家，斯腾豪斯从理论上将教师设定为“研究者”，在世界范围内形成了一场有影响的运动。在这场涉及英国、美国、澳大利亚、中国等多个国家的运动中，“教师成为研究者”却不知为什么几乎成了“教育行动研究”的代名词。

正如说到“教师成为研究者”，不能不提及斯腾豪斯一样，谈及“行动研究”（action research），不能不联想到心理学家勒温（Lewin，L.）。但“行动研究”的提出与“教师成为研究者”的命题所面临的学术背景不一样，两者不可同一而语。近代自然科学研究从日常生活与生产实践中分离出来，在专门的实验室里进行，成为相对独立和系统的探究，取得了前所未有的成功，为介于人文学科与自然科学之间的社会科学所效法。经济学、社会学、心理学、人类学等均作过有关的努力，如心理学建立了自己的实验室，试图建立以生理学乃至化学为基础的学科理论来获得科学的“合法性”。整个“社会科学制度化”的进程具体表现为：首先在大学设立首席讲座席位，建设一些学科并开设有关课程，学生在完成课业后取得该学科的学位；与此同时，创办学科专业期刊，建立学会组织，建立按学科分类的图书收藏制度等。伴随着“社会科学、社会科学的制度化”，出现了“研究”与“行动”的分离：研究者仅凭个人兴趣搞科研，为了“出书”、拿学位搞研究，而置社会实践的需要于不顾；实践者不研究自己所处的环境和面临的问题，又得不到研究者的帮助，光有一股“热情”，无法做出“有条理的行动”。与此同时，出现了研究者与实践者的分离：研究者只是以旁观者的身份对某种社会现象进行观察、描述与分析解释，与研究对象保持一定的距离，不足以把握“充满张力的生活空间”，更不足以干预社会现实；实践者只是作为研究对象，被动接受研究者的指派、实验与解释，既不能深入理解更不能有效地应用研究者所创造的学科专业知识。为此，勒温

① 针对“人文课程研究”不足，后来埃利奥特与阿德曼（Adelmam，C.）一起主持的“福特教学研究”中，严格控制了指导小组对教师的外部控制权力，建立了一套地方性组织结构和中心会议，以便于教师一起讨论寻找资料和指导小组的假设，并促使教师从他们的课堂教学实践中抽象出自己的假设，提出那些隐藏在教学实践中的内在理论，改善“一线研究”与“二线研究”的关系。

等人倡导从实际工作需要中寻找课题，在实际工作过程中进行研究（“实地研究”），促进“行动”与“研究”的结合，促进研究者与行动者的合作，做到“没有离开研究的行动，也没有离开行动的研究”，这便是“行动研究”。

勒温出生在波兰，成长在柏林，研究在美国。他从事“改变食物习惯”“改进人际关系”“解决少数民族冲突”等实际生活问题的研究，不仅仅是把研究成果以研究者的见解或建议写成文章发表，而且特别注重将结果反馈到实践中去，达到影响和改进社会行动的目的，表现出明显的“生活取向”，带有德国人的认真执著的气质和美国人的务实精神。勒温认为，心理学不能单单只求对行为的解释，而且还要去发现如何改变人们的行为，如何使人们生活得更好。

从“行动研究”产生的背景以及勒温等人的实践中可以看出：第一，行动研究与其说是一种方法、程序，不如说是一种研究理念、一种方法论准则。它是“社会科学制度化”的反叛，试图消除研究与行动的分离，实现研究者与行动者的合作，“行动研究体现了统贯勒温整个学术生涯的一种指导思想：学以致用，理论与实践相结合，研究与行动相统一”①。勒温及其同事遵循行动研究准则从事团体动力学研究，曾将行动研究分成诊断性、参与性、实证性和实验性四类，控制实验方法也包含在内。可见行动研究并不是与实验研究对立的范畴②，行动研究理念下可以运用包括控制实验在内的多种研究方法技术。第二，行动研究与其说是“解放那些传统意义上被研究的‘他人’（指行动者），让他们接受训练，自己对自己进行研究”③，不如说是重在唤醒传统意义上的“研究者”，走出实验室与图书馆，在实际工作环境中作现场研究、实地考察，为行动而研究（“好的理论最实际”是勒温的一句名言），对行动进行研究，又在行动中研究，如同勒温所实践的那样，建立以真正的现实生活为背景，以解决实际问题为方向的心理学。勒温的学生利皮特（Lippitt，R.）曾将行动研究的程度概括为：从社会实践以及社会实践的参与者中获取信息，经过理论分析和实验研究后，再将结果反馈到实践中去，以达到对实践过程的影响。这一程序强调介于研究与行动之间的反馈环节④，主要是对传统意义的

① 申荷永．充满张力的生活空间［M］．武汉：湖北教育出版社，1999：160.

② 王文科所著的《教育研究法》（五南图书出版公司，1987）从所需的训练、目的、研究问题的来源、假设、文献资料查阅、抽样、设计、测量、资料分析、结果应用等十个方面对行动研究与实验研究进行了系统的比较，指出它的不严谨，内外效度比较脆弱。

③ 陈向明．质的研究方法与社会科学研究［M］．北京：教育科学出版社，2000：452.

④ 同①，第161页。

"研究者"所提出的新要求。

"行动研究"最初的倡导者，无论是学术思想还是他们的研究实践，都是令人敬佩、无可非议的。问题在于后来的一批又一批的推介者，主要是那些掌握着"学科知识权力"人，不去以此反思自身越来越远离"行动"的偏狭的"学科规训制度"，不去反思为"出书"而"研究"的不足，不去更新研究的理念，而是不断地向实践工作者推介所谓的"行动研究法"。将教师的研究摘去过去的"经验总结"的帽子，戴上"行动研究"的桂冠，这或许是对教师研究的"合法性"的初步认可。而实际上他们所称的"行动研究法"已经不是原本意义上的"行动研究"，而"只是一种非正式的研究"，不足以列入"真正的科学研究范畴"①；一种排在"基础研究""应用研究""开发研究""评价研究"之后，"层次相对较低"的"非正规的教育研究"②；"大部分属于教育经验总结与工作报告，严格说来不能称其为'研究'"③。而他们自己所从事的"非行动型研究"，即勒温所批评的"脱离行动的研究"，才是"正规的""合法的"研究，是"真正的科学研究"。当然，也有好心人努力从哈贝马斯（Habermas，J.）关于知识旨趣的分类学说、伽达默尔（Gadamer，G.）的哲学解释学那儿，为教师们所从事的"行动研究"寻求"合法性依据"。④ 不过，这种寻求意味着在未获得理论依据之前，它原本是"不合法的"。行动研究与其说是对传统意义被研究的"他人"的一种解放，让他们接受必要的专业训练，自己研究自己，不如说是那些处于"知识生产体制"顶端的人对教师研究的贬低与排斥，同时为自身"正规的""非行动型研究"提供一层保护带。

华东师范大学陈桂生、胡惠闵、黄向阳、王建军等人，从1997年开始，分别同上海市打虎山路第一小学和无锡市扬名中心小学一批教师建立"教育研究自愿者组合"，共同进行了"超越规范的学校管理""学会关心""教育性评语""中学生社区服务""班级小主人行动""学会关心学生"等几项课题研究的尝试，从中获得有关"教育行动研究"的初步认识。他们将"教育行动研究"作为一种旨在谋求教育行动改善的"研究取向"（与"教育学研

① 王坚红．学前儿童发展与教育科学研究方法［M］．北京：人民教育出版社，1991：175.

② 盛群力．中小学教育科研的五种类型［J］．教育研究与实验，1991（2）：55－61.

③ 赵蒙成．教育学的迷惘［J］．读书，2001（5）：93－95.

④ 陈向明．质的研究方法与社会科学研究［M］．北京：教育科学出版社，2000：453－455.

究”“教育伦理学研究”“教育的实证研究”等相并列），属于“实践教育学”研究范畴，而非具体的研究方法、技术。其主要理念是：

1. 到中小学去研究教育。

2. 从活生生的实践中汲取教育的诗情。

3. 以教师为合作研究的主体，作为小学教师的合作者，“以小学教师为师”。

4. 教育行动改善的过程与教师对教育行动反思的过程交错。

5. 课题设计与操作程序力求简便，教育行动过程和结果的表述力求符合事实。

6. 研究组合，自愿参加。

显然，他们所界定的“教育行动研究”是指以“学术为业”的理论工作者，“到中小学去研究教育”，与中小学教师一起，谋求教育行动的改善，并没有将其归结为中小学教师的研究。其对“教育行动研究”的定位与行动研究最初的倡导者是一致的，在国内也是少见的。

——摘自：①陈桂生，主编．到中小学去研究教育［M］．上海：华东师范大学出版社，2000：3－17.②陈桂生，等，主编．教育理论的性质与研究取向［M］．上海：华东师范大学出版社，2006：523－524.

1.4 教师的研究就是“教师研究”

教师的研究不同于“经验总结”①，不同于别国的“行动研究”，也有别于所谓的“校本研究”②，不必采用其他的代名词，如“探究”“研究型实践”“研究性变革实践”“教改试验”等，教师的研究就是“教师研究”。

理论界将教师角色的设定从单纯的研究对象到特殊的研究手段，再到研究主体的变换，实为一种无奈的选择。迄今为止，不少人即便认可“教师是研究者”，也只是把他们编入“另类”的非正式的研究行列，不肯屈尊将神圣的“研究”下嫁。个中的原因主要有：第一，从方法论角度看，近代自然科学探究活动继承了希腊哲学以来的学以致知的传统，从生产实践中分离出来，在专门的实验室或图书馆内进行，形成了以追求超越时空、永恒正确的普遍规律和

① “经验总结”强调依据教育实践所提供的事实，分析概括教育现象，使之上升到教育理论高度（李秉德，主编．教育科学研究方法［M］．北京：人民教育出版社，1986：87.）。将实践经验提升为教育理论，恐怕更多地依赖教育理论工作者的努力。教师研究的主要旨趣并不在于建构理论。

② “教师研究”强调的是教师本位、人本位，这同学校本位、事本位还是有区别的。

"客观知识"为己任的经典科学观与"简化范式"[①]。有关研究活动的普遍性原则、还原与分离原则，在从牛顿的万有引力定律到爱因斯坦的相对论的发展历程中，显示了非凡的生命力，获得了前所未有的成就和声誉，并为社会科学研究所效法。该范式思想从追求具有普遍意义的"宏大叙事"（客观规律）出发，强调研究过程的可直接检验性、研究结论的可推广性，竭力排除研究者个人情感价值观的介入，否认研究者作为一种特殊的实践主体的主动建构、个人特征与情境特点，直接造成了对研究主体的遮蔽与遗忘。有关研究方法与方法论的著作，关于研究类型的划分，或依据对象范围的不同（如生理研究、心理研究、教育研究等），或根据研究目的不同（如基础理论研究、应用研究、技术开发研究等），或根据方法手段的不同（如文献研究、调查研究、实验研究等），几乎不去思考研究主体的差异；至于程序与方法准则，难以顾及研究对象与内容的特性，更不许因研究主体的不同而不同，因研究情境的不同而不同，也就不存在作为主体的"教师研究"的空间。第二，就知识生产体制而言，中国当下深陷于那种"自上而下"的"知识规划"时代，其最为根本的特征乃在于它"以政治性的权力和由它确定的'学术'制度安排为基础，而这意味着这种政治性的权力和'学术'制度安排在很大程度上不仅确定了我们的知识生产方式，而且还型构了我们知识生产的具体内容"[②]。现行的项目申请、结项评审、文章发表、出版资助、成果评奖、职称晋升、研究生导师资格认定等一系列规则和制度，像一张弥天大网笼罩着几乎所有的研究活动。如此知识生产体制下的研究不仅预设了目标与导向，而且隐含着研究的方法与结论。此类先入为主、沦为工具的研究，生产出不少的泡沫学术与垃圾。[③]整个社会科学的自主性都有待于在知识生产体制的重构中获得应有的张扬，中小学教师的实践性知识生产被压抑，他们的研究的"合法性"一而再、再而三地受到质疑，研究主体性得不到应有的确认也就不足为怪了。

谁也不应否认，研究是以个人创造活动为基础的分工合作与对话交流过

---

① "简化范式"的基本理念在于：现象世界的复杂性能够也应该从简单的原理和普遍的规律出发加以消解，具有普遍性、还原性和分离性的特点。参见：埃德加·莫兰．复杂思想：自觉的科学［M］．陈一壮，译．北京：北京大学出版社，2001：266.

② 邓正来，主编．中国书评：第一辑［G］．桂林：广西师范大学出版社，2005：97.

③ 在文化再生产领域，存在着一条所谓"日丹诺夫定律"，即学术文化生产者在特定领域中越是平庸，越是乏善可陈，就越是需要学术场域外部力量的支持，越热衷于借助外部的权力，如教会、金钱、政治权力等来抬高自己在社会中的身份。因此，越是平庸无能者，反而越是能够得到行政支配下的课题经费资助。

程。人类科学研究的里程碑上，总是刻写着伽利略、牛顿、爱因斯坦等一个个科学家的名字。研究者个人及其共同体的自由创造与研究的关系，如同空气之于生命一样重要！窘迫的生活困境不足畏惧。马克思的《资本论》、维特根斯坦（Wittgenstein，O.）的《逻辑哲学论》等具有划时代意义、里程碑性质的著作，既没有列为哪一级的科研项目，也没有获得哪个社科基金扶持，相反却是在颠沛流离的困境中或在肮脏泥泞的战壕里写成的。可怕的是没有自由的呼吸。研究本质上是独立的、自主的，研究活动是人类智慧和自由精神的凝聚。假如一种研究只是政治的工具，"他者"的附庸，或者为某种功利目的所驱使，完全是被动的产物，失去起码的独立品质，就必然丧失它的灵魂和它的神圣使命。假如一种研究活动将"观察的、实验的和认识的主体从观察、实验和认识中排除出去"，"排除了包含在一定文化、社会和历史中的现实的行动者、科学家、个人"①，那么所谓研究策略和方法也就蜕变成了生硬的技术、僵化的模式，研究过程丧失了应有的灵性和生机活力，而这套所谓的范式、程序、方法到底是在维护学术应有的独立、自主，还是对学术自由的不应有的压抑？是促进研究者的发现与发明，还是在阻碍着他们的自由创造？窃以为"教师研究"这一命题，绝不仅仅是为广大中小学教师原本从事的创造性劳动正名，更为重要的是对自以为是的经典科学的"简化范式"的一种挑战，是对当下的"自上而下"的"知识生产机器"的一种反叛。②

它意味着教师的研究不再一味追随"他者"的定向，所谓"为教育决策服务"，或者"为繁荣教育科学服务"，而可以有自己的内在价值（所谓"自成目的性"），发出自己的独特的声音，创造真正属于教师自己的教学生活世界；不再盲目以"他人"的典范标准作为判别自己的研究是否"正式""合法"的依据，而可以用自己独特的研究方式去逼近"存在的真实"，促成教师个人内在的觉解与自我的澄明，可以在原本意义上的教师研究活动中，在教师自己的"研究共同体"中逐步生成自己的规范，形成既严肃，又有别于"严格的学科规训制度"的精神生活准则（所谓"内生性制度"）；不再单纯在自上而下的课题申报、评审的体制内运作，而可以有自己的主导方式，在"磨课""集体备课""课堂观摩""示例研讨""联片教研""微型课题"等研究活动中，真正探讨自己面临的问题与困惑，促成教师实践知识的澄清、梳理，

---

① 莫兰．复杂思想：自觉的科学［M］．陈一壮，译．北京大学出版社，2001：7.

② 在自上而下的"学科规训制度"下，教师的"知识生产"处境非常尴尬，详见：柳夕浪．学科规训制度下教师的"知识生产"［J］．当代教育科学，2005（2）：18－21.

得以与他人分享。

它意味着教师的研究与专业理论工作者的研究（参与者与旁观者）可以彼此结成对话互补关系，在合作与竞争中发生这样或那样的重组、裂变，伴随着创造性的不断涌现，形成共生的学术生态圈，一个没有人声称自己拥有真理而每个人都有权利要求被理解的迷人的王国。一方面谦卑地邀请他人分享自己的熟悉的经验与智慧，期待他人的理解；另一方面是要透过别人的观点与世界来帮助我们更清楚地认识自己的无知、盲点，达到视界的敞亮，进而导致已有研究过程与结论的突破，新的研究视角、空间的拓展。

它还意味着“研究”与“行动”、“理论”与“实践”关系有可能得到重建。15、16世纪以前，人类探究认识自然、社会的活动，主要是在日常生活与生产实践中进行的；直至17世纪以后，近代科学探究活动才从日常生活与生产实践中分化出来，有了相对独立与系统的研究。这是一种历史性进步。今天，当“知识”与“生产”再次联姻，知识作为生产要素地位的空前提高，知识创新成为人类实现其他一切预期的前提，“知识生产”成为社会经济生活的中心，必然要求亚里士多德（Aristotle）意义上的“理论”与“实践”关系的重组，实践本身越来越多地得到理论营养的滋补，获得研究的性质。这种实践本身的研究特性最有可能会在教学领域获得充分的彰显。美国卡内基教学促进基金会（The Carnegie Foundation for the Advancement of Teaching）将学术研究分为四种水平：“发现的”“综合的”“应用的”与“教学的”，将“教学”作为学术成果的最高形式。① 这对于更新“学术研究”的理念不无启发。

“可以”也好，“可能”也罢，只是讲“逻辑缺口”的开启，并非已经拥有。“教师研究”的意义空间不是由别人说了算，而需在自己的丰富多样、卓有成效的研究活动中充盈。

---

① 波伊尔．学术水平反思［G］//吕达，等，主编．当代外国教育改革著名文献：美国卷 第三册．北京：人民教育出版社，2004：18－24.

2. 追寻有意义的教学

——教师研究的本意

> 教学情境充满着相当的动态复杂性与不确定性，教师仅仅按不合时宜的日常教学惯性运作，形成自我遮蔽，无法适应不断变革的现代教学要求。教师研究的可能性与必要性深深地根植于其专业场景的动态性与不确定性之中，其本意就在于使教学行为本身“内在地”成为有意义、有价值的事情，成为富有创造性的劳动。

教师成为研究的主体，与专业理论工作者的研究相比较，它的特点首先集中表现为自己所特有的“研究旨趣”“研究取向”“研究本意”，而不仅仅是研究方式、方法、技术上的种种差别。因为有了研究旨趣的不同、取向的不同，才会有方式、方法的差别，才会有研究过程中的种种差异。

2.1 一个貌似正当的理由

现实生活中，教师为了职评，或者为了争当“骨干教师”“学科带头人”“特级教师”，而搞课题，写论文，乃是无可厚非的。人的活动不能完全排除功利目的的驱使。功利之心其实也是致富的根源、创造的动力，但对于功利动机要有一个恰当的引导，让人们在各自追求功利的同时，也实现高尚的精神追求，至少是在不违背精神生活基本准则的前提下，达成某些功利目的。值得注意的是，越来越多的人将科研作为一种致富途径，迎合部分教师职评需要，依靠出售获奖证书、版权、课题、称号等赚钱，置起码的学术交流规范而不顾，显然是要不得的。假如一种学术、一种研究，只是政治的工具、赚钱的手段，完全成为被动的东西，失去了独立自主，那么它就丧失了灵魂和它的神圣使命，变成一种假学术、假研究。

“研商式”炒作下的学术成了一种蛊惑人心的包装，比较容易识别，不必多言。倒是另一种关于教师研究的“正当理由”——“为繁荣教育科学服务”，需要认真仔细地加以辨析。这些年来，“科研兴校”已经成为一种时尚，中小学教育科研被视为“教育改革和发展的第一生产力”，得到了越来越广泛的关注和重视。学校教科室相继成立，配备了专业或半专业的研究人员，各级教育科研课题不断下嫁至中小学、幼儿园，一批又一批教师接受专门的教育科研方法的训练。这种对教育科研的高度重视，既让人兴奋，又使人感到担心。“人人有课题，个个搞科研”，教育科研的队伍越来越壮大，研究意识越来越增强，这本来是件值得庆幸的事。可是，以教学为业的中小学教师能真正承担起教育科研的担子吗？将“繁荣教育科学”的任务交给中小学教师到底合适不合适？

2.1.1 关于教育的科学研究

回答上述问题，首先必须澄清的是，什么是“科学”？什么是教育科学？什么是关于教育的科学研究？科学研究本来就是一个严谨的探究过程，在我们这样一个科学精神缺乏的国度，有必要还科学研究的本来面目，对其内涵作较为严格的把握。由各种不同学术背景的学者组成的美国国家研究理事会（National Research Council）认为，科学研究“是一个连续而严密的推理过程。这一推理过程的基础是研究方法、理论及研究结果的有机结合，这样的推理使我们的理解建立在可检验的模型及理论的基础之上”①。其研究过程必须遵循以下6条基本的“指导原则”②：

（1）提出有意义并能通过实证来研究的问题；

（2）将研究和相关的理论相结合，理论指导着研究问题、研究方法和对研究结果的解释；

（3）使用能对研究问题进行直接研究的方法，这里的方法即搜集数据的方案和对数据的测量与分析；

（4）进行有条理的、明确的逻辑推理；

（5）实施重复验证和研究推广；

（6）发表研究结果，鼓励专业人士的审查与评论。

理事会所界定的科研必须建立在实证研究的基础上，实证证据是对研究结果的不同解释进行正确排除的基础，也是得出合理推论从而积累新知识的基础。如美国田纳西州有关研究人员在1980年所做班级规模对学生成绩影响的研究，为了使研究结论更有说服力，采用的是随机实地实验研究，被认为是

① 国家研究理事会．教育的科学研究［M］．曹晓南，等，译．北京：教育科学出版社，2006：2.

② 同①，第49页。

“迄今为止最重要的教育研究课题之一”。如果没有了实证研究作基础，违背了6项“指导原则”，“任何研究都无法被认为是‘科学’的”。以此标准，那些自以为旨在研究教育现象，提示其客观规律的教育学，有多少命题陈述是建立在“实证—实验研究”的基础上，达到科学的规范要求？不要说是地方教育科研杂志，就是代表着我国教育研究最高水平的《教育研究》（中央教科所主办），每年发表的论文，有多少堪称为“科学的研究成果”？有学者指出，举国上下数不清的“教育科学院”“教育科学研究所”，每年数不清的国家的、地方的“教育科研项目”立项或通过鉴定，其中到底有多少“科学研究”成分？真正有科学依据的研究成果，或许有，只是已被淹没在教育理论泡沫中。① 按照公认的说法，从夸美纽斯的《大教学论》问世算起，教育学走过了三百余年的发展历程，而关于教育的科学研究，那应该是19世纪末的事，“大约在1890年到1920年之间，教育研究逐渐成为一种实证的和专业的科学，它主要建立在行为主义心理学和定量测量的技术和思想的基础上”②。直至今天，它的不少概念、命题、理论框架仍不符合“理念的守门人”所认定的那套科学规范，尚未建立起属于自己的统一的命题陈述系统与话语方式，在严谨的学术同侪眼中，顶多是一种“次等学科”。③ 如此背景下，建立一套关于教学知识的生产的“学科规训制度”的意义也就凸现出来。于是，有了各级教育科研机构与学会组织，有了各级各类课题的规则论证与评审，有了或长或短的、面向广大中小学教师的“教育科研骨干培训”，有了中小学校长的“科研兴校”“科研兴师”的论坛活动，专业研究者与中小学教师一同为“繁荣教育科学”而努力。

2.1.2 严格的学科规训制度下教师的尴尬

显然，关于教育的科学研究力图对教育事实进行准确描述，并查明它是否产生了系统性的效果（指因果效应），以及系统性的效果是如何或通过什么机制产生的，这一定有助于人们增进对教育现象的理解，为教育教学决策提供依据，有着多方面的价值，“未来对教育科学研究的投资是大有作为的”。但教

---

① 陈桂生，等，主编．教育理论的性质与研究取向［M］．上海：华东师范大学出版社，2006：序言：8.

② 埃伦·康德利夫·拉格曼．一门捉摸不定的科学：困扰不断的教育研究的历史［M］．花海燕，等，译．北京：教育科学出版社，2006：17.

③ 华勒斯坦．学科·知识·权力［M］．刘健芝，等，译．北京：生活·读书·新知三联书店，1999：43.

育现实世界是复杂的，关于教育的研究可以“简单地分为两类：科学的与非科学的”。[①] 关于教育的科学研究不是教育研究的全部，同时它主要应由专业研究机构和专门研究人员来承担。这主要是因为：

第一，科学研究是一个连续而严谨的实证推理过程，要求具备相关的理论基础和方法技术，专业性强。

第二，为确保研究的科学性，研究者及其机构必须是相对独立的，与研究对象保持必要的距离，努力避免“不恰当的政治干涉”，如“研究规划只考虑短期的项目，利用该机构宣传特定的政策或主张”，等等。[②] 这一点，作为中介组织的教育科研机构有可能做到。

第三，关于教育的科学研究常常需要跨学科的视野，尤其要揭示产生“系统性效果”的生理、心理机制，社会、文化机制，那就需要多学科背景的专家介入与彼此合作。

当然，专业研究人员做关于教育教学的现场研究，一定要争取学校教师及其他机构的通力协作，并控制在道德允许的范围内，这是专业研究者开展关于教育的科学研究的一大难题。

与专业理论工作者的研究相比较，中小学教师从事教育研究发生了从旁观到主动介入、从描述和解释教育现象到改进教育行为、从专门探究到日常生活层面等实质性的转换。

理论工作者也研究教育的实际问题，但受条件限制，同时也是为了获得更为可靠的结论，他们往往只是以旁观者的身份，在教育情境之外观看正在发生的事情。“理论”一词原本来自希腊语的“旁观者”（theatai），“从外面、从位于参与演出和完成演出的那些人后面的角度来观察某东西”，“作为旁观者，你能理解演出那些人后面的角度来观察某东西”，“你能理解演出所包含的‘真理’，不过，你必须付出的代价是不参与演出”，“退出直接的参与，站在活动之外的位置上，不仅仅是判断的条件和成为进行中的竞赛的最后仲裁者的条件，而且也是理解竞赛的意义的条件”。[③] 后来的实证科学要用重复验证的有效性来检验“旁观者”裁定的公正与否。强调旁观者应尽可能地排除个人主观情感的影响，尊重客观事实，公开实验程序，接受学术同行的重复验证和审查。研究过程与结果不能因人而异，也就是说，研究者个人是可以被置换

① 国家研究理事会. 教育的科学研究［M］. 曹晓南，等，译. 北京：教育科学出版社，2006：94.
② 同①，第130页。
③ 汉娜·阿伦特. 精神生活·思维［M］. 姜志辉，译. 南京：江苏教育出版社，2006：102.

的，自我处于一种必要的遮蔽状态。

而教师是以教育过程的“当事人”“行动者”的身份出现的。在当事人的视野中，事物不是作为所要“面对”的现象（“对立之象”），不是与己无关的孤立客体，也不是已成的定局，而总是与己荣辱与共、休戚相关的，是行动中有待亲近关照的另一个“我”，表现出生成中的一种态势、活力和前行的可能性。如此所形成的并非反映与被反映的机械关系，或者操纵和被操纵的控制关系，而是积极互动的共生关系。教师直接置身于教育情境之中，无法也不能采取一种“旁观者”的态度，处于一种自我遮蔽的匿名状态，而不能不主动介入问题情境，并予以识别、创造性地加以解决。既是“演员”，你就不能同时充当“裁判者”，你可以“沉思”，但那不同于观众的“在我看来”，而只能是一种“反思”和“内省”。这与上述关于教育的科学研究准则，尤其是实证推理要求之间存在实质的冲突、对立。教师难以从研究总体中随机抽样，而总是面对学校情景中的特定儿童；不能设立对照班，为实验归因分析提供必要的条件，而总是“与儿童一起实验”。同时他们承担着大量的日常教育教学事务，也难以“抽身”出来，有那么多的时间和精力从事专门的“选题设计”“开题论证”“中期检查”“报告撰写”“结题鉴定”等一系列专门的科研过程与管理的必要的程序。让中小学教师在各类“科研培训班”的名目下，听讲、记笔记、应付考试；又像专业理论工作者那样，依据科研管理部门编制的“课题指南”申报课题、接受专家的论证与评审，这也许是一种误导，至少有值得认真加以检讨的地方。在严格的学科规训制度下的教师“知识生产”的处境十分尴尬。① 尽管关于教育的科学研究很有必要，但不宜将“繁荣教育科学”这一崇高的使命交给中小学教师去承担。不少专业研究人员“正在放弃采用教育科学方法进行研究”，而转向“运用多学科方法进行分析”，② 其中有些人自己从来没有认认真真地做一项关于教育的科学研究，可他们还一而再、再而三地充当中小学“教育科研培训”专家，这是很值得耐人寻味的。

2.2 让教学“内在地”成为有意义的事情

为“繁荣教育科学服务”，将教师研究纳入严格而正统的“教育学科规训制度”之中，其误区不仅仅在于对象的不适合，而且会导致教师研究沦为一种“服务”的工具，成为“他者”的附庸，失去应有的独立品格，迫使大量

① 详见本书的附录1。

② G. 米亚拉雷，等. 教育科学导论［C］. 思穗，等，译. 北京：教育科学出版社，1991：123.

的中小学教师像自己所教的学生那样，在“科研骨干培训”的名目下，听讲、记笔记、应付考试，从事与本身的工作过程关系不密切的、专门的教育科研，在神圣的“教育科研”面前，充当被动执行者，以致课题越多，成果越丰富，教师的思想却越贫乏。

2.2.1 为了实践而研究实践

以追求“实效”为宗旨的实用主义教育家杜威（Dewey，J.），在论述教育目的时指出：“教育的过程是一个不断改组、不断改造和不断转化的过程。”“教育的过程，在它自身以外没有目的，它认定它自己的目的。”① 杜威并非主张教育无目的，而是认为教育是自主的，应有自行决定目的、自行决定其目标之自由。教育目的，就在教育过程之中。到教育过程之外寻求目标，会舍弃教育的本意。

关于事物的“本意”，其哲学表述是：存在着 x，它意味着，如此这般；否则它不能成为 x，而只是别的东西。② 目的不同于外在的规范，它首先是对存在自身的一种承诺。它意味着以存在本身去“寻根”，去看它的目的，而不是从外在于这一存在的观点去强加给它某种“目的”。一个存在首先必须对自身具有意义，然后才对别的存在有意义。一个人或他的行为必须自身是有意义的，然后才能对别人有意义。这种先在的自身意义也就必须首先被尊重。否则，它就会缺乏应有的主体地位，失去自身价值，最终丧失自身存在的空间，进而取消存在本身。十年“文革”，在“教育为无产阶级政治服务”的口号下，教育不成其为教育，学校不成其为学校，教育质量跌入历史的最低谷，那情景，至今记忆犹新。

从学术与实践两个角度来考察研究旨趣和研究内容，会形成这样的两维空间：

为学术而研究学术

为实践而研究实践

为学术而研究实践

为实践而研究学术

“为学术而研究学术”，或曰“为学问而学问”“为真理而追求真理”，乃是一种非实用的纯学术观，强调学术场域独立于政治、经济的自主性；学术自

① 杜威．民主主义与教育［M］．王承绪，译．北京：人民教育出版社，1990：54.

② 赵汀阳．论可能生活［M］．北京：中国人民大学出版社，2004：54.

身具有内在的价值，对学问的追求本身就是美好生活的重要组成部分。这种纯学术观比较典型地反映在古希腊人对几何学的建构中。虽然几何学的形成源于实际的丈量土地、建造房屋的需要，柏拉图（Plato）也推崇几何学在战争上的用途，但他认为这种用途仅仅是"附带的好处"，几何学的真正目的是"纯粹为了知识"。① 与此相关的是"为学术而研究实践"，其关注实践中的问题并不是要直接介入、解决实践问题，而只是为从实践形态中抽象建构理论，能够在学问上有所建树。至于他人利用学术成果获得商业上或其他方面的成功，解决了实践中的问题，那不是研究者、学者首先关心的问题。学者只有全身心地投入具体的学术研究中去，才有职业人格可言。这同样体现了一种学术本位观。与此相反，"为实践而研究实践"，既着眼于实践，又着手于实践，只是以一种研究的态度来对待实践，更好地解决实践中的问题，使实践本身变得更富有理智、更富有成效、更富有意义。如果生成什么知识的话，它可能也是附带的，并且更多的是实践性知识的澄清、交流与分享，是"批判的知识"的获得。与此相联系，"为实践而研究学术"，走出"象牙塔"，做学问，以其专业知识来服务于社会以解决或疏导当前的现实问题，同样体现出一种实践本位思想，所表达的是一种"经世致用"的知识观。据说，古希腊人很早就坚持纯学术观，亚里士多德对此作过系统的阐述。而中国人缺乏纯学术的传统，在"经世致用"的目的驱使下，学术没有本体地位，而常常学政不分，学术不兴。不过，中国古代科学技术，尤其是中华医学直面疑难杂症的实践品格仍是我们今天应当大力提倡的，而西方近代实验科学的倡导者培根（Bacon，F.）、笛卡尔（Descartes，R.）等人宣传实验方法，旨在弥合理论与实践、动脑与动手的裂缝，并非完全秉承古希腊学术的传统。或许，纯学术观在许多情况下，还只是一种信仰。

教师研究，不是"为学术而研究学术"，不是"为学术而研究实践"，恐怕也很难谈得上是"为实践而研究学术"，而应当定位于"为实践而研究实践"。它可能会带来具有学术价值的成果，或者为教育科学的发展积累有益的材料，但其出发点和归宿都不应当定位于做学问，从事专门的学术知识的生产。教师既不是马克斯·韦伯（Weber，M.）所说的"以学术为业"，也不是"以政治为业"，而是以教学为业。教师研究的必要性和可能性根植于教师专业生活场景的动态复杂性和不确定性之中，它的基本旨趣蕴含在研究性的日常教学过程之中，所关注的是怎样的教学行动、内容策略、方式与步骤更富有教

① 柏拉图．理想国［M］．郭斌和，等，译．北京：商务印书馆，2002：290－291.

育的意义，使教学行动本身"内在地"成为意义、有价值的事情，成为富有创造性的劳动；同时，也使教学行为所指向的外在成果成为令人欣喜的额外收获，而不是仅仅着眼于某些结果的获得、利益或声誉的回报。当我们引导教师走上教育研究这条幸福的道路时，必须弄清楚，"假如一个人的某种行为本身是自成目的的（autotelic），并且这一行动所试图达到的结果也是一个具有自足价值的事情，那么，这一行动必定使他幸福"①。也就是说，幸福不能仅仅通过好的结果来定义，还必须通过美好的行动过程来定义，通过研究性的教育教学过程来定义，否则不可能有幸福。

2.2.2 教学行动意义的创生

李某拒绝上生物实验课，害怕动物的解剖；

张某数学作业不会做，干脆不做；

丁某泪流满面地诉说班上没有一个人喜欢他；

某一单元的教学超出预定的教学时间，可学生的作业还是一错再错；

……

这些学校生活的"万花筒"，构成了所谓的"教学情境"。作为一名教师，不时面临着交迭出现的一幕幕教学情境，或缘情而入，或因境而出，展开一系列教育教学决策与行动。与其他活动情境相比，教师所面临的专业场景，其发生、发展与变化具有相当的动态复杂性和不确定性。研究人员发现：在有25～40名学生的班上，教师与学生之间每日交往1 500次。不论他是否胜任工作，每个教师在每个教室中每一个学日的每一小时都在做出大约30个与工作有关的重大决定，并根据这些决定采取行动。这些决定包括在特定的一天该做什么，如何教，对不同的学生用什么方法教，使用什么形式的评估方法以及采取什么样的奖惩措施，等等，它们对学生心灵的成长及家长都将产生直接的影响。②

或许我们能够从众多教学情境分析中，抽象概括出某些共性的、普遍有效甚至固定不变的本质、规律与行动准则，作为教师教学行动的指南。但如此构造的关于教学的"宏大体系"，将具体教学情境中所有的问题"一网打尽"，是不可能的。可能越是具有普遍性的东西，离具体的教学情境越远，越是难以

---

① 赵汀阳．论可能生活［M］．北京：中国人民大学出版社，2004：161．

② 安德鲁·伯克．职业化：对发展中国家教师和师范工作者的重大意义［J］．教育展望：中文版，1997（3）：81－91．

亲近教学中的矛盾与困惑。在信息不周全、证据不确凿，甚至问题也不明确的专业场景中，理论是有用的，它可以帮助教师识别、理解情境中的问题，但不能直接告诉教师该怎么办。政策法规是有用的，它可以规范教师的言行，不至于明显越轨，犯方向性的错误，但教学却不能变成遵循既定公式、法则的机械操作。他人的做法、以往的经验也有借鉴作用，却因为教学情境的千变万化而不能照搬。或许千姿百态的教学情境有着种种不可忽视的差异，在它们的背后，本来就不存在一个同一的本质、不变的规律；教学的真理并不都是客观存在的，等待人去发现的东西，而在许多情况下，需要教师在具体的情境中不断体验、感悟，主动建构出来。于是有了教学过程中的即兴创作，有了教师的研究。

教学行动的意义不在教学之外，而在教学行动本身，在于教学的各种可能方案、技艺、理念空间的无限展开与呈现，是教学活动本身那种具有无限容纳力的意义，是教学行动本身的价值冲突、内在张力、丰富多样的细节，是教学活动原本具有的许多激动人心的诱惑、挑战与需要创造性地加以解决的问题。"教学永远具有教育性"。赫尔巴特（Herbart，J. F.）的这句名言，至少有两个方面的含义：一是教学全过程以及教学过程的各个方面都含有教育性，它的教育意义对学生身心发展的影响，对学生人格的影响是内在的，不是外在强加的东西；同时，它不仅仅局限于教学内容，教学组织形式、师生关系、课堂气氛等都会产生多方面的效应。二是就教育影响的性质而言，有积极的，也有消极的；有显性的，也有隐性的；有的是已认识到的，因而能自觉地加以调控，也有的还没有认识到，因而是不自觉的……因此，我们应当努力提高自己的教育自觉性，善于发掘、利用其积极的影响，防止负面的、消极的影响，克服教学的低效、低水平的重复。教学行动的意义离不开教师的创生，教师研究的意义便在这一过程中得到充分的彰显。

2.3 教师研究的个人意义

2.3.1 研究的自身意义与社会价值

当我们进行研究的价值分析，尤其是课题规划立项论证时，往往比较多地考虑它是否能够满足一定的社会需求，包括是否有利于繁荣教育科学理论，推动教育学科体系的建设和完善；是否有助于现实问题的解决，满足教改实践的需要。各类课题规划立项与评鉴的主要依据乃是看其对教育科学理论体系贡献的大小（理论价值），或者对教育实践产生影响的性质与大小（实践价值）。

那些在理论与实践的结合点上进行的研究会更多地受到人们的关注和欢迎。其实，在对研究活动进行价值分析与评估时，还应当关注它的个人意义和研究者自身发展价值。任何研究都是建立在研究者自身一定的研究实力、内驱力、研究兴趣的基础之上。研究活动是一种较之其他实践活动更需要发挥主观能动性、创造性的活动，需要内在动力的驱使，更需要一个能由研究者本人自由支配的时间和空间，也更是一个自身需要满足与价值实现的过程。许多研究者选择某一课题进行研究，长期致力于某一领域进行攻关，一个重要的原因便是对于此感兴趣，乐此不疲做这方面的探究。缺少对这种个人价值的认可、对个人兴趣的尊重，试图做出富有成效的开拓，坚持不懈地从事艰难的探索，也就往往无从谈起。尽管个人一时的兴趣、研究冲动，可能不一定与社会的需求相吻合，尤其是与现实需要相适应，不一定能够得到社会的承认，获得应有的社会效益，需作必要的引导与调控，但如果我们无视个人利益需要，不顾研究者个人的兴趣爱好，而将某种社会需要，将研究者不熟悉、不感兴趣的项目强加给研究者个人，那是无以激发研究者的创造热情，不可能产生真正意义上的研究活动和创造性劳动成果的。

关于教师研究，我们更应当关注它的个人意义和研究者自身发展价值。这主要是因为教师以教学为业，非专业研究者，他的研究原本属于业余性质，是一个本来就不应当全面规划与控制的领域。不少教师写教学反思笔记进行课例研究等，都是在 8 小时之外完成的。业余性质的研究，性情驱使，兴趣使然，自由自在，很少获得科研经费的资助，不受制于任何权威和强迫力量，不排除个人动机的驱使。试图将包括业余性质在内的所有的研究都置于统一的规划与管理之中，这可能会对真正的研究、对学术带来不应有的威胁。

2.3.2 教师研究的研究者自身发展价值

教师研究的个人意义集中表现为研究者自身的专业发展价值。

一位教龄已有 7 年的教师上政治课，按教材章节顺序展开下列操作：教师将标题变成问题，提问，学生看教材，勾画，照着教材回答；教师引导学生联系实际，将问题谈具体；择其要点板书。一位历史教师在高三与学生一起备考 10 年有余，他的一堂历史作业讲评课是这样上的：教师读题目，提问；学生回答问题（说出自己的选项），或自由答，或指名答；教师讲述相关的知识点，指出有关选项错在哪里。如此循环往复，展开共 70 条选择题的作业讲评，直至下课。只要一走进中小学日常课堂，便不难发现教师这类不尽相同的教学惯例、模式。绝大多数教师的日常教学工作有着明显的工作节律、周期、惯例，“涛声依旧”，“重复着昨天的故事”，即使有意外情况发生，或者面对外来的变革要求，也倾向于按惯例办，“以不变应万变”。同时，在我国，一所学校、一个学区往往使用同样的教材与教辅材料，采用同样的作息时间和大致相同的课程表，执行着同样的教学文件规定，遵循着大致相同的生活节律、工作方式与教学模式，形成了彼此间的默契融合与集体共识，统一备课，统一作业与统一考试。上课也有统一规格。每个人“以他人为准来衡量，从而使自己的存在消解在他人的存在方式之中”，并“不声不响地压住一切特立独行”。①

尽管教学工作本来应当是动态复杂的、富有创造性的，但是，由于教师工作生活环境的相对封闭，工作任务十分繁重，肩负着太多的他人的期望，无暇与外部丰富多彩的世界进行有效的交流；加上教师劳动具有明显的后效性，不像工人生产零件、建筑师建造高楼大厦，短期内即可见效，难以获得应有的成就感和自尊。当教学工作演变成机械重复劳动，失去应有的光泽，教师极易产生职业倦怠，甚至职业枯竭。最直接的表现是生理耗竭，精力不充沛，常有疲劳感，身体虚弱，随之而来的是才智枯竭，没有激情，甚至对人冷漠无情，麻木不仁。日常所见的大多数中小学教师表情严肃、紧张，难得轻松的微笑。而更为深层的问题乃是价值衰落，自我效能感下降，自我评价在降低，失去应有的职业自信，感到与孩子打交道没有意义，于是荒诞感也就飘然而至。一些中小学课堂尽管有了先进的教学设施，也不乏有优化的教学设计，但热热闹闹的背后却是师生表情冷漠，举手投足如同机器人操作，不仅语言，连笑容也变得职业化了。人们常常将教师职业同医生、律师相比照，是为了强调教师的专业地位，说明它应与其他专业并驾齐驱，不是次等专业而是神圣而崇高的专业。但在一般情况下，教师与医生、律师的专业命运有所不同：医生越老越吃香（外科医生也许除外），而教师老了，没有人要（少数特级教师、骨干教师除外）。在学校内部管理改革中落聘，转岗者更多的是50多岁的老教师。这绝不仅仅因其年老体弱，还因为其知识老化、思维僵化、观念陈旧，而难以适应教改要求，过早地结束了自己的专业命运。

聆听优秀教师、骨干教师的专业成长故事，让我们强烈地感受到他们在高度重压下所表现出来的专业自主与专业自信。他们在外部世界异常嘈杂躁动的情况下，探求各种可能的生活方式，倾听来自心灵内部的声音。

---

① 海德格尔．存在与时间［M］．陈嘉映，编译．北京：生活·读书·新知三联书店，1999：88.

毕竟东流去

——十七年教师生涯回顾

薛瑞萍

一、找到自己

1981年，我以全县第二的高分考取中专。那时候，中专比高中难考。因为家境贫寒，读高中念大学的好事，我梦都没有梦到过。

有恃无恐，报志愿时，我不假思索，依次填了门槛最高的前四所学校。师范——录取分数低，有伙食补贴，因而为人所讥的“稀饭”，我瞄都没瞄一眼。

老天惩罚了我的狂妄，事情的结果是喜极而悲：因为第一志愿限招女生，我被一路耽搁下来，四个志愿全部落空，到手的“铁饭碗”岌岌可危。

张皇无措时，霍山师范招生的同志发话了，问我是否愿意去他们那儿——对从得意的顶峰落到无助的低谷的人来说，这是救命的稻草。

就这样，做学生时倔强顽劣，让老师头疼不已的我，被人们认为最不可能当教师的我，成了一名师范生。学校条件极其简陋，女生宿舍陈旧破败，老鼠在大白天里公然游行，男生住的竟然是草屋。

整整三年，我深陷于怀才不遇的怅恨和鹤立鸡群的孤苦。从进师范的第一天起，改行的念头就占据了我的心。因为没有明确目标，就以“诗人梦”作了替代。于是，当同学们顺理成章地松弛下来时，我却比初中更发奋了：借、买、抄、写，夜以继日地读，如饥似渴地学。周末，大家都出去放松，我乐得一人独占寝室，高诵《过秦论》《长恨歌》《琵琶行》《叶甫盖尼·奥涅金》《吉檀迦利》《先知·沙与沫》……

现在想起来，一切都是冥冥中注定了的：是改行的野心使我在即将松弛的关口再度绷紧自己，歪打正着地完成了由被动学习到主动学习的过渡。不知不觉中，读书成为我的内在需要，成为空气、水一样的不可或缺者——一直到现在。

毕业后，诗人梦变为律师梦：为了“理想”，我硬着头皮苦读，法理、法律条文占据了我的业余时间。靠着自学，我取得了法律专科文凭，并于1992年通过繁杂苛刻的律师资格考试，拿到了资格证书和营业执照。

在这一漫长而艰苦的奋斗过程中，由于天性使然，个人理想和工作责任感并行不悖，成堆的奖状和证书见证了我的敬业。而且，对于那段苦役般的

"弯路"，我至今不悔：系统的法律学习，为我的思维注入了单纯的"文学爱好者"所没有的刚性和理性。而且，那番自虐式的孤军奋战，使我的毅力和定力得到近乎残酷的训练。到如今，我之所以读，多为大家视为畏途的艰深者，非艰非深则不过瘾——皆是得益于此。

在为跳槽而奔走的日子里，我出入法院、律师事务所、法律顾问处，见识了外面的残酷和精彩，也强烈意识到自己与之的格格不入。从开蒙到教书，不管愿不愿意，二十多年的学校生活已经将我深刻地"体制化"——单纯、直率、理想化、书卷气，这些特质已经融入我的血液，成为"我"本身。作为教师，它们是优点，可是一旦换了环境，立刻成了醒目的缺陷。外人同情的目光让我自卑、恼怒和无地自容。是的，我可以变，但是如果我变了，那还是我吗？我还会快乐吗？面对灯红酒绿的应酬场，置身话里有话的周旋地，我的抵触和不适一次强过一次。我反复问自己：我这是何苦呢？

终于，有一次"求见"扑空之后，我撑不住了，出门时，沮丧得几乎要哭。一起来的朋友劝道："还有下次嘛，别灰心。"

"你知道我一直在想什么吗？"

"什么？"

"每到这种地方，我就想到自己的办公室。地板开裂、屋顶漏雨，寒碜得很。以前只觉得它拥挤、破败，一心要逃离。可如今，我越来越觉得那里温暖、安全，因为在那里我是自由自在的，那是我的另一个家。还有，我从来没有像现在这样频繁地想到我的学生，连那最调皮的，都觉得可爱。骂也骂过，打也打过，可他们从不记恨，转脸就笑，转脸就喊老师好……"

人要认识自己不是一件容易的事，要不是那段"再求职"的经历，到今天我还心猿意马，徘徊歧路呢——是我的性格原本就适合做教师，还是教书育人的生涯已经改变了我？哪怕个性是石，职业是水，日复一日、年复一年的浸润与冲击，也会在石头上留下深深的痕迹，何况我原本就是一个怕见钩心斗角的书呆子。

并非人人都能从事自己喜欢的职业，对于那些激流勇进的弄潮儿，我深怀敬意。而我，则宁愿守着一方干净安稳的讲台，做一回冷眼向洋的看客。日子不是过给人看的，鞋好鞋坏脚知道；金钱有价，快乐无价，自己觉得好才是最好。

提供法律援助，为一个死刑犯作二审辩护，这是我作为律师办过的唯一案件，而且居然成功了。我没有到兼职单位领取劳务费，没有报销办案所花的差旅费，惨淡经营十数年的改行梦，就此结束。换来的是找到自己的踏实和宁静——我以为值。

时在1994年。

二、公开课

最初“出名”，靠的是公开教学。参评课、汇报课、示范课，从1989年到1998年（所在工厂于1988年搬出霍山），从区三等奖到市一等奖，我上遍省城所有窗口学校。阶梯教室里，学生几十教师几百的隆重与辉煌，使我渴慕成功的心得到极大满足。

我很早就知道：公开课，在相当大的意义上，是上给“大人”听的。备课要备教材、备学生，更要备评委和听课教师。为了成功，同样使尽浑身解数：朗诵、唱歌、板书、简笔画、自制课件，甚至跳舞。这些我通通不行，我的功夫就在口里、脑里——凭着深厚的文学功底及由此而来的独特见解，我的教学具备了别人“学不来”的磁力和煽动性：旁征博引、左右逢源、亦庄亦谐、文采斐然，“吐佳言如锯木屑，霏霏不绝”。作文之法被应用于教学设计：布局谋篇，精心策划；起承转合，环环扣合。恍惚间，讲台成了聚光灯下的舞台，因为安静，我常常需要将语音一低再低。

现在看来，那是炫才，是表演。在“家里”，我最喜欢的是讨论：先将课文读熟，然后提问，作答，各抒己见。什么问题都有人问，什么想法都有人说。那才叫实在、热情、有趣呢。

别以为“讨论法”简单，如果教师没有以学养为根基的威信，不具备引导学生往高处去的强力，三两个回合下来，教室就成茶馆啦——“放”的前提是能收，“散”的前提是不乱。看似“懒惰”的办法不是人人都适合的。

这样的课只能在自己班级上，供人“看”时，难免“作假”之嫌。公开课，有多少不带表演色彩的？但是，“借班”仍有它的优点在：挑战教师的底蕴，锻炼教师的应变能力和教学机智。而我，也正是在这一过程中，尝到了博览群书的甜头。

1998年，作为年纪最大的选手，我参加合肥市中小学课堂教学评比，获一等奖，并因公开教学的名声而被评为市先进教师。对于厂办子弟学校的教师而言，这是难得的殊荣，再要往上去就很难了，而且——我也倦了。

从那以后，我坚辞一切公开课，每逢评优，便声明退出。一时间，“薛弃权”成了我的外号。我却不承认，因为我没有放弃选举权，对那些我真佩服的老师，我拉票可积极啦。

至于我自己，“隐逸”之中其实藏着迷人的目标：不再为外在压力所苦；

读愿意读的书，做愿意做的事；让自己和学生尽量过得宽松、舒服——在如今的教育体制下，这实在是教书人的至福。

三、鼓吹读书

1997年春，合肥市教委主任许俊真来校视察，听了一节《雕凤凰》，对我的“内功”及学生“超过同龄人”的思维、表达能力赞赏不已。

“暑假你到培训中心，给老师们讲讲课吧。”

“可是，我刚刚报名，今年夏天要去那儿听课呢。”

“那就明年来吧。讲授语文班的主课《小学语文教学概论》。”

做学员时，我便多了一个心眼，结果大为沮丧：教学要素、教学模式、讨论特征、讲解要点、板书方式、知识迁移；思想品德教育的渗透、非智力因素的培养；识字教学法 X 种，阅读教学法 Y 种，作文教学法 Z 种！讲者苦口婆心、照本宣科，下面的人各行其是：溜号、聊天、听音乐、吃零食。看小说——那是最有修养的尊师行为了。天哪，到明年，这课我可怎么上？

退堂鼓敲到了“伯乐”跟前。许主任言道：“要说理论，我相信，就我校内的师范生，随便谁都能一说一大套，系统还漂亮——整整三年，学的考的就是这个嘛。可是有什么用呢？学好语文的正途在于阅读，教好语文的前提是博览群书。可是现在的教师，除了应付各种考核、测评，有几个能静下心来读书？我们请你来，就是要你谈谈这方面的感受——这样的道理，必须出自一线优秀教师之口才有说服力。不要受教材束缚，讲得越开放越好！”

如释重负的同时，我感到欣逢知己的亢奋：“是啊是啊，鲁迅先生告诫文学青年不要让《小说写法》之类的东西骗了时间和钱，好文章是靠读好书熏出来的。从前的大师，是先写文章出了名，然后才被聘去教书。老舍先生的《月牙儿》，是为教‘意识流’而写的范文。现在的教师，爱读能写的还真不多。”

于是，不遗余力地鼓吹读书。一连讲了三个暑假、六个班级。每到最后一课，我在黑板上大书黄庭坚的一句话：

一日不读书，则语言无味，面目可憎。

如我所料，有人被刺痛了：“面目可憎？不至于吧。”

我说：“此语过分吗？对于一般人来说，是苛刻了点。但是我们是干什么的？我们是教人读书的人啊，自己先就不读书，怎么得了！谁以为不能接受，谁就尤其需要牢牢记取——这是我的座右铭，送给大家，与大家共勉。”

到现在，还有学员和我保持联系，他们称之为“充电”。

“听了您的课非常激动，非常有紧迫感，恨不得不吃不睡地读。可是不久就松懈下来，需要再听您吹一吹，才能鼓起劲来。”

“这叫知易行难。我们引导学生读书也是一样的道理，理智上懂得多少读书的道理，也不如接触一个书香蕴藉的人更能激发读书向上的欲望——所以，你该理解我的学生何以容易上路，我的班级何以读书成风。”

“有空来玩！”

“不敢。”

“为什么？”

“最近没读书，面目可憎，怕见老师！”

因为公开课、继续教育和发表文章的原因，我在“圈内”多少有了点名气。常有年轻朋友来信、来电话，要求指导读书、开列推荐书目。我想就此机会一并作答。

我读书比较勤快，一般每周一本（古书相对慢些）——同事戏称之为“吃书”。因为各人的基础和兴趣不同，所以很难有的放矢地开列书目，为负责起见，我只列自己反复读过的经典。

中国古代：《诗经》《论语》《世说新语》《红楼梦》《老残游记》《人间词话》《唐诗鉴赏辞典》（选背）、《唐宋词鉴赏辞典》（选背）。

中国现代：《野草》《沉默的大多数》《家》《骆驼祥子》《艾青诗选》《舒婷、顾城诗选》《穆斯林的葬礼》《我与地坛》。

外国：《希腊的神话传说》《忏悔录》（上）、《复活》《安娜·卡列尼娜》《生命中不能承受之轻》《变形记》（卡夫卡）、《苏菲的世界》《牛虻》《简·爱》《呼啸山庄》《细胞生命的礼赞》《叶甫盖尼·奥涅金》《红与黑》《爱的艺术》（弗罗姆）。

很多人以为名著读起来吃力、速度慢，因而视为畏途，这是一种错觉。经过历史淘汰，堪称经典的其实就那么几本，大家如果早动手，早用功，啃完它们不是难事。仔细想一想，我们平时浪费在无聊时文上的时间有多少？结果，除了生出浮滑习气、养成惰性，没有丝毫长进。要是把这些时间用在读经典上，几倍的《论语》《诗经》也攻下来了——它们渊深广袤，雄浑朴茂，如精金美玉、如高山大海，是一片沉睡的沃野，你在那里付出的每一分心力都将获得回报。

四、一勤养百懒

鲁迅、郭沫若原本学医，卢梭基本没有上学，高尔基在半流浪状态度过童年，郑渊洁初中没有毕业，张海迪自学成才而出书……这样的例子不胜枚举——从一定意义上讲，语文是可以无师自通的。因为他所读过的每一本好书都是使他的思维能力、表达水平、精神境界得以提升的最好老师。

少年是人生的宝贵阶段。单就语文学习而言，如果一个人在他可塑性最强、记忆力最好、学习兴趣最旺盛的年龄里所做的，只是抠教材、做习题，那么对于孩子来说，这是最可痛惜的禁锢和浪费。

学好语文的根本在于大量的、高品位的阅读，除此以外，别无他法。在我看来，评价学生语文水平的标准可能有若干条，但最重要的只有一项：他是否具备了相应的阅读能力。和分数相比，这是“软指标”，然而比起分数，它对孩子一生的意义不知重要了多少倍。

基于这种认识，自一年级拼音教学结束之日起，我“一天也不敢耽误”，开始有步骤有措施地培养学生的阅读能力（详细做法见《这是一片丰沃的田野》和《这就开始吧》）。

最初以为人的精力毕竟有限，“分心”多少要影响考试。本着对学生一生负责的使命感，我做好了牺牲“教学业绩”的准备——我很为自己的“崇高”感动了一把。

然而，不久我就发现，自己做的其实是鱼与熊掌兼得的美事——考试成绩非但没有降低，反而比外校同年级学生高出一大截。现在想来，这是情理中事：阅读一旦上路，应试自然不难。不就是字、词、句、阅读理解、作文吗？当书读得足够多、足够好时，考分便成了水载之舟，想低也不可能了。

与邻校交流阅卷时，对方教师不止一次驻笔浩叹：“薛老师，我们的学生和你们完全不在一个档次。思维这样灵活！文笔这样老练！要不是亲自阅卷，别人说给我，我都不信。你先停一下，我读一段给你听：

> 这就是我的同座李小娟：好吃、贪玩、小心眼，还经常影响我的学习。我是中队委，可是我不准备帮助她，因为我找她谈过，一点用处都没有。再说了，学习的事情，如果自己不用心，别人再帮也是白忙啊。连老师都不能改变她，我又能起多大作用呢？我已经警告过她了：再要吵得我听不好课，我就告诉老师，不跟她同座了！”（《我眼中的同座》）

都说是文人相轻，作为教师，再没有比来自同行的赞赏更可自豪了。我得意，我兴奋，我不失时机地推销经验：

“这孩子，三年级就读《苦儿流浪记》《海底两万里》，现在正在读《爱的教育》呢。”

“怪不得。再看这一篇，字不漂亮，前面扣分也不少，肯定不是优等生。可是语言多有个性、多有味道！”

我的缺点有许多，最大的毛病就是一个字：懒。

能躺着我绝不肯坐起来，能坐着我是绝不肯站的，能站着我绝不肯走，能走我是绝不会跑的。每次洗脸的时候，我都要搬来凳子，把脸盆放到上面，然后坐在沙发上慢慢地洗。(《我眼中的自己》)

“这小姑娘可有意思啦。别看性子慢，读书品位却不俗，最爱背诗了。徐志摩的《沙扬娜拉》，岳飞的《满江红》，背得好着呢。”

“抓阅读——实在是一勤养百懒的好事！上课轻松，作业一点点，学生舒服我潇洒：上班一天，倒有半天干私活：看自己喜欢的书。”

五、诗意的河

生命是一条河，需要流动，需要吸纳。读、写、教，以自己的方式与外部世界进行健康的交流、作用。日子由此而变得开阔、深邃、美丽——这是我要的生活。

从来不曾怀疑过，越来越坚定地相信着：不是我选择了小学语文教师这一行，而是小学语文教师这一行选择了我。我知道，像我这样的人很少，我们是盐，防腐和给世界带来“味道”是我们的责任。

如果我们同意人在俗世之外需要诗意的超越，如果我们相信童年是人生的重要阶段，那么，对已经做了和将来要做我学生的那些孩子而言，得遇我为师，是他们的幸事，因为——他们的童年将不同了。

有成就、受尊敬、在前进，这是“诗的感觉”，是灵魂提升的体验。它使我感到自己更强壮、更成熟、更有力。我在这里，作为一个能量巨大的“场”存在着。日复一日，接触、熏陶、摩荡，生命的河流澎湃起伏，阅过人间沧桑美丽，流向我要去的地方。意识到这一点，我无法不充满自豪感，这种激情势必感染学生、点燃学生，于是，他们的学习也变得富于诗意了。

——摘自：薛瑞萍，主编．小学语文教学案例与阅读教学［M］．长春：长春出版社，2004：166－174.

自称“布衣”“草根”，却有着普通教师难以企及的广博精深的专业素养、开阔睿智的人文视野的薛瑞萍老师，什么也不要，“只要给我一个班”，坚持做一个“有根的人”。她的成长经历中反复提到这样一些关键事件：

读书。“欲求教好书，先做读书人”，倾听书本的声音，读出问题来，读出自己来。“一日不读书，则语言无味，面目可憎。”

公开课。尽管公开课有着这样或那样的弊端，并且薛瑞萍后来也坚决辞去一切公开课，但是，她最初的出名，“靠的公开教学”。公开课不仅仅是“成名”机制，也是教师的成长之路。

教改试验。“学好语文的根本在于大量的、高品位的阅读”，基于这一认识，自一年级拼音教学结束之日，就“一天也不敢耽误”，开始有步骤、有措施指导学生阅读课外书，取得了“一勤养百懒”的效果。

写教育日记。拿起笔来，勤于记录思想的轨迹，不间断地反省与思考，成为有思想的实践者。开始是网上发帖，后来将网上帖子稍作整理，便成了书。薛老师教第三个一年级，撰写的教育日记《心平气和的一年级》，已于2005年由长春出版社出版。

若干关键事件，恐怕没有一件与正规的“研究”搭上界，但又何尝不处处渗透着研究态度和研究精神呢？读书，能读出问题来，读出自己来，随时把读书思考写下来，显然不是被动接受，而是与文本对话，是“研读”。至于公开教学、教改试验，反思日记等，同样内含着独特的探究意向与研究方式。正是上述独特的研究经历、研究性实践，不断消除着不合时宜的教学惯习，逐步形成独特的“个人方式”的教与学，成长为名师，乃至教育专家。

研究性实践何以能促进教师的专业成长呢？

首先，研究性实践提供给教师专业思想、信念自主建构的根基。

鲜明的教学思想、执著的教学信念，归根结底，并非来自书本，而是来自实践，来自教师自身独特的教学经历。“心之官则思。”人活着，就会日有所“思”，夜有所“想”。思想不应该是官方的或者控制着话语权力的精英的特权。活着的老百姓都有自己的思想。只不过，有人清晰明白地说出来；有人含糊，含糊得连自己也意识不到，只会在行动中无意识地表露出来。有的先进，赶上时代潮流；有的保守，只是一些不合时宜的东西。清晰也好，含糊也罢；先进也好，保守也罢，都不是可以轻易改造的东西。仅仅是听讲、做笔记，接受培训、应付考试，是产生不了自己的思想，确立不了真正的信念，创造不了教学艺术的。实用主义始作俑者皮尔士（Peirce，C. S.）讲：人类确认信念的方法有四种：“固执的方法”，指固执地坚持无论怎样得来的信念，根本不去考虑别的不同信念，更不愿批判质疑之；“权威的方法”，接受权威强加的东西，对自己学科的权威的东西不加思考地加以接纳；“先验的方法”，根据形而上学的某些理念，“合乎理性”地接纳它们；“研究的方法”，所确立的信念是研究的结果，而不是像其他几种方法那样一下子给予的。① 在研究性实践

① 转引自：张汝伦．西方现代哲学十五讲［M］．北京：北京大学出版社，2003：106.

中，教学思想、信念不断地经受怀疑的考验，通过质疑、澄清、体验、追寻，消除疑虑，解构借助“固执的方法”“权威的方法”“先验的方法”所获得的不恰当的“个人哲学”，自主地建构独特的教学思想，使专业生涯建基于坚定独特的教学信念，保持必要的专业自信，获得鲜明的教学个性。薛瑞萍老师，三年师范生活在怀才不遇的怅恨和鹤立鸡群的孤苦中发奋读书，歪打正着地完成了由被动学习到主动学习的过渡。毕业后靠自学，取得了法律专科文凭，通过了律师资格考试，出入法院、律师事务所，见到学校外的残酷与精彩，也强烈地意识到自己的单纯、书卷气与之格格不入。面对灯红酒绿的应酬，置身于话里有话的周旋，反复问自己：这还是我吗？终于发现自己的性格原本就适合做教师，又回到了讲台，找到自己的踏实与宁静。不久，她在公开教学中“出名”，从区三等奖到市一等奖，上遍了省城所有的窗口学校。在一片喝彩声中，又总感到公开课是上给“大人”听的；自己凭着深厚的学养，旁征博引，左右逢源去上课，只能在自己班级上，供“人”看时，难免有“作假”之嫌。于是坚决辞去一切公开课，退出一切“评优”，不再为外在压力所苦，“隐逸”之中，再次找回自己的宁静，开始了阅读教学试验，与小学生一起展开高品位的阅读，有步骤地培养学生的阅读能力。她从试验探究中深深地感到，“所谓智力就是一个人的阅读能力”，“学好语文的根本在于大量的、高品位的阅读”，“抓阅读——实在是一勤养百懒的好事！”她在不断认识自我的过程中，选择了小学语文教师这一行，并且以自己对语文教学的独特理解，融入语文教师这个大家庭中，成为引领新潮的“学者型”教师。

其次，研究性实践给教师专业学习以不断创新的动力及潜能释放机制。

专业学习的方式是多种多样的。古老的学徒制强调在日常生活与生产实践中，新手拜能者为师，在观察、模仿、尝试性的实践参与中，耳濡目染，潜移默化，完成从新手到熟练工的过渡。由于它的情境性、参与性与默会知识的应用，至今仍为包括教学专业在内的若干专业学习的重要方式。中小学的“青蓝工程”便是学徒制在教学领域的改造应用。徒工以廉价的劳动换取成为成熟的职业群体一员的机会，这一过程通常是费时、充满艰辛的。实际上不仅是师傅，而是整个“实践共同体”创造了一种“潜在课程”，新手通过“合法的边缘性参与”方式学习这种课程。在一般情况下，其专业学习发生在不教的时候。由于更多地强调对传统工艺的模仿，难以用来应对新的情境问题，这对于面对不断变革的现代教学专业的学习来讲，可能是致命性的。一些学校的“青蓝工程”已经暴露出这方面的不足。与在手工业生产过程中诞生的学徒制不同，现代专业知识、职业技能的集中培训可以在短时间内培养大批的熟练劳动者，大大地提高了专业学习的效率，但这种较多地强调整齐划一的普通技能的培训，与教学情境的复杂多样性相悖，或者说，它代替不了个别化的情境学习；同时，它又更多是一个“外铄”的过程，与教学专业发展不可缺少的专业自主相抵触。

现代教学专业的学习绝不能仅仅是将集中培训与学徒制、职前学习与职后培训、“听中学”与“做中学”两者并举，相互补充，更为重要的是创造新的专业学习与专业知能提升的方式，这便是研究性教学。研究性教学是围绕情境问题的确认、诊断、持续不断的尝试解决而展开的过程。所谓情境，是当事人直接经历感受到的疑虑、困惑，它发生在教师的日常教学活动之中，是现实的，是当事人必须面对、无法回避的，而非在书斋里人为编造的问题。现实情境问题与书本问题不同，多重背景因素交织在一起，问题的实质是什么，通常不明朗。它有时可以转化为某个学术性问题，但在许多情况下，却不是运用单一的学科知识、书本知识所能解决；有时或许能转化为某种教学模型，但面对心灵成长问题，某种教学法则难以奏效；有时是确定的，答案是唯一的，但在通常情况下没有唯一正确的答案，甚至究竟什么是正确答案的标准也不清晰。专业理论工作者可以将现实问题抽象为学术问题，侧重从某个学科角度去透视、描述，做出解释；而教师却不能将复杂的现实问题简化为某个学术问题去对待，甚至他也不能因为现实问题没有什么学术价值就回避，就不去探究。对于现实情景问题的探究并不比学术问题简单，通常要求研究者首先要切实感受到问题所在；接着在信息不周全的情况下，更多地依赖直觉、洞察力，对事态发生、发展做出初步的判断，并试图抓住问题的症结；再在初步的判断与已有经验的支撑下尝试性采取行动；然后观察行动的结果，并根据结果修正最初的判断、方案，甚至重新确认问题，作进一步的探究。面对现实中的困境问题，不是视而不见，置之不理；不是仅仅埋怨、发牢骚；不是“以不变应万变”，而是敏锐意识到问题的存在，并积极探寻问题症结所在，坚持不懈地尝试改革，这便是研究性教学不同于一般实践的地方。这种面对情境问题的处置方式与态度，乃是教学专业学习的关键所在。薛老师在教师生涯回顾中强调，对教师讲授《小学语文教学概论》，什么识字教学法 X 种，阅读教学法 Y 种，作文教学法 Z 种，讲者苦口婆心，听者各行其是，除了应付考核、测评，对于提高专业素养并没有明显的成效。语文教师没有深厚的学养作根基，不具备引导学生往高处去的能力，学习再多的教学法也不管用。对于语文教师来讲，学养的积淀，智慧的生成，来自教师自己的“研读”，来自与学生一起进行的高品位读书。

再次，研究性实践不断拓展着教师教学反思的视域，促使其从蒙昧走向觉解。

“成长＝经历＋反思”。许多教师声称自己已经具有“反思”的习惯。[①]其实，这些教师中不少人所理解的“反思”，只是指简单回忆事情的经过，对有关教学处理的得失进行分析，设想另一种处理会怎样，是一种出现某种具体失误之后的补偿行动。而真正的反思不仅是反过来把自己作为思考的对象，而且要追思自己是如何思考和行动的，尤其是对自己意向行为背后的理念、预设进行质疑、澄清与批判。对自身教学情境问题的感悟，对流动着的实践意义的解读，对行动抉择及其合理性的质疑与批判，并不是严格意义上的“实证科学”问题，不能像实证科学所要求的那样，置身于“自我之外”，采取形式多样的控制手段，消除主体的“先见”“偏见”，以获得某种“客观性认识”，而恰恰须以“先见”为基础，在“先见”的引导下行动，并控制行动过程和结果，进而澄清、质疑“先见”，逐步修正先在的“内隐理论”，获得内在的启蒙和解放的力量。这“先见”也就是主体所拥有的“视域”，是其“视力范围”，一种与主体有关的能力。它是有限的，即使不为物所挡，其最大范围也就是天地相交的地方，即地平线；但又可以说是开放无限的，随主体的运动而延伸，随主体的精神体验交流活动而不断拓展，是没有固定边界的场域。视域的拓展延伸极为重要的是不断与“他者”相遇，敞亮自我，又以“他者”为镜子，洞察自我，开启自我，在彼此视域互动中实现自我的“去蔽”，走向澄明之境。如果老是想表现自己的所谓“个性”，只关注“自我”那一点点小天地，视野会越来越狭窄，世界也因此变得越来越狭隘。教师共同体所开展的研究性教学乃是不断拓展教学反思视域的过程。就说那颇有争议的“公开教学”，教师需经过反复“磨课”的过程。不仅关闭的教室门窗被打开，而且将教室搬上了剧场舞台，吸引了几百乃至上千的教师前来观摩。每个教师要公开展示的总是自己的优点、亮点，大庭广众下谁愿意丢自己的脸？公开课多少带有表演的成分，所谓上“困惑课”，把困惑、不足展示给人看，尤其是展示给陌生人看，精神正常者一般不会有意这样做。如此，“公开”教研活动成了一种机制，一种驱动教师及所属群体反复磨课的动力。“公开”的机制制造了一个敞开的视域，执教者与观摩者相互开启着视野，并且将视野融合的幅度推到极致，其对教师的专业成长影响之深也就可想而知了。

---

① 有关调查表明，85%以上的教师声称自己具有“反思”的习惯。参见：李烈．给生命涂上爱的底色［M］．北京：高等教育出版社，2005：159.

3. 实践方式的主导

——教师研究的原生态

研究不应该窄化为获得“创造发明”，窄化为做学问（学术），窄化为“用科学的方法探求规律”。它原本为一种以实践方式为主导的穷究事理的活动。研究活动中，主体不断富有创造性地介入周围世界，或者试验，或者实验，或者体验，在做什么、用什么做以及如何做的过程中，既解释世界，又改造世界，同时开化自身。

优秀教师的成长经历中反复提到的若干关键事件：磨课、公开教学、教改试验、案例积累、读书研讨、教学反思，等等，这是不是“研究”？教师研究与“学术研究”的关系如何？是不是同一回事？与一般教学活动的区别何在？何为“研究”？“研究者”何为？教师应当成什么样的“研究者”？其研究过程应当如何展开？多少年来，老是想着这些问题，至今不能满意地回答，今后还将想下去。不能不想它们，可又总是回答不了，这恐怕就是关于“教师研究”的基本问题。①

3.1 关于“研究”的若干规定的质疑

“任何一个‘实事’，无论是我们用感官感知的对象，还是一个设置、一件事情、一种思想，简言之，所有那些与我们的思想与行动有关的东西，都可能以如此偏颇的方式显现给我们，以至于由此而产生各种意见的相左”。“每一个参与者都声言唯有他们把握的实事显现方式才符合实事本身的存在和如何存在，因此坚持真理在自己一边。”② 没有一种显现方式是绝对不真的，同时

① 汪丁丁说：“基本问题有两个特征：第一，永远解决不了；第二，它永远让你想着它。”参见：汪丁丁．寻路问学［M］．上海：上海人民出版社，2005：25.

② 劳克斯·黑尔德．世界现象学［M］．倪梁康，等，译．北京：生活·读书·新知三联书店，2003：36.

每一个显现方式都产生于特定体验、特定视域的联系之中，即使是一个错误的陈述也还是显示了什么，何况是多少带有点神秘感的“研究”呢？

3.1.1 “研究就是发明创造”？

说到“研究”，总会想起科学家。或许对“研究”最有发言权的是那些躬身实践、卓有成效的科学家。他们的生活淡泊简单，却有着不凡的人格风采；他们并不是无所不知，甚至在有些问题的处理上显得有些笨拙，却都在某些特定的领域做出非凡的成就，令世人瞩目。由此他们所体验到的“研究”也非同一般。著名科学家马大猷先生说：“在我们国家，‘研究’这个词用得太滥，什么都叫研究。……按联合国教科文组织的定义，研究工作是系统地、创造性地来处理一个问题，以得到新的思想、新的知识，就是发明、发现。当然也许是一个理论，也许是一个方法，也许是一个新的现象或者新的材料，等等。研究就是发明创造，因为你不发明，你研究干什么呢？你研究什么呢？人家都知道的东西，你只有学习，还研究什么呢？就没有必要研究，也没有什么可研究。所以说，研究就是要发明创造，研究工作要取得新的知识。”① 读马大猷的上述谈话，总让人想起科学家们发明创造的故事。

20 世纪 30 年代美国芝加哥有个叫巴比克的人，他在搬家时不慎将祖传的一只中国瓷器打碎了。这是一只价值很高的古玩。巴比克捧着那些碎片，心也碎了。当时，他把碎片重新收拾进行黏合，美中不足的是裂缝还能用肉眼看见，而且不牢固。他跑遍了整个市场，结果令人失望。巴比克不甘心，决心自己动手制造一个更好的黏合剂来解决这个问题。他从传统的树胶、角胶、蛋清入手，先后试用了近百种胶液，进行了上千次试验，花费了三年多的时间，最后成功地将那只打碎的瓷器黏合到满意的程度，不仅肉眼无法分辨出来，而且相当牢固，跟烧出来的不相上下。因为掌握了这手绝活，五年之后，由巴比克执牛耳的 BBK 黏合剂公司成为芝加哥最有影响力的公司。

——摘自：叶继元，等，编著．学术规范通论［M］．上海：华东师范大学出版社，2005：59.

用系统地、创造性地处理一个问题来概括诸如巴比克这样的发明创造的经历，那是再恰当不过的了。这里的问题显然绝不仅仅是理论性的，而更多的是

① 转引自：孙孔懿．写作靠研究开路，思想随文章腾飞［J］．江苏教育研究，2001（9）：26－27.

现实的。怎么去处理呢？是有系统地、富有创造性地去处理，去解决。这对研究的感悟是深刻的、到位的，同时却又不能完全认同。因为马先生十分强调研究的结果，一定要有新的发明发现，看重它的原创性，对研究结果的要求很高，有些让人望而生畏。如果巴比克尝试探索许多年，没有发明出令人十分满意的黏合剂，那么他算不算已经经历过“研究”呢？马先生又将“研究”与“学习”对立起来，说别人已经发现发明的东西，你只是学习，根本没有什么可研究的，不存在什么“研究性学习”。将“学习”定位于完全接受式的，这也是我们所不能接受的。学习不是输血，不像把新的血液（知识、技能、态度等）输进自己体内这样快捷、简便；在一定意义上，它更像吃东西。选择适合自己胃口的东西，吃下去，经过消化、吸收，进而造出自己的血来。在学习的过程中，学习者不仅“知道”了什么，而且“理解”了什么，进而“相信”什么，这其中当然离不开学习者的自我观察体验、自我分析判断、自我反思建构，使学习的过程与结果常常带有一定的自主性质、个人特点和创新成分。

3.1.2 研究就是做学问（学术）?

学问者，学习与问难也。专门做学问的人，或者学术上有一定造诣的人，通常被称为学者。学者又通常被看做是知识分子，“他们主要通过脑力而不是体力进行工作”，“主要接触笔、纸、计算机、通信工具等，用文字、符号、思想等生产精神产品。精神生产不同于物质生产，具有生产主体个体性、生产资料长期积累性、生产长期性、生产环境从容性、成果优质性等特点，因此，做学问，或曰学术研究，是一种生产知识或信息的创造性活动”。① 当下的知识生产又常常被看做是主要生产分门别类的学科知识。一门学科有其特定的研究对象与方法，它为学者探究事理提供了重要的学科视野和方法论准则；同时还借助建立学术团体，设立基金，出版权威刊物，进行系统的学科培训与发放学位证书，致力于澄清学科边界、理清学科体系、规范研究行为、形成学术流派、推动语体变革等，来为学科的发展成熟提供制度保障（这便是所谓的“学科规训制度”）。为此，学术研究才能真正成为较为专门、有系统的学问。有学者认为，所谓学术应包含“与学院有关”和“非实用性”两个主要特点。西方人所界定的学术首先与学院有密切关系，因为在一个分工发达的社会中，进行学术研究并非人人可为、处处可为，而只有受到专门训练并且在专门的环

① 叶继元，等，编著．学术规范通论［M］．上海：华东师范大学出版社，2005：2.

境中才能进行。正因为如此，美国的大学有研究型大学和教学型学院之分。即使是在前一类大学中，也只有一部分教师才具有进行学术研究的资格并拥有相应的学术职位。其次，学术不能追求实用，倘若“不以学问为目的而以为手段”，则动机低下者会以学问为博取功名的敲门砖。① 中国人做学问，往往有“术”而无“学”，应当向西方学习，重视纯学理性与学术标准，建立基于理性的学问。

古人做学问，追求基于道德（而非理性）的学术，强调道德是知识系统赖以建构的根本基础，“立德”在先，“立功”次之，而后才是“立言”，对知识的系统化处理不够。中国有着三千年以上绵延不断的学术传统，积累了浩如烟海的典籍，在目录学、经学、哲学、地理学、语言文学、数学、天文学、医药学、农学等领域均有大量的建树，其中不乏富有开创性的经典之作。中国三千余年的学术发展的方向，先秦已奠基。先秦时代所形成的几部经典一直是中国思想家思考宇宙、国家、社会、人生等诸多问题的一套基本文献，而后历史上大思想家、学问家常常透过这些基本文献的注解诠释，提出自己的思想体系，即以注释经典来表达自己的思想，形成所谓“汉唐训诂之学”“宋明性理之学”“清代考据之学”。这种富创新于守旧之中，在继往中开来，乃是中国传统学术的一大特色②，使中国学术的人文传统得以传承光大，同时，也形成了学术态度的保守。忙于典籍的注疏、学术史料的整理，也易导致对生产实践问题的忽视。如今教育理论研究“克隆”他人的东西偏多，原创性不够；热衷于学科知识体系的建构，忽视现实教育教学问题的创造性处理解决，与经典注疏传统不无关系。这里需要提出来的是，研究一定是学术性的吗？凡研究，一定要归属于某个学科，在学院里进行，致力于学科知识的生产吗？是不是所有的研究都要提到学术讨论的层次，纳入中外学术史的视野？

3.1.3 研究是用科学的方法探求规律？

科学原先在古代并不十分起眼。中国古代中文词汇中根本找不到“科学”这个词，只有“学科”和“科举”等。在古希腊文中同样找不到“科学”这个词。西方最早使用“科学”（science）这个词的是法国，那已是17世纪以

① 李伯重. 论学术与学术标准［N］. 光明日报，2005.8.4（5）.

② 黄俊杰. 旧学新知百贯通［G］//林庆彰，主编. 浩瀚的学海. 北京：生活·读书·新知三联书店，1991：187-230.

后的事了。[①] 科学在近代从宗教、哲学中分化出来，逐渐发展成为一门“显学”，主要得益于近代西方自然科学，尤其是物理学。直到今天，人们讨论什么是科学，主要参照经典物理学标准。究竟什么是科学呢？康德的《自然科学的形而上学起源》第一页上有这么一个定义：“每一种学问，只要其任务是按照一定的原则建立一个完整的知识体系的话，皆可被称为科学。”[②] 康德的定义启示我们，科学与知识有关，科学知识是有根有据的真的陈述；科学的陈述是通过一定的方法或程序而达到的结果，程序决定了陈述间的相互联系，构成了“一个完整的知识体系”，这个系统必须具有说理性与论证性，这样一套得到证明的陈述系统，亦可称为理论。2002 年，美国国家研究理事会强调在教育中的科学研究同其他所有领域的科学研究一样，都必须是“一个连续的严格推理过程”，“能够以被检验的模型或理论的形式建构知识”。“科学的核心是理性的推论：根据了解和观察，提出解释、结论或预测。”必须“从实证到理论，然后再回到实证。这个过程是连贯的、可分享的，对怀疑者具有说服力的”。理事会提出了“科学的六条原则”[③]，其对科学的界定比当初康德的定义还要严格些，它让我们感受到科学研究的那种现世的创新精神、公开的真实取向与理性的可操作态度。将研究界定为“用科学的方法探求事物的本质和规律”[④]，也许便是基于近代以来自然科学研究所取得的非凡成就，将那套自然科学研究的程序、方法推而广之，适当加以改造的结果。提到“研究”便是指“科学研究”，便是应用“科学的方法”的过程，把“教育研究”等同于“教育科学研究”。那些地方教育研究机构，一概冠以“教育科学研究室”“教育科学研究所”“教育科学研究院”等，不知这里的“科学”作何解？“科学方法”具体包含哪些方法？那些哲学的沉思、艺术的直觉、宗教的皈依以及生命的内在觉悟等，是否包含在“科学方法”范畴内？而对教育价值的追寻、生命意义的感悟、教学活动意蕴的直观等，对于教育研究来讲却是至关重要的。

从“发明创造”到创造性地做学问，致力于学术问题的探究，再到用

---

① 王森洋. 比较科学思想论［M］. 沈阳：辽宁教育出版社，1992：2.

② 转引自：汉斯·波塞尔. 科学：什么是科学［M］. 李文潮，译. 上海：上海三联书店，2002：11.

③ 这六条原则是“引出有价值的，能用实证方法进行研究的问题”“把研究与有关的理论相联系”“提供一个连贯的、明晰的推理过程”“可重复性”“可推广性”“公开研究情况，以便鼓励专业界的审查和批评”。参见：国家研究理事会. 教育的科学研究［M］. 北京：教育科学出版社，2006：3 -4.

④ 《辞海》“研究”词目。

“科学方法”做学问，人们对“研究”的界定越来越严格。笔者所见的严格意义上的“研究”标准达12条之多![1] 在这套严格的“学科规训制度”下，教师的研究处境异常尴尬。他们日常教学中的备课、上课、作业批改、个别辅导、成绩的考查与评定等不可与科学家、发明家同一而语，难以有什么惊天动地的发现与发明。当“研究”被窄化为“学术”，指在学院或大学里的学衔与发表论文著作时，中小学教师中的少数人不得不在日常教学之外，根据科研管理部门、专家编制的“课题指南”，申报“科研课题”，写作并发表论文专著，接受专家的论证、审查与评格，并力争在某个院校、科研所挂个什么“兼职教授”“兼职研究员”的头衔（否则常常被认定为“缺乏研究资格”），而大多数中小学教师为了达到评职称所规定的论文篇目、获奖级别，不得不“克隆”别人的论文、专著，按“研商”指定的路子走。有的教师反思自己参加所谓“教育论文大赛”的经过，感到只要参赛就能获奖，当然评审费、证书费、出版费之类的“爱你没商量”！文章获奖的等级越高，需要掏的钱就越多，可悲的是这样印出来的书多数没有书号，职评部门根本不承认。捧着厚厚的论文集（里面仅有一个小豆腐块儿属于自己的），只好当枕头了，如此作文，师德何在？这样的“论文”不写也罢。[2] 当研究进一步被窄化为“用科学方法”做学问时，中小学教育科研骨干不得不像他们的学生一样，坐在讲台下，接受大学教授的有关科研程序与方法的培训、考核，领取“科研合格证书”，而一到学校，按照“观察法”“实验法”“文献法”等科研方法操作时，却常常感到无所适从：不知自己的课题该归入哪一门学科，很难一下子提到学科讨论的层次；对该研究领域内的中外学术更不甚了解，不能将自己的研究置于学术史的相应环节中进行；难以从研究总体中随机抽样，而总是面对学校情境下特定的儿童；不便设立控制组、对照班，满足归因分析的基本要求，等等。有鉴于此，有研究者对所谓“学者型教师”“专家型教师”“研究型教师”提出质疑，认为真正的“学者型”“学科专家型”教师未必能教出好学生，有道是“一个人可以是一名杰出的学者，同时却是一个糟糕透顶的教师”。而那些有本事带学生的，身在学校，却“一心以为有鸿鹄将至”的教师，把心思放在学问上，或热衷于拼凑并推销厚本薄本的“应试指南”的，也难以让人相信他是合格和尽职的教师。

---

① 约翰·W. 贝斯特，等. 教育研究方法概论［M］. 严正，等，译. 北京：春秋出版社，1989：20－23.

② 杨关庆. 钞票铺路得“大奖”［N］. 中国教育报，2002－01－19（3）.

3.2 对原点的重新激活

波伊尔（Boyer，E. L.）所领导的美国卡内基教学促进基金会于20世纪80年代末对全美各类高校近一万名教师进行问卷调查，发现不少学者已经对“以出版物作为衡量学术活动的主要尺度”提出质疑，应当赋予“学术水平”这一熟悉的、崇高的概念以更广阔的、内涵更丰富的解释，认为它包含着这样四个不同的而又相互重叠的方面：发现的学术水平、综合的学术水平、应用的学术水平和教学的学术水平。“教学作为一门学术性事业”，教师需沉浸在自己的专业领域的知识之中。“教学也是一个能动的过程”，它需要各种类推、比喻和形象来建立起学生学习和教师理解的桥梁。“最好的教学不仅传授知识，同时也改造和拓展知识”。“启发性的教学使学术之火常旺。”① “知识是通过发现、通过综合、通过实践和通过教学取得的”，在知识生产成为社会经济生活中心的时代，学术研究的内涵在拓展，而不是与之相反。研究应渗透在创造性地工作的各个方面、各个环节，而不仅仅在学院里，在专门的实验室内、在图书馆内。

3.2.1 对研究原点的追溯

在《学术水平反思——教授工作的重点领域》中，波伊尔追溯美国高等教育的历史，指出教授们对校内外的义务作出回应，第一位的工作是教学，其次是服务，最后才是科研问题。“研究”一词本身进入高等教育的时间实际并不长。这一提法首先是由英格兰的改革者于19世纪70年代提出的。他们希望把剑桥和牛津改造成“不仅是教学场所，也是研究场所”；此后，于1906年，才由丹尼尔·科伊特·吉尔曼（Gilman，D. C.）介绍到美国高等教育中来。并且在高校，“早期的学术水平指在各种不同的场所进行各种不同的创造性的工作，衡量其完整性的标准是思想、交流和研究的能力”。② 美国社会学家刘易斯·科塞（Coser，L.）在一项关于知识分子的社会学考察研究中指出，各种类型的人，只有在遇到适宜的制度化环境时才能获得生成的空间。他具体考证了知识分子（所谓“理念人”）活动的八种制度化环境：沙龙和咖啡馆，科学协会和月刊或季刊，文学市场和出版界，政治派别，最后是波希米亚式的场

---

① 波伊尔．学术水平反思［G］//吕达，等，主编．当代外国教育改革著名文献：美国卷 第三册．北京：人民教育出版社，2004：23.

② 同①，第17页。

所和小型文艺杂志。沙龙摆脱了宫廷社会的严格限制，咖啡馆是最民主的制度，让文人在一种摆脱了正式约束的气氛中交流思想。科学协会使从事科学研究的人以及对科学感兴趣的业余爱好者能够聚集成一个学者团体，赋予其前所未有的尊严与地位。通过印刷杂志和期刊进行交流，完全可以弥补直接交往的不足。而至18世纪出现的广阔的书籍市场，促使写作成了一门相对独立的职业，作家成了独立自主的文人。各种制度化环境对西方知识分子职业的形成起到了孵化器的作用。① 科塞论及包括学术研究者在内的“理念的守门人”成为一个独立的社会阶层，其赖以形成的制度化环境是极其广泛的，唯独没有提及独立建制的学院。这在一定程度上印证了波伊尔的观点：科研问题进入高等教育的历史并不长；再一次表明了学术研究并非源于高校，不能因为学院在学术研究上的优势，后来者居上，而将研究视作学院的专利、特权。

那么学术研究是否应追溯至像英国皇家学会这样的早期科学协会组织呢？人们也许会认为科学研究乃是科学团体内部的事情，但据科塞考证，在西方近代科学起源阶段，一些人因为对自然界的探究有着强烈的好奇心而聚集在一起，其中的大多数人并非科学家，是票友式的业余爱好者，而不是职业专家，形成了一个使后来更为严格正式的科学得以成长壮大的基础。当皇家学会在1662年获准成立时，它的第一批96名会员中，有14名贵族、男爵和骑士，18个准骑士，18个医生，5个神学博士和两名主教，还有不少生意人和实业家。② 他们中间真正的“科学人士”还不到三分之一。当年的会员斯普拉特（Sprat，B.）写道：“我们发现，每天都在出现的宝贵的稀奇之物，不只是出自学问家之手，也出自技工的作坊、商人的远航、农夫的犁头和绅士的花园。”③会员们聚集在一起研究物理学、解剖学、航海、机械学，等等，并不是出于专业上的关心，而是缘自天生的好奇心和生产实践的需要。譬如在那个对外扩张的时代，先进的航海设备具有头等的重要性，天文学在确定纬度上有重要的实用价值，确定潮汐的时间也是航海所必需的。这样的通过自由而非正规的方式产生的协会，并不因为过于严格的资格、成果要求而将大量的业余爱好者拒之于门外；也不因为致力于做学问、讲学，因为某种专业知识生产的需要而将生产实践中的问题置之度外。科学协会只是在科学家和平民之间的鸿沟上架起桥梁。

再进一步追溯科研的源头，在缺乏精密的观测仪器，更没有专门的实验室

---

① 刘易斯·科塞. 理念人［M］. 郭方，等，译. 北京：中央编译出版社，2001：3.

②③ 同①，第30页。

的情况下，无论是为数不多的职业科学家，还是大量的业余爱好者，他们只能在日常生活中，在生产实践中致力于众多的实际问题的探究，所谓的研究只能是与日常生活、生产实践融为一体的。让我们感到敬畏的并不只是实验研究的水平、研究的结论，而且是大胆质疑的态度，从观察实验中得出结论的方法，为了捍卫真理而勇于献身的精神。譬如伽利略的冲淡引力实验用糊有羊皮纸的条板来减少摩擦力，用脉搏跳动次数（后来改为钟摆）作为“计数器”来测量小球滚动的快慢，仅凭如此简陋的实验条件是不可能得出精确的定律的（实验误差相当的大），或许他更多的进行“思想实验”。令人敬畏的是他有别于中世纪同时代人的品质，即总是从大自然而不是从亚里士多德的著作中寻求答案。这种大无畏的探究精神，乃是全人类的，而不仅仅是学术界的无价之宝。

这里逆向回溯科研专业化、制度化的过程，并非逆潮流而动，反对专业化的进程。社会分工乃是社会进步的重要标准和重要机制所在。科研从日常生活和生产实践中分化出来，成为“第一生产力”，取得了举世瞩目的成就。没有近代以来的分化与分工，人类能登上月球、测定基因，那简直是不敢想象的。我们只是为了防止对原本研究的不应有的遗忘与排斥。

对研究内涵的把握有必要追溯至被近代科学原理定义作业规定之前的原初状态。就个体而言，探究与生俱来，贯穿人的一生；就人类而言，生活实践中的感悟，不确定情境中的探究式的回应先于专门的科研、学术研究，乃是原本意义上的一种研究。柏拉图制造了“可感世界”与“理念世界”的分离，主张摒弃感觉经验，转向灵魂，建构“理念世界”。培根、伽利略、牛顿等人的努力进一步促成了实验科学的诞生以及“实践者”与“理念人”的分离，仿佛研究只能在实验室或图书馆内发生，而真理只能在数量中去寻找，直接导致人们对原本研究的遗忘、不认同。按照亚里士多德的经典定义，所谓“本原”就是万物从它那里来，毁灭之后又回到那里去。既是开始又是基础（所谓“始基”），不因为是开端就消失不见了，它仍然存在着，并且在一定程度上主宰着整个发展的过程。“原点”具有“起点”和“终点”的双重性。作为起点，是事物发展的内在逻辑起点，是具有生命力的最核心的基本要素。作为“终点”，是原点不断发展积累的结果，是起点所追求的目标，因为“原点”是历史与逻辑相统一的一个范畴。回归本原，抓住了原点，也就抓住了问题的根本。忘记了“本原”，丢失“原点”的所谓“专业化”，失去基本内核的专业化，只能是事物发展过程中的一种“异化”。

3.2.2 研究原本为一种活动

回到原点上思考，我们谈“研究”，就不能只想到它是了不起的“发明、发现”；或者是一种“学问”“学术”“学科”；或者是一套严格的科学的程序、方法、规则，等等。“研究”首先是一种“活动”，一种人类所特有的活动形态，一种以实践方式为主导的穷究事理的活动。

“活动”乃是表征人的生存和发展状况最一般的概念。研究是人为的，自然为一种活动，这说的或许是大白话，甚至被认为是“正确的废话”。其实，我们常常自觉或不自觉地将“研究”简化为个体性的脑力劳动，而忽视它原本是一种群体性的建构活动，对如何组成一定的研究共同体，展开共同体内的分工合作，对话交流，从事复杂的创造性劳动关注不多；我们似乎比较看重论文、报告、专著等精神产品，而对司空见惯的教研组的建构、备课研讨活动的展开关注不多，很少去思考“研究活动”究竟如何展开才有利于生产更多更好的精神产品，甚至在潜意识中将“教研活动”等排除在研究之外；我们比较多地强调科研的程序、规则、技术，强调它的规范性，而忽视研究作为一种创造性活动，原本不可缺少的动态生成性与开放性；我们也比较多地注重学科知识的生产、体系的建构、理论的形成，总是强调将经验提升为理论，而忽视它作为一种活动，还可以促进个人实践知识的增长与积累。关注内在心灵体验质疑和确认生活信念，内在地包含着“人的生成”①，因为活动本来就是人们生存和发展的基本方式。将“研究”归结为一种活动形态，最为关注的是它的过程价值的实现。人的任何活动都是一个过程，都是以过程的形式存在，以过程的方式展开的。恩格斯讲：“世界不是现成事物的集合体，而是过程的集合体。”②而研究的内在目的、内在价值乃是通过过程实现的。过程的本体意义在于它的生成性，充满着无数的非预设性、不确定性和动态性，是新体验、新认识、新观念、新价值的不断生成；同时必然伴随着“人的生成”，伴随着研究者智慧的积累、视野的拓宽、精神的陶冶、人生境界的提升。如果是本质先定、一切既成的，研究变成了按预设程序按部就班地展开，那么“过程”就演变成了丧失“生成”意义的“流程”③，没有什么“创造”或“创生”可言，所以不仅知识的生成，而且“人的生成”也都变成了一句空话，研究的内在价值也就无法实现。譬如中小学最为常见的教研方式优课展示活动，如果

①② 马克思，恩格斯．马克思恩格斯选集：第4卷［M］．北京：人民出版社，1995：244.

③ 郭元祥．论教育的过程属性和过程价值［J］．教育研究，2005（9）：3－8.

只是展示最终的成品、精品，给教师们带来的则只有仰慕、赞叹、模仿，或许还有表演、作伪之嫌；如果引入活动过程理念，将优课逐步打磨的经过、群体磨课的过程作完整的回顾，同时将展示出来的“优课”不作为最终的“成品”“精品”，而只是作为“磨课”的一个阶段，敞开对话，关注它的进一步生成，则执教者与观摩者都将从中获得更多的教益，也更能充分地实现其研究的价值。

活动的进一步展开，不能不涉及实践与认识两种基本的活动形式，两者又被称为客观活动和主观活动、物质活动与精神活动等。研究通常被视为探究性的认识过程，所谓“穷尽事理”，即探究人做事的依据、做事的有效性与合理性。但如何去穷尽事理呢？是不是如有的学者所言的，“主要接触笔、纸、计算机、通信工具等，用文字、符号”进行生产呢?① 答案是否定的。“社会生活在本质上是实践的。”实践不是认识的对立面，“实践之于认识，具有包容的联系。实践孕育着认识，所以认识源于实践。实践比认识丰富，所以实践领域还有着不同于知识王国的法度。实践不是一种仅仅在认识结论支配下的机械操作，而是人以全新信念、情感、认识、智慧和力量投入的具有丰富创造性的行动，认识只是其中的部分。”② 研究是以实践方式为主导的穷尽事理的活动。活动主体（研究者）在与生俱来的好奇心驱动下，不断富有创造性地行动，介入周围世界，从试验到实验，再到体验自由，在为什么做、做什么、用什么做以及如何做的探究过程中，既解释世界，又改造世界，同时开化自身，创造出真正属于自己的世界。将研究窄化为单纯的认识活动，仅仅作为一种认识问题去对待，会造成研究活动失去其原本具有的丰富、生动，缺乏根基和活力；同时也必然造成认识的枯萎。正确把握研究活动的实践内涵，需要注意这样几点。

第一，研究主体与研究对象之间所构成的基本关系，是实践性的，是用实践方式去穷究事理。认识关系只是由实践关系派生出来的，不能把它作为单纯的认识关系去对待。也就是说，研究活动是人有意识、有目的、能动地改造世界的过程。研究者是作为参与者，基于改造世界的需要，并且在能动地改造世界的过程中探究事理，在与周围世界的相互作用中，在主体间的交流活动中认识世界、解释世界的，并不只是作为旁观者，被动地静观世界、发现真理的。只有介入世界，我们才能发现世界是什么。世界不是处在我们的理论和观察彼

① 叶继元，等，编著．学术规范通论［M］．上海：华东师范大学出版社，2005：2.

② 宁虹．实践—意义取向的教师专业发展［J］．教育研究，2005（8）：42－47.

岸的遥不可及的东西。它就是在我们的实践中呈现出来的东西，就是当我们作用于它时抵制或接纳我们的东西。研究对象不是与己无关的自在客体、现成的东西，而是于人类实践活动及其历史发展中所不断生成的，是主动建构出来的。譬如，科研中的观察，为了观察细胞的结构，我们需要从有机体上取下标本，用超薄切片机将标本切成薄片，用苯胺颜料染色，使用显微镜，采用单色光源，调整焦距，有时还要用微小的玻璃针来刺入细胞壁……接着是拍摄，或记录，报告观察的结果。这一系列的手段和环节构成了我们所谓的“观察”。观察的过程很大程度上伴随着做，而所看到的结果恰恰是我们用技术手段按特定的程序精心构造出来的。常言道：“眼见为实”。我们之所以相信自己的所见，是因为我们信赖自己所做的。

第二，要注意思维方式与行动方式的内在统一。研究活动作为一种穷尽事理的过程，离不开最常见、最直接、也最感性的看、说与做。当然，这时候的“看”，不是止于表象的观看，而要求从“个别”中看出“一般”来，从“混沌”中见出“理路”来。这时候的“说”，也不同于日常生活中的闲聊，而要说出“道理”来。英语中的“logos”既有“理”的意思，同时它也是一种“说”。维特根斯坦讲，可说的都清清楚楚地言说；不可说的就应“沉默”。研究活动的“做”，不是盲目的机械重复的操作，而有着理性把握的要求，有着知识获得、信念确认的要求，是有效性与合理性的改进过程、创造性的实践过程，其中蕴含着实践与认识、感性与理性的矛盾。感性“看不出”本质，理性“看不见”现象，而研究却要从现象出发，从现象的动态生成中看出“理路”、看出“本质”来。这里不存在着先有感性，后有理性的问题。一旦把研究理解为现实的穷理活动，它始终都是感性与理性、思维与表象的矛盾运动，具体包含这样三个基本过程：一是思维“把握”表象阶段，概念还只是把握表象的“名称”，其丰富的思维内涵还有待充实，所形成的认识只是一种“混沌的关于整体的表象”，一种“感性的具体”；二是思维“蒸发”表象阶段，形成思维的各个方面（片面）的规定性，达到一种“理性的抽象”；三是思维“重组”表象阶段，形成一种“多样性的统一”和“许多规定的综合”，达到一种“理性的具体”。感性与理性矛盾解决的不同阶段，反映出穷究事理的不同水平。思维的逻辑导源于行动的逻辑。行动逻辑向思维逻辑的转换，具体表现为一个内化的过程，一个思维从“把握”表象到“蒸发”表象，再到“超越”表象、“创造”表象的过程。与此相伴随的是一个从重复性实践，到改良式实践，再到创造性实践的过程。人的思维方式与行动方式具有内在的一致性，最具有理论性的研究也往往是最实际的，并非纯粹的概念游戏。我们所要警惕的是学术性认识方式与实践性认识方式之间的断裂，对日常生活世界的遗忘，“提防这种古老而危险的概念虚构，它确定了一个认识主体，一个没有意志、没有痛苦、摆脱了时间的纯粹主体”；“提防那些自相矛盾的概念的陷阱”。①

第三，强调实践方式的主导，是指研究活动从总体上来讲是行中求知的过程，并不排除其他方式的穿插渗透、综合运用，不排除研究过程的某些阶段、某些环节或者以文献查阅分析为主，或者以已有学科知识的综合梳理为主，或者以概念生成、理论建构为主，或者以论文的撰写、故事叙述、研究成果的交流为主。尤其是论文的撰写、成果的交流，乃是研究活动不可缺少的重要方面。没有恰当的表达，所谓成果就不能进入公共批判领域，接受同行的审查，最终获得应有的确认和进一步的应用推广；同时也无法开展彼此间的对话、交流与共享，促进研究的深化。近年来理论界十分强调将研究成果以符合学术规范的形式加以呈现，其中包括论文写作的格式、引证标注方式、编辑体例，等等，都应符合国际学术交流的惯例。这当然是必要的，但又是不充分的，因为除此之外，还有更为重要的行动介入规范、实验伦理准则、如实报告的要求，等等，不能有意无意地忽略图书馆内真正的焦虑，疏忽实验室内某些重要的细节，甚至修剪数据、篡改事实。因为如果是这样的话，论文表述格式再规范，引证再频繁，体例再正确也无济于事。表达和交流只是研究活动的一个环节，不是它的全部。说的意义不只在于表达，而在于行动，在于做事。如何做，便如何说；话语包含着引发进一步行动的语用力量，并且它的合理性需要自觉接受实践的检验。不能因为文本生产而忘却研究的生活渊源、太初有为与实践方式的主导，本末倒置，满足在神秘、玄妙、虚幻的符号帝国里嬉戏、喧哗、跳跃，最终为符号术语的盲目力量所操纵控制。

3.3 研究活动中的实践方式

研究活动中的实践方式有这样三种基本类型：试验、实验与体验。

3.3.1 试验

试验，其字面意思简单明了：在该做什么、用什么做、如何做的问题上，试一试，看这样做的结果如何。试验的过程不是静观，坐享其成；不是被动的承受后果，等待上帝发慈悲，或者等待“历史的经验告诉我们”，而是大胆地

① 布迪厄．实践感［M］．蒋梓骅，译．南京：译林出版社，2003：41.

去尝试，主动地去行动；同时又不是止于行，止于尝试，而要“看结果如何”，让行动的结果来告诉我们，在主动介入的过程中获得关于该做什么、用什么做以及如何做的知识。在这里，知即行，“行动成了观念的核心”①。行不是机械的、盲目的、本能的肢体动作，而有着明确的探究意图和主动驾驭环境的欲望；知也不是凝固在文字符号里固定不变的“理念”“本质”，而表征为一种动态过程，一个随行动的改变而不断调整、逐步逼近、且有待进一步生成的过程。“理”即在“事”中，并非“理”可离事而独立，先于事而本有；“知”即在“行”中，并非知在行动之外而求之。行知合一成了试探，成了原本意义上的一种研究。其中所蕴含的行知矛盾，乃是研究活动的原初驱动力；所蕴含的行中求知的理念，构成了研究活动的基本理念。

人类幼年时候的试验，与其说是发现发明，不如说是探险。在主体能力相对弱小的情况下，面对环境的挑战，人类回应的策略大致有两种：一是通过宗教仪式，祈求神灵的帮助；二是冒险尝试，试图干预改变世界，增强控制自然的能力。“神农氏尝百草”，一日而遇七十毒（《淮南子》），便是第二种回应策略的典型写照。那最初的敢于冒险的拓荒者，在寻求、鉴别食物、草药的过程中，难免误食毒草，命丧黄泉。今天，我们说不清古人是如何取火的，但可以想象从利用火来取暖、驱赶天敌、清除林中空地，到加工食物、加热破碎石头、加工金属等，这其中走过多少弯路，付出怎样的代价。然而，正是一次又一次的冒险行动，人类探索出所有的大陆，在每一块大陆上安了家，发明了一样又一样的工具，借以延伸肢体与感官，开化大脑，增强主体能力，并促使介入世界的方式发生了质的变化（借助工具中介作用于世界）；同时也催生出丰富多样的生产工艺，孕育着技术与科学的诞生。

人类幼年试探冲动可以在孩童个体身体上得到某些验证。下面是一则幼儿教师讲述的故事。下雨前，一群蚂蚁忙着搬运。小小的蚂蚁排成队，口衔着比自己身子还要沉重的颗粒，匆匆赶路，引起了小朋友们的注意。好奇的孩子们从附近抓来黄沙，堆在蚂蚁队伍的前面，试图拦住它们的去路，看它们还能不能过去。小蚂蚁不得不停下来，犹豫了一会儿，调转身子，拖着沉重的颗粒，艰难地翻过“小山”。孩子们一阵心喜，把他们的“伟大发现”告诉大人们。儿童的发展绝不只是表现为语言的运用、感觉的统整、情绪的发育，而更重要的表现为种种试探性活动中的经验积累、个体观照世界方式的转换，以及与环境互动方式的改变，试探性行动成了儿童认知、情感、社会性发展乃至整个心

① 杜威．确定性的寻求［M］．傅统先，译．上海：上海人民出版社，2004：167.

智增长的不可缺少的中介机制，只不过由于成人不必要的甚至有些过分的保护，他们的试探不像人类幼年那样冒险。

原本的，既是开始又是基础（所谓“始基”），是研究的内核，研究之魂；失却之，研究就有可能蜕变为脱离实践、远离生活、没有意义的文字游戏。因为是最初的，免不了有些粗糙，模糊不清，内在机制不明，与人类“理性”要求相距还较远。试探之前，缺乏必要的预设，“摸着石头过河”，有时所付出的代价是极为沉重的；对试探过程缺乏一定的设计，效率不高，更多的是碰碰运气；试探之后，所得事理也有限，可能只是肤浅的把握。譬如冶炼金属，也许铜矿与锡矿在一起，炼铜时，偶尔往炉子里加了锡，于是获得了比铜更坚硬的青铜，至于其内部原子结构的改变机理根本说不清。于是有了实验，有了体验。

3.3.2 实验

包括教育在内的人类许多实践活动往往带有尝试探究的性质。实验便是对试探活动做出适当的控制，使之服从穷尽事理的要求。

谈到实验，会联想起科学实验的奠基者——伽利略。他的斜面实验（也称冲淡引力实验）设计了糊有摩擦力很小的羊皮纸的条板，把重量不同的球分别从斜度不同的光滑的斜面上滚下来，用脉搏跳动次数（后改为钟摆）作为“计数器”测量小球滚动的快慢，得出球体滚下的加速度与斜面的斜度有关，而与球体的重量无关的结论。用一块条板、几只小球及钟摆做实验，与现代尖端科学实验相比，那实在是再简单不过的了，但这个实验却是经典性的，它蕴含着科学实验的基本理念：用事实、数据来说明问题，而不是从亚里士多德的著作中寻找答案——这同试验精神是一致的；对物体重量、坡面斜度、摩擦力、运动速度等变量之间的关系作分析猜想，形成假设，并据此进行实验条件的控制（如使用光滑的条板，减少摩擦力；把自然界的自由落体运动搬到斜面上，延缓其速度，冲淡引力，以便测量球体滚动的加速度），借以揭示变量间的确定性关系，不再是碰碰运气的盲目行动——在这一点上，它不同于一般的试验。几百年来，实验研究的领域不断拓展，从研究自然到研究社会，研究人；设计不断严密，从单因子的考察到多因子多水平的比较，乃至因素间交互作用的揭示；手段不断更新，逐步引进现代观测仪器、信息处理技术，等等。但其基本准则没有改变，主要是穷究事理的确定性，达到明确、清晰、严密乃至数量化，通过重复验证、公开的批判审查机制加以保证；研究思路的分离性，不仅仅是隔离、操纵研究对象，对相关因素、变量进行分解，而且常常将宏观的问题转化为微观的或超微观的研究，试图在原子、分子水平上加以解释；实验方式的间接性，不是“正面进攻”，直接解决问题，而是采取迂回策略，在专门的实验室内通过仿真模拟、数字模拟，甚至所谓“计算机实验”（对计算机产生的对象进行虚拟实验），将现实事物的变化联系间接地揭示出来，避免现场研究的粗糙、混沌不清，以及对研究对象的直接伤害与破坏。

“当伽利略把他的圆球在他选定的重力作用下沿斜面滚下时……理性必须不让自己好像由自然用绳子牵着走，而必须以建立在一定法则上的判断原理展示自己的途径，强迫自然回答理性规定的问题。”① 实验研究“原则上把观察的、实验的和认识的主体从观察实验和认识中排除出去”，声称要避免主观情感、价值的介入，以便去“接近自然”，探索自然的客观规律，“接受自然的教诲”，把握事物的本来面目，获得确定性的认识。而整个实验过程却又是一个“人为摆布”、人工控制研究对象的过程：将研究事物“带回家中”，对之进行分解、“驯化”，使之重复出现，接受实验处理和“社会审查”。这是一个理性干预渗透的过程，是社会文化、历史因素的介入过程，所获得的实验数据难以充当真理的仲裁者。也许不是理论接受事实的裁决，而是事实在服从理论的需要。历史学家科恩（Cohen，I. B.）在谈到伽利略的斜面实验时指出：他的结论“只能说明他事先就下了多么大的决心，因为那样简陋的实验条件根本不可能产生一条精确的定律”②。“科学的特性不是反映现实，而是把现实翻译为可变动的和可被否定的理论”，③ 表现了“可证伪性”与“不确定性”。当科学实验经由心理学移植至教育研究，所遇到的矛盾不仅仅是教育求善与科研求真的矛盾、教育因素的有机联系与实验分析精神的对立，外在效度与内在效度的冲突，等等，而且更为重要的是实验操纵的非对话性质、征服态度所受到的道德、伦理的限制，被小心翼翼地加以应用。④ 明明是主动操纵、变革、建构研究对象，却声称“保持价值中立”，避免主观情感因素的介入；旨在追求精确、明晰，却总是面临着被否定的可能性，这便是实验研究的尴尬所在。

---

① 康德．纯粹理性批判［M］．蓝公武，译．北京：商务印书馆，1960：10.

② 转引自：威廉·布罗德，等．背叛真理的人们［M］．朱世宁，等，译．上海：上海科技教育出版社，2004：14.

③ 埃德加·莫兰．复杂思想：自觉的科学［M］．陈一壮，译．北京：北京大学出版社，2001：8.

④ 详见：柳夕浪．“教育”与“实验”的“二律背反”及其抉择［J］．教育研究，1996（7）：45－51.

3.3.3 体验

这里将“体验”作为一种研究方式来对待。张岱年曾讲：“在哲学之特有方法中，居首要位置者为体验。”不仅将体验归结为做学问的“特有方法”，而且将其置于方法体系中的“首要位置”。他进一步解释道：“所谓体验，谓以身验之，或验之于身。体即身体，验即察验。就身体之所经历而考察之，谓之体验。”①

《易·系辞下》讲要“近取诸身，远取诸物”。实验从试验发展而来，拿他人、他物做研究，强调的是“远取诸物”，是“外证”，向外看，看清楚，看仔细，看出因果联系来，力诫主观意图的介入。体验亦从试验发展而来，是“近取诸身”，是“内证”，拿自己做研究，就其亲身经历而考察之。实验与体验，内外有别，不可同一而语，亦不可厚此薄彼。西方经典科学研究中，只讲“随机实验”，或者“准实验”，只承认“外证”，只承认“旁观者”的裁定才是公正的。“作为旁观者，你能理解演出所包含的‘真理’，不过，你必须付出的代价是不参加演出。”② 这是有失偏颇的。有“外证”，亦有“内证”，并且内外是可以互补的。

日常生活是人类实践活动的发端，也是人类认识的开始。日常生活中人们往往以经验常识去理解、把握周围世界，形成一个僵化的、凝固的、狭窄的、周而复始的世界图景，缺少应有的批判反思。对“常识”的批判反思，仅有外在观照是不够的，它离不开行动者的主动体验、感悟与反省，离不开行动者对那些不证自明、不言而喻、不假思索、天经地义的日常经验的澄清、质疑，进而从日常偏见、从陈见中走出来。体验作为一种研究方式，不同于一般的经历，要求我们将已经拥有的看法、概念、理论等悬置起来，直面现实，全身心地参与，努力获取未经反思的生活经验，关注鲜活的生活体验，恢复和激活研究者原初生动的感悟力，借助于现实的、当下的直观、感悟，打开意义的空间，加以充实，从“在直观中原本地呈现出来的东西”出发，在本质直观（直观并非感性的特权）中与生活世界本身进行活生生的体验交流，洞察生活世界隐蔽的意义，突破已有的惯习，走向“无蔽”和“自由”。体验方式所强调的不仅仅是“怎么看”，如何科学地说明；也不仅仅是“怎么说”，如何真切地描述，更重要的是“怎么做”的问题，是主动地体悟、感受与反思，获

① 张岱年．宇宙与人生［M］．上海：上海文艺出版社，1999：9.

② 汉娜·阿伦特．精神生活·思维［M］．姜志辉，译．南京：江苏教育出版社，2006：102.

得一种介入式的理解。老子言："道可道，非常道。""道"成了超乎天地、万物、五行、阴阳之上的"天地之始""万物之宗"，"可传而不可受，可得而不可见"，非通常以理智和感觉所能认识，而必须经长期的修行，在"微妙玄通"的自我生命体验中，"收视反听"，"耳目内通"，开成"心明"状态，进而达到对"道"的体认。如此我们才能明白做我们所做的原因，赋予我们的生活以特定意义的过程。山不再是静物，而有了性情；水不再是化合物，而有了灵性；日常教育教学不再是琐碎事情的堆积，而有了丰富多样的教育意蕴。有了真切的体验，才能获得深刻的理解，获得丰富多样的个人实践知识和教学智慧。这是一个既困难，又充满收获的心灵旅程。

向外看，所获得的知识常常被认为是客观的、公正的、可以检验的；而向内看，所获得的知识通常被看做是主观的、失真的、不可信的。其实，旁观、外证涉及一个立足点的问题，所获得的也只是一种"有限理性"；参与内证，也可以获得比较可靠的知识。以中医学为例，中医学有关经络、穴位，有关少阳经、太阳经的循行，灵台、神堂、魂门、魄户的定位，乃是准确的，有着显著疗效的。中医理论绝非单纯思辨的产物，而有"内证实验"的介入、参与。所谓"内证实验"乃是一种"心明实在"的状态。"心明就可以内视，就可以反观，经络隧道就可以一目了然，你就可以进行内证实验的操作。"而"心明"状态又是如何产生的呢？它需进入一种"胎息"状态，一种回到胎儿时候的特殊的呼吸状态。"人一旦进入到胎息状态，心明的状态就自然产生了。"此时，"你对药物的感受是实实在在的，药物服下去以后，它的气味如何，先走哪一经，后走哪一经，在什么部位发生什么作用，这些都是清清楚楚、明明白白"。①

体验中的直观、感悟乃是真切的、深刻的，"你无法获得不是流自自身心灵的泉水"，同时又是独特的、局部性的。任何人的体验都是局部的，都只能投入到特定的角度去感悟世界，如同盲人摸象，各自感受不一。于是带来知识的本土性问题。试图达到"全面体验"，蜻蜓点水，不仅肤浅，而且可望不可即。对于大多数人来说，不陷入局部的经验，不可能获得真知。体验研究不是完美无缺的。它的缺陷需要开放理念的引导，由"交往理性"加以弥补，不断在与他人的对话中获得视界的敞亮，走出"井底之蛙"的困境。

---

① 刘力红．思考中医［M］．桂林：广西师范大学出版社，2006：14－16.

3.4 教师研究的原生态

3.4.1 教师研究的过程

关于教育研究的过程，不少教育研究方法与方法论的编著均有阐述。这些阐述的立足点是将“研究”主要作为“认识活动”来对待，以“得出结论”，获得新的认识、新的理论为研究的归属；认为它是一个系统的过程，有严格的、完整的结构，一般包括“确定问题”“查阅文献”“收集资料”“分析资料”“得出结论”这样几个要素。① 有的则按课题研究的几个阶段来展开，认为它包括课题选择、计划制定与实施、成果表述、评价及推广应用等几个阶段。与此相适应，科研管理部门则按照课题评审、中期检查、成果鉴定等几个环节展开。这些都强调教育研究的系统性，以区别于日常工作中的偶尔为之，切实保证整个研究的规范性，获得必要的内在效度与外在效度。显然，这种对教育研究过程的把握视研究为专门地、系统地做学问，体现了一种专业化研究的思路，与“实践方式主导”的理念不尽相同；同时与跟日常教学融为一体的教师研究、一种非专业化的研究不相适应。在这里，我们把教师研究看做是教学设想不断转化为教学现实，新的教学设想、方案不断生成的过程；一个教学有效性不断追求的过程；个人教育教学信念不断质疑、澄清、更新与确认的过程；教师视域不断敞亮，走向澄明之境，获得“存在的真理”的过程。

第一，创造性地转化与生成。

教育活动几乎同人类诞生一样古老，人类文明史留给教师一大笔宝贵的精神财富。教育发展到今天，科学家、教育家们对人的教育相关问题进行了一系列的探究总结，政治家们对教育活动的理想、目标、蓝图进行了一系列的规划，课程专家对学校课程方案、课程标准、教科书乃至教辅材料等进行了一系列的开发与设计。但前人、他人留给教师的往往是作了简化、形式化处理的文本形态的东西：若干规定、几个定律、几条原理、几张课程表、若干教科书与教案设计，还有那越来越泛滥成灾的教辅资料，等等，被简化了的正是教育教学过程中真实、具体、生动的东西，是一个“去情境化”的过程。它们给教师以必要的限定与启发，但却因为抽象乃至粗疏，无法直接照搬；或者因为情境差别而不相适应。因此，所谓教学活动、课程方案的实施必然伴随着无数的非预设性、不确定性，处于一个不断转化与生成的过程之中。这些转化包括教

---

① 威廉·维尔斯曼，等．教育研究方法导论［M］．袁振国，主译．北京：教育科学出版社，1997：5.

师对培养目标、课程标准、教科书、相关教辅材料等深入学习、通透理解，变成自己的血肉，进行“二度开发”与加工设计，将其转化为具体的、个别化的教学活动方案，或者可操作的活动材料等；师生在学校情境、课堂情境中，或讲述演练，或活动探究，或对话交流，或独立学习，将公共知识转化为学生个体知识；在教师的组织指导下，学生在新情境中感悟、内化、巩固、运用知识，分析解决现实问题，转识成智，变知识为能力，化知识为美德等。在这样的连续转化过程中，不断生成新体验、新方案、新设计、新观念、新思想，也就是说生成寓于转化之中，是预设启发下的生成，而不是在转化之外，无端地创生。离开了转化与生成，教育教学就没有了活力，失去了创造，剩下的只是简单说教、机械训练与无意义的符号堆积。而所谓教师研究最基本的内容，就是对上述具体转化过程的探究与创生，是围绕着转化中的矛盾、困惑、问题而展开的，是具体的、现实的、及时的，是当下的意义联结与充盈，而不是抽去这一基本内容，在转化过程之外，开展大而化之的项目研究，建构宏大的理论框架。

第二，教学有效性的不断追求。

人不是消极被动地适应环境，而总是基于某种目的性、计划性，主动积极地改造环境。马克思说：“蜘蛛的活动与织工的活动相似，蜜蜂建筑蜂房的本领使人间的许多建筑师感到惭愧。但是，最蹩脚的建筑师从一开始比最灵巧的蜜蜂高明的地方，是他在用蜂蜡建筑蜂房以前，已经在自己的头脑中把它建成了。”[①] 基于一定的教育理想，在一定的教学目标引导下，展开教学活动的转化与创生，始终关注着教育目的的达成度，教学活动的有效性。“历史不过是追求着自己目的的人的活动而已”[②]，教学的历史则是教师不断追求教学活动效益的过程而已。今天对教学有效性的追求恐怕比历史上任何时候都更加强烈：一则是因为中小学生的课业负担普遍较重，二则是因为现代人对时间、生命、种种教学资源更加珍惜。

如果把教学看做是“教师引起、维持以及促进学生学习的所有行为”[③] 的话，那么教学的有效，具体地就表现为能够引起、维持和促进学生的学习，促进学生的进步与发展，具有这样三个逻辑条件：引起学生的学习意向、指明学

---

① 马克思，恩格斯．马克思恩格斯全集：第23卷［M］．北京：人民出版社，1972：202.

② 马克思，恩格斯．马克思恩格斯全集：第2卷［M］．北京：人民出版社，1957：118－119.

③ 施良方，崔允漷，主编．教学理论：课堂教学的原理、策略与研究［M］．上海：华东师范大学出版社，1998：13.

生学习的目标和内容、采取易于学生理解的方式。需要深究的是：不同情境下的课堂，如何引起学生的学习意向，促进学生在学习活动中更多的参与、积极的投入；如何基于学情的把握、课标的理解，提出学生学习的基本要求，呈现学生学习的内容，展开学习过程的组织；如何创造适合儿童需要的个性化的教学形式与方式方法，促进学生的理解与应用。这其中的基本规则是什么，关键行为又是什么？有研究者指出：从“中国教学的源流”以及“中国近现代教学改革”的经验来看，大致可以获得有效教学的三个关键词：“主动探究”“情感意志”“生活实践”①，强调激发学生的“求知热情”，在“返回生活世界”的课堂上，让学生进行“主动探究”学习。对此，不少人提出异议，更有研究者从历史的回顾与众多的研究报告的综述中得出了相反的结论：“概言之，研究一般发现，以教师为中心的教学在提高学业成绩上比以学生为中心的教学更有效。”② 看来，具体的教学效果常常因学生不同的背景、知识、经验、能力和学习风格的不同而不同，很难简单地得出去情境性的、带有普遍性的结论来，确实有待于躬身实践的教师在课堂情境中的优化组合与实践探究。

另外，如何评估教学活动的有效性问题，也一直是有效教学研究的一个难题。梳理一下，主要方法有：第一，根据结果来评估教学的有效性，将客观的教学结果作为区别教学有效与无效的主要标准或根本标准。但这说起来容易，做起来却很困难。教学所产生的效果有显性的与潜在的、短期的与长效性的、正面的与负面的，难以全面观测，仅看考试分数显然是片面的；同时，必须把因教师的教学所引起的变化与其他因素引起的学习变化区别开来。从理论上讲，只有排除了教师的教学因素之外一切影响学生学习的因素的干扰，才能将学生的学习结果归因于特定的教学活动。这在现实的教学情境下很难做到。第二，根据学生的学习行为来评估。既然教学是教会学生的学，那么，完全可以根据学生的课堂行为及内心感受来评教。而实际上采取这一做法也应持慎重态度，因为学生课堂学习的投入与否不能都归因于教师，教学内容本身、教学环境等也是很重要的变量；学生评教往往被教师的外在的东西如丰富表情等所左右，一些学生缺乏独立判断是非的能力。第三，根据教师个人品质特征来预测，这同样遭到不少质疑。所谓“名师出高徒”，现实中大量的中小学教师非“名师”，而是“常人”。又言“严师出高徒”，可这严格也应有度。事实上教

① 刘良华．校本教学研究［M］．成都：四川教育出版社，2003：259.

② 丁笑炯．关于以学生为中心的教学理论与实践的反思——来自西方的经验［J］．全球教育展望，2005（11）：39－44.

师的学识、对学生的期望、若干个性品质等，与教学效果之间都不是简单的一一对应关系。第四，根据教学行为来评估。这比教师个人品质特征更直接、也更直观。问题在于什么是有效的教学行为，影响教学有效性的“关键行为”有哪些？教学行为与教学效果之间究竟存在着怎样的内在关联？恐怕至今我们很难编制出效度与信度均比较好的、能普遍适用的课堂教学行为测评的量表来。以上说的专业教学研究者在教学有效性评估上的做法与困惑，值得教师研究借鉴。同时，教师在对自身教学有效性的把握上还有自己的独特视角与方法，这主要是伴随着转化与创生过程中的体验感悟与反思。教师研究的过程乃是其对自己实践行动的意义感悟、反思与改进的过程。在这里，当下的感悟、事后的反思与后继的行动跟进成了教师研究过程的关键。对此，下文将详细展开讨论。

第三，个人信念的质疑、澄清与更新。

说到有效与无效，这绝不仅仅是个关于“教学实然”的客观描述与解释问题，而且更为重要的是一个关于“教学应然”的价值追求问题。究竟什么是有效的教学，什么是好的课堂，有人觉得应以训练为主线展开，有人认为应以学生自主探究为中心；有人认为应当将知识要点讲清楚，让学生弄明白，有人却要让学生不断质疑并尝试解决，带着满脑子的问题走出课堂；有人觉得好课应当反复“磨”，“磨”好每一个提问、每一句讲述、每一个教具、每一个板书，堪称教学精品，有人认为课堂因差错而精彩，好课堂绝不是完美无缺的，它有待于进一步的生成。不同的人对有效教学认同的标准不一样，有时甚至完全意见相左。更为麻烦的是，不少人公开言明的标准是一回事，实际践行的却又是另一回事，而且他自己并未清楚地意识到两者的不一致。比如，教师在课堂上，不断指名学生，让其说出观察到的摆放在讲台上的植物的特征，自己却一直忙着准备其他实物，根本没有听学生的回答。他表面上是尊重学生的主体地位，骨子里却只是将学生当成自己表演的道具，并没有真正尊重学生。这位教师并不一定清楚自己到底在做什么（内隐规矩以及对学生的这种定位、内隐观念）。这显然不是一个道德问题，而是一个“教师知识”构成的复杂性问题，是“教师个人教学信念”的问题。

现实生活中，我们对“个人信念”持有一种刻板印象，认为它是贬义的，总是在否定的意义上加以理解和运用，似乎看问题要完全排除“个人信念”才可以获得正确的认识。其实，“个人知识”是客观存在的，它是个人特定经历的产物，同人看问题的视角相联系，是由其所处的社会境况和社会位置所决定的。看问题的视角不可避免地带有个体特征，由此而形成的个人思维方式和个人观点是无法消除的。同时，个人知识不仅仅是言明的、写在纸上的东西，也“在身体中”，“在我们的实践中”。“教师知识”包含学科取向的“内容知识”与实践取向的“默会知识”两个方面。[①] 前者主要指学科的内容知识、学科教学法知识以及课程知识等，是教师通过有意识的学习内化而成的，可以明确表述的外显性知识。后者是基于教师个人经历建构起来的、未能明确表述的内隐性知识，是教师在实践过程中潜移默化习得的东西，提取时也常常是无意识进行的，主要表现为教师日常教学中的惯例行为及其背后隐含着的个人教学信念。教师知识的“个人性”也主要体现在实践取向的“默会知识”中。如果把“教师知识”比作一座冰山的话，那么，浮出海面的就是明确表述出来的学科知识，而藏于水下托起整座冰山的就是所谓的“默会知识”，后者深深地镶嵌于其实践活动中，与情意、态度等非理性因素交融在一起，是日常践行着的、内化了的教学信念与惯习，是教师整个教学行动的根基，对其教学行为有着直接的塑造作用。[②]“默会知识”能在教师接受“内容知识”时起过滤作用，并在教师解释和运用“内容知识”时起重要的引导作用。教师研究要成为教师成长的内在机制和重要载体，切实帮助教师提高教学的有效性，就不能仅仅从概念到定律，撰写论文、研究报告，就不能仅仅关注学科知识、教学法知识的组织，进行众多的文本生产，而更为重要的是组织教师在不断的对话交流中拓宽视野，不断澄清、质疑那些过去被认为是理所当然的个人教学信念和日常教学惯习，促使“默会知识”明确化，并作必要的批判与反思，从日常教学惯习、偏见中走出来。社会学家卡尔·曼海姆（Mannheim，K.）曾举例说：“对于一个在狭隘的村庄内长大，并且在其出生地度过整整一生的农民的儿子来说，这个村庄所有的思维方式和谈话方式，都完全是他认为理所当然的东西。但是，对于一个进入城市，并且使自己逐渐适应了城市生活的农村青年来说，乡村的生活方式和思维方式就不再被认为是理所当然的东西。”[③] 研究犹如提供给长期在乡村工作的教师一段现代都市生活的经历，让他们在乡村和都市两种视角的对话中，意识到日用而不知的东西，并自觉地扬弃其中的不合理的因素。叶澜教授在“新基础教育”实验中和一线教师一起的听课“捉虫”活动，便是致力于教师个人教学信念的澄清、质疑与更新过程。特级教

---

① 邹斌，陈向明．教师知识概念的溯源［J］．课程·教材·教法，2005（6）：85－89.

② 耿涓涓．教育信念：一个初中女教师的叙事探究［G］//丁钢，主编．中国教育：研究与评论：第2辑．北京：教育科学出版社，2002：181－232.

③ 卡尔·曼海姆．意识形态与乌托邦［M］．艾彦，译．北京：华夏出版社，2001：338.

师窦桂梅梳理自己的听课、上课经过，写了《梳理课堂：窦桂梅“课堂捉虫”手记》[①]。这是教师研究过程的焦点，也是难点所在。在这里，对话与互动成了教师研究活动的关键词。忽视这一过程的所谓科研课题研究，很难讲是真正的、卓有成效的教师研究。

第四，获得“存在的真理”，走向澄明之境。

研究以追求真理为己任，如果说教师的研究同样是一个追求真理的过程的话，那么，这时的真理恐怕已不是认识论意义的主客观相符合，也不是建立在交往理性基础上的主体际间的一种暂时的共识，或者说不再是与行动相分离的命题知识的属性。受现象学家海德格尔（Heidegger，M.）等人的启发，在这里，我们侧重于将真理看做是“存在”本身的属性，即存在对思想的基本开放性，所谓“存在的真理”。海氏确信人通常是在完全忘记存在问题的情况下生活，忘记了对存在意义的寻找，存活于“日常”的、“晦蔽”的、“封闭”的状态，一种沿袭过去常规的“非本真”状态，被“规训”却无觉察，不能就其自身展示自身。例如，我们看到的、听到的、想到的、触摸到的“教育”，可能只是“教育之家”的冰山一角。这一角还可能会因为那些习得的未经反思的“教育观”“教学观”而遮蔽，并因遮蔽而迷失。我们可能只是注意到教育教学的若干模式、方法、技术，而很少思考教育的本源、价值取向问题，或者简单地接受政府文件、课程标准、教科书所规定的取向，遵循着“常人”大致相同的规格、套路。这便是存在状态中的一种“蔽”。“科学”或“学说”起源于希腊文的“逻各斯”。海氏对“逻各斯”的基本解释是“让看（让人看到）”，“让人从自身展示之物本身出发，如它从其本身所展开的那样来看它”，看到自身展示之物中的“隐蔽之物”“非开启之物”，即“让人看到实事本身”。严格意义上的“让看”和“去蔽”是同义的。[②]“真理的本质是自由”，“真理乃是存在者之解蔽，通过这种解蔽，一种敞开状态成其本质”。[③] 教师研究作为一种活动、一种过程，便是教师自身的去蔽或解蔽，从蒙昧走向觉解，从自在走向自为，达到“无蔽”“自由”。真理不只是以文本形态呈现，它的意义是在行动中充盈的，在与他人的相遇中显现的。教师研究便促使其教学不再被那个僵死的“跑道”所束缚，而拥有了跑的过程所赋

① 该书由广西教育出版社 2004 年出版。

② 转引自：倪梁康．现象学及其效应［M］．北京：生活·读书·新知三联书店，2005：196.

③ 海德格尔．论真理的本质［G］//孙周兴，选编．海德格尔选集：上．上海：上海三联书店，1996：225.

予的无限丰富的意义；同时它不像纯粹的概念游戏，因抽象而脱离实事本身，而与实践存在着本然的关联，与试验、实验、体验等实践方式存在着原本意义的关联。

今天重提古希腊原本意义上的"真理"观，或许被认为是一种不识时务的"文化回归"，甚至有"归旧"之嫌。其实，生活在一定文化中的人都必须保持一定的"文化自觉"，明白它的来历、形成过程、所具特色及其发展趋向。古希腊人虽有自己的文字，但由于无印刷之术，交流主要靠言语行动，有才能的人也更多为"辩术"之士，"真理"需要直观并主要借助言说"商谈"出来。随着印刷术发明与推广，书面文字交流占据了主导地位，"真理"也更多地借助于文本得以流传。20 世纪后半叶，人类文化逐步从以文字为中心向以图形为中心转换，信息、思想和认识论更多的是由图像，而不是铅字决定的，也许我们将重新回到"让人看到"，而不是"让人读到"的时代。对真理的认识同它的表达方式是密切相连的。真理不能、也从来没有毫无修饰地存在，它必须穿着某种合适的外衣出现。或许人们会越来越感到用某种象征形式（行动、模型、音像）表达的真理才是最清晰可见、真实可信的。

3.4.2 教师研究的日常性质

好教师不仅富有激情，而且更为理智。智者能意识到自己行为的理由和后果，并自觉地加以调控。在创造性地转化与生成中，教师不断追求教学的有效性、合理性，辨明事理，走向澄明之境，这便是一个更为理智的教学过程、一个更富有理性地生活的过程。

本来人便是"理性的动物"，不是被动地适应世界，而是在介入周围世界的过程中理解世界，以便更好地改造世界，只是各人观照世界的支点不同、方式不一，所获得关于世界的图景也即有所不同。有的人更多地依靠常识，那是在日常经验中获得的，不证自明的，所谓"明摆着的道理"。日常教学中常听人议论："学生不懂，你要讲给学生听嘛！""学生还不懂，你肯定没有讲清楚、讲明白。"……这些如同水往低处流、火焰向上窜等司空习惯的现象一样，不用证明，也不必怀疑，无需多解释。常识并不是没有道理，将鲸归在鲨鱼一类而不是归在老虎一类，道理似乎明摆着。只是种种常识不足以提示内在机理，也解释不了反常事件。水本来不往上流，在虹吸管中却往上流了，常识便解释不了。教师的讲授与学生的理解应用之间到底存在着怎样的内在关联呢？常识对此并未深究，仅凭常识也无法深究。在常识世界的图景中，生活周而复始、世代相传、混沌不清，经验得以延续，却不能获得应有的重组和更新。他会把生源质量看做是学校的生命所在，把讲授当做教好学生的唯一法宝，将体罚视作天经地义的事情。这是一个封闭、凝固、僵化而又非常可怕的世界。教师研究就是要指向天天进行的日常教育教学工作，对日常教育教学经验、工作方式与思维习惯进行质疑、批判分析与改进。面对日常教学中再普通不过的备课、上课、作业布置与批改、个别谈话与辅导、考试评价等，换一个角度观察之，换一种方式对待之，打开一个缺口，寻求新的解释，重新体验、思考、评估其合理性、有效性，反复叩问其对学生成长究竟意味着什么，能否采取不同于过去的方式进行新的尝试，进而促成日常教学惯习的改变、教育教学方式的更新。它始于对日常教育教学方式的质疑，最大的困难就在于意识到司空见惯的日常教育教学活动的问题所在，并对此加以必要的澄清与解释。一旦意识到问题的症结，也就意味着开始从日常惯习中走出来，获得一种反思的智慧、一种新的专业生活方式。

需要特别指出的是，让教师从日常教学惯习中走出来，并不是要求其脱离日常教育教学工作而从事专门的研究活动，相反的，要求教师将研究与日常教育教学融合在一起。它通常要求作为研究者的教师逐步识别问题的存在；接着在信息不周全的情况下，更多地依赖直觉、洞察力，对事件发生、发展作初步的判断，试图抓住问题的症结；然后，在初步的分析判断和已有问题解决经验的支持下，尝试性地采取行动；还要观察行动的效果，并据此反思批判原有的问题识别是否准确、处理方式是否适当、价值定位是否恰当、思维方式是否合适，甚至重新确认并体验问题，作进一步的探究。这一过程更多地表现为日常教育教学过程中的即兴创作，而非某一两次点缀性质的活动，或者某一两项重大课题的专门研究。它与专门研究相区别，有它自己的特点和独特的价值，既无必要，也不可能完全提升至专业讨论的层次，成为一种持续不断的专门研究活动。这是因为：第一，研究者即教师，承担教育教学任务的广大中小学教师，而非专职科研人员，不是以学术为业的学者，不是自由撰稿人，每天需完成大量的日常教育教学工作，完成教学任务，一般没有专门的学术休假时间和科研经费的资助。第二，日常教育教学问题的探究与解决，有它自己的特点，任何专门的研究难以代替之。行动者忙忙碌碌，不一定能意识到有问题，找出问题是什么，把握其症结比找出解决的办法更困难。众多的现实问题、多重背景因素纠缠在一起，不仅问题是什么通常是不明朗的，而且并非有着唯一正确的答案。有些问题是反复出现的，往往旧的问题没有解决，新的问题又出现了。行动者不能因为它是老问题，没有什么新意，就不去理它。它的解决必须考虑各种现实条件的限制和纠缠不清的状况，不仅仅靠“正规的知识”，而且依靠“非正规的知识”“默会知识”；不仅仅是个人单方面的努力，而且通常要求群体的努力，集中大家的智慧和力量。这一切都表明现实问题的解决并不比学术问题的探究来得容易，它的解决通常需要花费更多的时间、精力与智慧，同时也富有生气，更加充实，更有个性，更有原创性。急于将现实问题抽象为某些学术问题，然后进行文本生产，可能只是对现实的逃避。第三，其研究成果集中表现为日常教育教学行为的改变，表现为教师在日常教育教学中的一种研究态度，而不只是对若干现实问题的更为合理的解释，不只是以文本形态呈现的论文。这样的研究成果同样有价值。

在教师研究过程中，我们不排除少数学科带头人、教学专家能将某些现实问题抽象为学术问题，把日常生活世界的问题与信息，提高到专业讨论的层次，展开系统的、专门的课题研究，但这已经不是教师研究的原生态。我们不能以此来要求大多数教师都要经历这样的“质变”。教育实践中这样的“学者型教师”为数很少，他们在获得“学者”“专家”的称号后，一般也很少直接带班教学，而更多地进入教研室、科研所、校长室、进修学院，不再是普通的中小学教师。我们不应忽视他们的专业引领作用，但如果大家都这样的话，那么，谁来从事学校的日常教育教学工作呢？

如何在日常教育教学中寻求对常识经验的超越呢？从哪儿起步呢？从日常教学的开放起步。这便是下文重点讨论的问题。

4. 搭建发展的平台

——教师研究活动的重构

研究活动不仅有它的内容，也为一定的逻辑结构所决定。有效的教师研究活动乃是个体认知与群体思维的双向建构过程。就个体活动而言，有应用、推论与感悟、反思之别；就群体活动而言，有教改试验与示例研讨之别。就其实质而言，则反映出对待教育教学实践问题上两种理性态度上的差别。洞察实践问题的复杂关系的网节，既要注意教改试验中的外在理论的应用，又要关注示例研讨活动中的教师个人内在理论的建构。

把教师研究作为一种活动来看待，首要的是考察它的活动结构形态，而不仅仅是它的方法技术。而对活动结构形成的把握，有必要从中小学已有教科研活动现状的调查分析入手。

4.1 公开作秀

目前中小学教科研活动实际上分为“教研”与“科研”两个部分。两者所依托的组织机构不同，职能分工及运作方式也有所不同。前者主要依托教研室、教研组，从事学科教材教法研究，进行备课指导与培训，组织课堂教学观摩、赛课，编写教辅材料，命题，组织调研考试与教学质量分析等；后者主要依托教科所、教科室，从事各个级别的课题研究的规划、指导与管理等。关于两者之间的分工，一般认为教研主要着眼于学科教学的微观问题，开展研究与指导，具有很强的现实针对性；后者主要着力于跨学科的中观及宏观问题，开展较为系统的课题研究与管理，强调有一定的理论概括与前瞻性。近年来，一些地区和学校将两者合而为一，加以整合，成立所谓“教科院”“教育教学研究中心”等，实际上内部还是有所分工、有所侧重的。

新中国特有的教研制度形成于20世纪50年代初期。新中国诞生不久，在改造旧教育的同时，学校执行面向工农开门办学的方针，积极引进苏联凯洛夫

（Каиров，И. А.）的教育理论和教学法，以期尽快提高教学质量。教育部1952年3月18日颁布试行的《小学暂行规程（草案）》第六章“组织、编制，会议制度”中最早提出：“教学研究会议：由全体教师按学科性质，根据本校具体情况，分别组织教研组，各组设组长一人，主持本组教导研究会议，每两周举行一次，必要时得召集临时研究会议；并得联合各教研组，举行联席会议。规模较小的小学，不能举行教导研究会议的，得由同地区内几个学校联合举行。”同日颁布试行的《中学暂行规程（草案）》中亦规定：“中学各学科设教学研究组，由各科教员分别组织之，以研究改进教学工作为目的。”“各科教学会议由各科教学研究组分别举行之，以组长为主席，校长、教导主任分别参加指导。其任务为讨论及制订各科教学进度、研究教学内容及教学方法，各科教学会议每两周举行一次，必要时得举行各组联席会议。”这项制度一直延续至今，基本没有改变。1956年，从省到地市、县，先后成立了教育教学研究室，在当地教育行政部门领导下，承担当地教学业务指导工作。各级教研室一般是独立建制单位，也有的设置在教育学院或进修学校内。据不完全统计，目前我国中小学专兼职教研员有近20万人，是中小学教师队伍中一支数量可观、经验丰富、业务水平较高的队伍。多年来，在不同的历史时期，这套教研体制与教研队伍曾经面对教师专业化水平普遍不高，教材教辅用书市场尚未建立的学情教情，接受行政部门的委托，编写教材及教辅用书，指导教师学习教学大纲，钻研教材，改进教法，提高课堂教学效率，开展教学基本功竞赛，承担教学研究与教学业务管理的职能，在稳定与规范教学秩序、提高教师业务素质与教学质量等方面发挥过重要作用。但是在今天基础教育新课程实施背景下，它与走向分权的课程决策、走向学校的课程开发、走向教师的课程研究要求严重不相适应。在传统教研体制下，课程开发主要由那些训练有素的课程专家、作为“教师的教师”的教研员来承担，教师只是“中转站”，按上级教育行政部门和教研部门编制的方案、统编教材及相应的教辅材料操作。它的误区在于将教学降格为无个性的“技术转让”过程，将教师视作无灵性的学校机器上的部件。这种“技术转让”式的运作无视学校作为课程开发与实施的主体地位，无视教师作为教学研究的主体地位，造成了教师对“外来技术”的普遍性依赖，对专家方法技术的机械模仿与盲从，从根本上取消了教师的专业自主发展，以至于当新课程方案要求教师开发自己的课程时，教师们普遍感到无所适从，产生“没有教材、教参，怎么上课”的困惑。

在传统教研体制内运作的中小学教研活动方式也受到了前所未有的挑战。自20世纪80年代初期以来，中小学推动教师苦练课堂教学基本功的主要活动方式是赛课（评优课）。每学期大小赛事接连不断，从校级、乡镇级到县（市）级、省级，乃至“国家级”（一般为某个民间学术团体组织的），逐层推开，势头至今十分强劲。恐怕目前还没有其他教研活动能像赛课、课堂教学观摩这样牵动成千上万个教师的心。赛课活动一般要经历一段“备课—试教—研讨—再备课—再试教—再研讨”的周而复始的“磨课”。磨课，磨得很细，有时精致到每一个环节、每一句话、每一分钟。教师的语言如同台词，讲究的是前后呼应，圆满连贯，不得出现任何差错。展示的是成熟的、优秀的、完美的课堂教学，堪称“教学精品”。这种完全预设的“上演教案剧”，也就没有动态生成的空间了。“磨课”绝不仅仅磨方法、技术，磨教学程序、教学语言，磨板书设计，也磨所谓的“教学理念”。磨课中的旁观者常常提醒教师：“学生回答问题的时候，一定要好好听，别走神！一走神，现代教育思想就体现不够了。”这很有意思的提醒，暗示着教师：在赛场上，教师的一言一行、一举一动，都不应该与主流教育理念相违背，执教者应当成为主流思想的载体和表演者，这是公开课赛场上“获胜”的必要条件。有时执教者自己的设想与教学权威人士相左，不得不放弃，感觉“像是别人给强迫穿了一件自己不喜欢的衣服在身上，又别扭又难受”。

可以说，公开课成了打开课堂大门对教师实施监督的一把权力钥匙，是一个可以让权力控制直达课堂的有效手段。在公开课赛场上，能有多少教师自主发展的余地？“表演”是给别人看的，不是演给自己瞧的。人们要公开展示的总是自己的优点、亮点、闪光点。中国人那么要面子，何况文人教师呢？故而“公开”也就意味着“掩饰”，“显现”又总意味着“遮蔽”。如此“公开”也就不仅仅是一种教研活动形式，它还是一种“机制”，一种驱动教师及相关人员反复磨课的动力。“公开”机制制造了一个敞视的区域，所激活的不仅是参赛教师，而且包括所属群体的潜能：资深教师帮助修改教案；美术教师牺牲业余时间配置插图，做教具；计算机教师加班加点做课件；学校负责人直接陪同教师，一个劲儿打气或者多方面“打招呼”（因为不仅仅是个人，连同整个学校在内，成败在此一举），从而将人的行为推向极端。或许公开课与其说是教师专业“成长”的机制，不如说是一个“成名”机制。我们“几乎举不出没有上过公开课而成名的教师”的例子。①

与教研体制的形成相比较，基层教育科研机构诞生则晚了许多。1978 年 12 月，中国共产党十一届三中全会的召开，确立了实践是检验真理的唯一标

① 详见附录 2：仲广群，柳夕浪．引领新潮的“课堂时装”——飘荡在公开课赛场的声音．

准，打破了“唯书唯上”的精神枷锁，实现了思想大解放。教育实行“三个面向”，打开了尘封的闸门，世界的、民族的、现代的、传统的各种教育思想活跃着、撞击着、演化着、试验着，形成了20世纪第二次教改试验的高潮。①它既呼唤着教育理论的指导，也为教育理论的形成提供了肥沃的实践土壤。

正是基于日益高涨的群众性教育科研的实际需要，地方教育行政部门于20世纪80年代初期筹建教育科研所，不久，一些重点学校、实验学校开始成立教科室。云南省昆明市有一所小学（春城小学），也许以为“教科室”太小，成不了气候，后来盖起了专门的教研综合楼，改科研室为科研所；在科研所设立基础研究室、应用研究室、开发与未来研究室、策略研究室、操作与情报研究室等；每一室配有一个专职研究人员及1～2个半专职人员；校长兼所长，试图“出理论、出经验、出人才，办有特色的一流学校”。② 应当说，包括学校科研室在内的各级教科院、教科所、教科室，在普及教育理论与教育科研方法、培训教育科研骨干、指导中小学教师开展教改试验、总结推广先进的教改经验等方面发挥了至关重要的作用。

但也许是从20世纪90年代开始，中小学教科研逐渐以课题研究为主要运作方式，并且引进专门科研机构的项目管理办法，规范课题评审、中期检查与成果鉴定等环节，结果，课题越做越多（一所学校多达十多项乃至几十项各个不同级别、类别的课题），越做越大（不大，不足以升格为省市级乃至国家级课题），也越做越“正规”（开题论证、结果鉴定等样样不缺少）；课题的文本也越做越多（鉴定会上可以看到摆满了一屋子的论文报告集），越做越漂亮，而结果往往中看不中用，越来越远离课堂，形成不能解决教学中实际问题的“塑料花”现象。

一所农村小学为了迎接省级实验小学的评估验收，托熟人牵线，挂靠某大学教授承担的省哲学社会科学项目组，承担其子课题“小学生创新素质培养的情绪基础研究”。学校教科室主任对课题名称解读实不容易，硬着头皮，查找相关文献资料，东抄西摘，凑成1 500多字的研究计划上交。整个课题运作过程的几年中，课题组除了开了几节名为“创新教学”的研究课外，并没有组织一次正式的研讨活动，也未与教授有任何关于课题研究情况的交流沟通。到了结题前夕，教授捎来了两份别的学校的结题报告。教科室主任系统研读了

---

① 20世纪第一次教改实验的高潮形成于30年代，以晏阳初领导的河北定县平民教育实验、梁漱溟领导的山东邹平乡村教育实验、陶行知领导南京晓庄师范的生活教育实验等为代表。

② 周金碧，主编．未来学校模式的探索［M］．北京：人民教育出版社，1996：267.

那两份教授认可的报告，以句号为标志，以句群为单位，对每一句群的内容、结构和作用进行了认真分析，依样画葫芦，格式力求“正规化”，内容上追求理性味，只要与课题研究有关的成果就装进去，闭门造车，一人炮制成一份近万字的研究报告，通过了专家组的鉴定验收，结了题。当然，这所农村小学也升格为省级实验小学。① 如此，课题研究挂靠高校，成为某教授“门徒”，是作秀；开了几节研究课，冠以“创新教学”，贴标签，是作秀；模仿别人的结题报告，力求正规化，是作秀；动用各方面的专家表态，作鉴定，使成果上“档次”，还是在作秀。

“作秀”不同于“作假”。公开课上教师精彩的表演，一般是实实在在地练出来的。为了一节评优课、公开课，执教者演练有时多达几十遍。“作秀”是“争光”“争面子”“不蒸（争）馒头蒸（争）口气”，为迎合他人的认同才做印象整饰，而他人也会顾及“做戏”者的情面“赏脸”“捧场”，并由此结缘，从中受惠。中小学教科研活动遵循着这样一种“情面应酬”准则，成了“面子工程”，究其原因是多方面的。既然是教科研活动，它便是非个人化的，具有一定的公开性。人们要公开的总是自己的优点、闪光点，大庭广众下谁也不愿丢脸。鲁迅曾讲，“面子”是“中国精神的纲领”。② 公开课成了一种机制，制造了一个敞视的区域，激活了教师及教科研人员的“情面”处置能力，谁也不愿意听到别人批评自己的工作，每个人都尽自己最大的努力将公开课上好；谁也不去指出学校的不足，提出不同的意见，形成了“互不干涉”的私下默契。另外，权力的不恰当介入也是一个重要原因。教科研成了“一把手工程”，带来了“一把手”如何介入教科研活动的问题。在学校教科研问题上，要考虑知识生产的特殊性，领导不能来个一锤定音。领导过于硬性、量化的考评也有可能导致教科研活动的扭曲异化。领导喜欢听汇报、看精彩活动“剪彩”，于是研究文章写得也就越来越漂亮，结题报告装饰得也就越来越精美，课题验收时，准备的印刷物多得连材料袋也放不下。

遵循“情面准则”的教科研活动一方要取悦他人，尤其是要取悦手握重权的权威人士；另一方碍于情面，不再直言自己的真实意见与感受，这种表面热闹的做法所导致的直接后果是学风的浮华、主体的缺位与自我的遮蔽。在公

① 柳夕浪．学科规训制度下教师的“知识生产”——一项省级课题研究的始末［J］．当代教育科学，2005（2）：18－21．亦可见本书附录1。

② 翟学伟．中国人：脸面类型、关系构成与群体意识［G］//沙莲香，等．中国社会文化心理．北京：中国社会出版社，1998：266．

开课教学活动中，执教者有如“时装模特儿”，他们一般教学基本功较好，为了展示“教学精品”，获得评委的认同，不得不根据“课堂时装”要求反复剪裁教学方案，像“穿了一件不合适的衣服”，“又别扭又难受”，“有一种任人宰割的感觉”。那些哲学、社会科学基金项目不一定是中小学教师所要研究的问题。教师们替别人去思考，去研究“跨世纪中国素质教育”这样的宏大问题，常常思考不好，更解决不了，而教师自身教学中的实际问题从来不去思考，不去研究，甚至根本觉察不到。这不是教师自身的去蔽、解蔽，却反而成了一种遮蔽，一种日常教学的遮蔽，一种依靠表演技巧、学术仪式、科研时尚的自我包装与自我炫耀，反教师研究之道（本意）而行之。它让人联想到一位动物行为学家所做过的一项实验：一群猴子关在房间里，发现香蕉吊在它们难以够到的地方，名曰“撒旦”的猴子机敏地把它的“女朋友”推至香蕉下，迅速爬到它头上，抓过香蕉就吃。接下来，所有的猴子都效法“撒旦”单足而立，围在香蕉下，伺机爬上其他猴子的后背，踩在其头上，却忘记了自己去够香蕉。

4.2 有效研究活动

有关调查①表明，学校教科研活动“对教师教育教学的实际支持不大”，“与教师实际教育教学水平提高间的关系不大”。教师们这样描述教科研活动：

目前的这种课题研究方式与自身的日常教育教学工作没什么关系，做了一些无用功。如果不是学校有制度，“逼”得紧，搞不搞这样的研究其实无所谓。

每学期开学初，每个教研组都要求有一两位老师开公开课，要求全校的老师都来听课、研讨。当开完课后，教研组老师围坐在一起，也很热闹，七嘴八舌地评课，但是讲来讲去是这个问题应该怎么问，那个板书应该怎么写，虽然这也很重要，但感觉这样就事论事的评课总缺少了什么。

说来说去都怪学生差。每次教研活动，无非是各备课组汇报或交流一下各自的进度，以及常规教学情况。教研组长通报一下近阶段上级教研活动要求，及学校教学工作要求，然后教师就某些问题展开一些讨论。最无聊的是每次都有老师说现在的学生怎么怎么差，实在没办法教，然后就有许多老师同声附和说各自任教班级的学生有多差。但从来不讨论在“差”这样一个事实前提下，怎么去解决问题。这样的教研活动既弄坏了自己的心态，也使所有人的心态不好。

① 郑慧琦，胡兴宏，主编．教师成为研究者［M］．上海：上海教育出版社，2004：312，373.

都说要依靠教科研活动出质量、出效益，我们又如何保证教科研活动的有效呢？对于一搞就是几十年的教科研活动应当做些怎样的变革，改变有名目繁多的形式而无实质性的内涵、有漂亮的理念口号而无扎实的行动跟进、有整齐划一的制度要求而无智慧的生长空间这一现状，让教师真正感到有所收获，有所长进？或者说富有成效的教师研究活动应当具备哪些基本的要素呢？回答这一个问题，一是要以教师在职研修的需求调查为依据。有关调查结果显示，教师获得教学知识最为重要的来源是教师“自身的教学经验和反思”（50%）以及“和同事的日常交流”（33%），而“有组织的专业活动”（11%）、“阅读专业书刊”（5.6%）等显得并不重要。[①] 教师感到“有组织的专业活动”吸引力不大，收获小，主要是因为，缺乏有效的专业引领，低水平重复；观摩活动中作秀，讲“客套话”多。“纸上得来终觉浅，绝知此事要躬行。”教师不只是需要先进的理念，更要求有行动的跟进；不只是要有典型的示范，而且要听有缺陷的课，以及围绕缺陷所展开的研讨改进。二是要学习借鉴他人的理论与成功经验。国内对教师研究活动富有成效地进行变革的有顾泠沅等人提出的以课例为载体的行动教育模式。该模式倡导保持同事之间的互相指导，但更注重纵向的理念引领；大力推进侧重讨论式的案例教学，以及包含行为自省的全过程反思，具体包括课堂观察、反馈会议与教学设计三个基本环节。[②] 该模式强调形成理念高地，然后切入课例，寻找课堂现实与理念的差距，并修改原有教学设计，再上课观摩，努力缩小差距，达到理念要求。这比较适用于自上而下的新课程方案的贯彻实施，但有可能造成对教师个人实践知识、内隐理论的压抑、不尊重，不利于形成丰富多样的教学个性。三是对现有教科研活动的批判反思和重建。自“十五”以来，我们比较系统地对已有集体备课、磨课、公开课、科研课题研究、“考研”、青蓝工程等教科研活动进行批判性分析，并开展了教师叙事研究、反思性教学、微型课题研究、“对话式”教研等试验，并组织教科研人员进行“教研故事”交流活动，促进教科研活动方式的反思与重建。[③]

从上述研究中，我们感到，中小学教师的有效研究应当是一个对自身教育教学问题的感悟、识别、解读与尝试性解决的过程，一个在教学问题的识别与解决中从事研究性学习的过程，一个促进教师以研究的态度来对待工作，对自

① 范良火．教师教学知识发展研究［M］．上海：华东师范大学出版社，2003：122.

② 详见：顾泠沅．教学改革的行动与诠释［G］．北京：人民教育出版社，2003：429－458.

③ 有关研究报告、论文汇编成集《回归本原的教师研究》，由北京大学出版社2005年出版。

身保持批判反思态度的过程。在这里，问题的识别与解决是教师研究的基本内容；研究只是解决问题的方式、途径，从研究过程中获得专业学习与成长是目的和归宿；尽管教师研究可以获得丰富多样的成果，但形成一种研究状态和工作方式乃是教师研究的最主要的成果。对于中小学教师来讲，有效研究活动至少应包含这样几个要素。

4.2.1 现实问题的驱动

研究从问题开始。问题在教师研究活动中具有定向、整合、启发作用。问题的定向作用指它决定着研究活动的基本走向，成为贯穿于研究全过程中的主要线索，整个研究活动便是问题的感悟、识别，并切实加以解决的过程。整合作用指问题能在一定程度上将各方面的力量加以协调、整合，将大家的注意力、兴趣、力量集中到特定的“问题域”，持之以恒地不懈努力。问题的启发作用指问题的明确提出不仅仅是研究的起点，而且它不断启发大家思考，在一定程度上预示着问题探究与解决的思路，从旧的问题中还会引发新的问题。对问题实质的洞察常常意味着问题解决的开始。

提出什么样的问题和以什么样的方式提出，与问题的最终解决有关。教师应当研究些什么问题呢?

“问题”有二义：一是所“问”之题或有疑问之事；二是指事件的严重性，如通常所谓“成问题”。教师所要研究的并非一般的所“问”之题、疑问之事，而是教育教学实践中的“成问题”。“不成问题”的地方，自然不要作泛泛的解说，单纯的理论上的“成问题”，如教育学的“概念病”、教育命题的模糊性等，也不是教师研究的重点。现实中的“成问题”不同于理论研究中的“论题”，通常并不十分明确，并且同若干背景因素、其他问题纠缠在一起，不少问题一时难以解决，成为“谁也解决不好的难题”。众多的问题层层叠叠地交织在一起，它们一般没有唯一正确的解，甚至究竟什么是正确答案的标准也不清晰。正因为如此，现实问题的探究与解决就更有价值。

问题有别人的，也有自己的。别人工作中的“成问题”，可以去帮助解决，但这不是教师研究的重点。替别人去思考，去研究局长、厅长以及专业理论工作者要解决的问题，诸如“专家型教师的素质结构及塑造策略”“区域职教发展战略与模式的研究”等，此类问题教师在具体学校教育情境、课堂情境中思考不好，也解决不了。教师面对自己的问题，才会产生解决的欲望，并主动地分析解决。此时的研究才有可能真正为问题所驱动，而不是为其他什么目的所左右。一些教师对自身教育教学实践中的问题视而不见，识别不出自身问题所在，而只是趋赶时髦，围绕某些流行的教育口号做文章，研究活动也就成了无问题的“研究”，无效研究。对于教师来讲，真正的问题便是自己在日常教学实践中切实感悟到的困惑。从某种意义上，可以这样说，“他者”的问题便是教师研究中的“假问题”。

日常教育教学中的问题，有的新近出现，如“网恋”“电视孤独症”、农村“留守儿童的教育问题”等；有的是老问题，如“逃学”“满堂灌”“早恋”等。前者富有新意，值得研究；后者似乎别人早有研究，所谓只需借鉴别人的成果，不宜作重复研究。其实，问题的表现形式也许差不多，而实质大不一样，或者，实质差不多，而问题的表现却不一样。教师需要探究的总是现实中的“这一个”，是此情此景中的“个别”，只要将“个别性”揭示出来，就必然富有新意，同样有价值。教师研究不能因为是“老问题”就不去探究，不去解决，只要现实中存在着，实践者无法绕过它，就不能不去解决，创造性地加以解决。

4.2.2 理性主导的参与

作为“剧中人”的教师，必须在一定程度上卷入问题情境，为问题所困，并试图作出解释，采取行动，包括行为和心理层面的投入，这便是参与。集中注意力，积极投入，花时间钻研，主动参与，这是有效研究的重要保证。不为问题所动，只是旁观，或者只是漫不经心，消极应付，迎合他人的需要，讲几句客套话，这是教科研活动中不少教师感到没有收获，或者收效甚微的重要原因。但像宗教信徒那样，情迷意乱，失去应有的理智，也不行。教师研究是教学合理性的追求过程，必须以科学的态度、理智的眼光审视自身教育情境与教学行为，关注内在心理体验，并试图对事态发生、发展的来龙去脉作出合理的解释，对日常教育教学生活保持清醒的批判反省态度，这就不能不坚持理性的主导，遵循必要的理性法则，而不能完全为个人情感好恶所左右，盲目采取行动。教师在审视自身教学行为时，有时难免“王婆卖瓜，自卖自夸”，将理想当做现实，同时习惯于按自己的方式去理解，对“局外人”的批评建议难以接纳，很容易引起“误读”，这是组织教师研究活动时，特别需要加以注意的地方。理性主导的问题，也是一个参与度的问题。不参与、神经质型的迷乱这两个极端都是不利的。

教师研究活动中，参与者的行为可能会因为具体角色的不同而不同。所谓“专业引领”“同伴互助”“自我反思”的校本研究三要素，说的就是研究者三个不同角色的作用：专家（一般为校外的）重在“引领”，同事重在“互助”，教师自我要不断“反思”。这样的参与分工不宜作绝对化的理解定位，因为引领者可能并非校外专家，而专家最好视教师为合作伙伴；不仅是教师，实际上每一个参与者都要不断作自我反思。聚焦于问题的积极参与才是最重要的。

4.2.3 真实过程的呈现

过程是由事件构成。过程的呈现强调的是把事件放在时空中进行考察，以便揭示其中的周而复始的东西（周期、节律），发现行动、反思与互动中人们的意义建构与价值选择，把握错综复杂的意义关联与变化秩序。在教师研究活动的现场，大家所呈现的也许就是一个课例或课件，一篇论文或报告，一次综合实践活动的设计或剪彩等，并且所展示的课一般是经过加工的，所撰写的文章是经过修正的，所播放的录像是经过剪辑的。有效的研究需观照的绝不仅仅是已成的教学设计，而且包括设计的初始形态、改进过程，并以此叩问下一步应作如何改进；绝不仅仅是已有精彩的课堂片段，停留在“精品课例”的欣赏上，而且包括课是如何“磨”出来的，经历了几个回合，参照了哪些课例，后续的课应当如何去上；绝不仅仅是已写好的文章，还应当报告写作的缘起，在什么样的实践基础上写成的，参考了哪些文献资料，做了哪些修改，等等。呈现研讨的文本，我们绝不能忽略那些课堂上、办公室内、图书馆中，乃至寝室中曾经有过的焦虑、困惑，各种方案的碰撞交合，多重价值取向的艰难抉择等。

过程呈现的基本要求是真实的，而不是虚构的；是已经发生过的，而不是主观臆想的；是切身感悟体验到的，而不是他人话语的摘抄。注意这里的“真实”并不是纯客观的（客观真实），而更多的是一种“主观现实”。纯客观的自在之物，对研究者来讲，只是潜在性的，谈不上什么现实。由客观自在之物向认知主体的转变是在实践基础上进行的，经过复杂的信息转换、信息选择与信息建构过程，自在之物被消解，剩下了符号、图像等媒介。面对符号媒介，人不再停留于它的表面，而是被它唤醒，与其所表现着的思想情感产生共鸣，内在体验得以激发，达到“物我合一”的境界。如此，主观现实便形成了。教师研究面对自我，所呈现出来的研讨现场及文本，更多的便是这种“主观现实”状态。与旁观者冷峻的观察所形成的“客观现实”有所区别，所显现的并非可重复验证的模式，而更多的是意识自为作用的结果；并非仅仅是外在行为的变化，还有内在主观心理结构的改变；并非某个片段、某种相对“停止”状态，而更多的是动态变化的过程。当然，它绝非纯主观的，而离不开客观媒介的制约。不能无中生有，亦不可夸大其词，而应当更多地通过录音、录像等，通过细节如实的描写，增强研讨的现实感。

与“克隆作业”过过招

——矫正学生抄袭行为的且行且思

又是一次单元调研检测，一直推崇无人监考的我不知怎的在考试中“闯”进考场，并在行间巡视，突然发现了一个奇怪的现象：学生张露齐的应用题算式未列，可答案和答语都已经写好了，而且竟然是全对！这显然是抄袭的答案！我不仅为师生间的信任受到亵渎而愤然，更为极可能蔓延的抄袭现象而焦虑。于是我决定与抄袭现象过过招，开始研究学生抄袭行为的成因和对策。

（一）

原以为抄袭行为在我班只是个别现象，于是打算采用个案跟踪研究。没想到在与几个班干交谈后，发现抄袭行为在我班并非个别现象。他们还反映，不少同学为了“克隆”别人的作业，每天早晨6点半之前就早早到校。如果真的是这样，我最初的研究方案还要调整。

第二天早上，我6：20就出现在教室。我环视了一下，只有四五个学生没加入到聊天的队伍，而是在伏案疾书，其中竟然还有颇得我“宠爱”的孙蒙。我走到孙蒙的身后，大概是他太过专注吧，竟没发现我的光临。我一看他正在完成昨晚的数学作业，不过摆在前面的是我班号称“数学王子”的刘名的作业本，因为刘名的字我极为熟悉。教室里顿时静寂下来，陆续到校的学生都等着看我的反映，而我佯装不知，在学生们疑惑的目光中，我走出了教室。

不过我心中已经默默地揣思着如何来调整行动策略了。

（二）

叫停抄袭行为最直接的方法就是曝光一批，让“丑”袒露于众，但这种“驱赶”式的教育方式易产生师生心理疏离的“不良反应”。我一贯欣赏迂回的方式，让“美”辉耀心灵，采用“吸引”式的教育方法，转变一个，带动一片。

我挑中了学困生钱俊的作业本。最近他的作业正确率出乎意料地高，原来还为自己改进教学方法后的“得意之作”而沾沾自喜，当接近“真相”时，心情空前地忐忑。我把钱俊叫到身边“面批”作业，在批改到一道有难度的题目时，“呀！这种解法真妙！”我突然停住了，“钱俊，你能告诉我你是怎样想到这种方法的吗？”钱俊脸红了，时间仿佛冻滞了，最终钱俊向我说出了“正确率”背后的故事。我没有责备他，而是耐心地把这道题讲解给他听，从他的笑容里我读出他真正地“知其所以然”了。

第一节课是数学课，我没开新课，主要评讲昨天的家庭作业。我先当众表扬了作业全对的学生，包括那天被我发现抄袭的孙蒙。然后让他当小老师讲解昨天的作业中那道较难的题目。孙蒙“挂黑板”了，他站在讲台前，小脸涨得通红。这是我意料之中的。我也没多难为他，而是换上了钱俊。钱俊开始还有些忸怩，在我的鼓励下，他条理清晰地将这道题的解题思路演绎了一遍。

我知道时机来了，于是我故作不解地问孙蒙：“你最近作业正确率很高，老师很高兴，今天我请你当小老师，介绍介绍经验，可是你却这么保守，是不愿意和其他同学分享你的成功之喜吗？”“不是，不是！”孙蒙连连否认。“我知道，我知道……”几位知情的学生迫不及待地要站起来说明原因。我向他们摆摆手，说：“嘘，我相信孙蒙最清楚原因，不过，老师今天也不想为难孙蒙，保护他的隐私权！”在同学们的笑声中，孙蒙脸又涨红了。我又转向钱俊：“你今天的表现非常出色，老师和同学们真为你高兴！能谈谈你的感想吗？”在其他同学的一片掌声中，钱俊不好意思地说道：“以前，我怕动脑筋，做家庭作业时遇到不会的题目，就先空着，第二天早点到校抄别人的，虽然作业本上全是钩钩，但实际上我并没有真正弄懂。昨天作业中又抄了同桌三道题，经过王老师的耐心讲解，我真正弄懂了，所以讲解起来才这么顺利。我想以后我们碰到不懂的问题还是请教老师和同学比较好，那才是我们真正获得的知识！”又是一片热烈的掌声。

（三）

孩子最容易动情，但也最容易“忘情”，此时更有必要推波助澜一把。于是，我和班主任徐老师策划，举办了一次“诚信为金”的主题班会。在安排节目时，我刻意让几个曾有过“抄袭行为”的学生出演我自编的情景剧《作业本上的红钩钩》。大概孩子们明白了我的用意，演得特别投入动情。在活动接近尾声时，班长王昕站起来：“王老师，能否增加一个环节？”没等我回答，他举着一块白布走到台前：“同学们，让我们在这块写有‘诚信为荣，抄袭为耻’的白布上签上我们的名字吧！”王昕的倡议赢得一致的附和，学生们陆续走到台前庄重地签下了自己的名字。我注意到张露齐、钱俊、孙蒙的签名很是认真，钱俊还在姓名后加上了三个醒目的感叹号。

之后我又在班上建立了学习互助小组，平时讲解例题时我的目光总是故意在学困生脸上停留几秒钟，他们也会会意地皱皱眉或舒心一笑，甚至偷偷地做个“OK”的手势，我便心领神会地及时调整教学节奏。孩子们渐渐感受到了老师和同学诚挚的关心和帮助，外在压力转化成了内在动力，学习数学的热情高涨，成绩提高很快。孙蒙还在日记中感慨地说：“以前都是抄袭惹的祸，都是抄袭害了我……”

（四）

一天，孙蒙的爸爸打电话给我，自然聊起了孙蒙的数学成绩。他爸爸在电话中一个劲儿地说：“孙蒙这孩子数学成绩忽上忽下的，刚到你班时成绩进步特快，可前几个星期不知中了什么邪，作业也好，单元调研考查也好，一下子跌下低谷，还好这几天又有回升的势头了！王老师请你帮忙分析分析原因。”这其中的原因我当然知道，但我肯定不会泄露。与孙蒙家长的交谈中又道出一个信息，在与抄袭“断乳”的这段时间内，孩子学习成绩的起伏落差很大，家长们的脸色或许会随着这波动阴晴突变，孩子们能否把持得住，会不会因为父母爱心的副作用而半途而废？

我又陷入了深深的沉思，开始酝酿起下一步该怎么办……

——江苏省海安县白甸镇中心小学王秀英老师撰写

《与“克隆作业”过过招》是一所农村中心小学老师所提供的课题研讨会交流材料。行文比较真实地再现了自己如何发现问题、分析问题与解决问题的过程，侧重于行动过程与策略的介绍，蕴含着一定的教育智慧。同时，作者并不回避有关问题，富有一定的现实感。感到不足的是，伴随着行动过程的内在体验描述不够，对自己一贯欣赏的“迂回方式”、“吸引式”教育方法、“转变一个、带动一片”的想法缺乏深入的解剖分析，乃至质疑批判。不过这样的研讨材料比回避现实问题的“官样文章”，仅有抽象理念、几条原则的论文，内容更充实，更真实，也更能促使研讨者卷入有关问题的分析研讨之中。

4.2.4 研讨气氛的开放

我们希望看到常态、平实的课例、活动现场，唯其真实、有缺憾，才具有研究价值。但只要有人听课、观看现场，教师总是要做充分的准备，有的准备过度，完全变成表演。因为教师面临着自尊的压力，更面临各种各样的评定、评格的压力，输不起、放不下。由此，它也就会失去研究的价值。这对教师来讲，实在是个两难选择。

克服上述教师研究的困境，要求研究活动的组织者努力营造自由、轻松、活跃的气氛，淡化示范、评定、主导意识，强化常态、交流、平等观念，从研究理念、角色定位、组织设计、交流规则等方面，促成研讨氛围的开放以及教师内在自我的敞亮。共同从事体力劳动一般比较简单，共同从事脑力劳动，形成团队智慧却困难得多，这方面的建设（软环境建设）任务很重。

教师研究面临种种制度因素的约束。从外部环境来讲，有一个学术界真正消解自己的话语霸权，真正尊重教师的创造性劳动成果，以开放的心态接纳“教师作为研究者”的问题；有一个教育行政部门坚持真理面前人人平等，给教师研究以必要的人力、物力、财力的支持，又避免不适当的干预，就某些学术问题、专业问题轻率表态的问题。就教师内部来讲，有一个研究共同体的建设，形成必要的成果交流筛选机制的问题；有一个克服专业个人主义与文人相轻的思想，建立和谐共生的互动关系的问题，等等。说到底，这是一个结构优化、制度重建问题。在教育教学研究问题上没有简单的事物，只有被简化的事物。问题是复杂的，我们不能随便将“多”化归为“一”。这个世界的最终本性或许是深不可测的不确定性。为此，必须保持开放的心态，以便同他人，同所处的生态环境不断进行对话交流。同时又不能失去应有的边界，不能无视自己的角色定位，忘记自己应承担的学术责任。“我们被开启我们的东西所封闭，被封闭我们的东西所开启。”① 这是一对矛盾（悖论），或许正是这种半开放的结构，才能体现教师研究的转化与生成的有机结合，使之成为富有成效的脑力劳动。

4.2.5 行动的及时跟进

有人说：“行为之源的转变意味着行为本身的改变。于是实践就被改变了。”② 在中国，也有人提出“知主行从说”，认为知为体，行为用；知永远决定行为，行只是知的工具、手段。③ 实际上，“太初”有“行”，而不是“太初”有“知”。思维的逻辑导源于行为的逻辑，内心主观意识的转变，只

① 埃德加·莫兰. 方法：思想观念［M］. 秦海鹰，译. 北京：北京大学出版社，2002：187.

② 美国课程研究专家威廉·派纳所言，参见：陈雨亭. 教师研究中的自传研究方法［D］. 上海：华东师范大学教育科学学院，2006：5.

③ 胡军. 知识论［M］. 北京：北京大学出版社，2006：388.

是行动的重要因素，不是它的全部。从意向到行动还存在着“执行力”、情境条件等诸多因素的制约，行动者不一定能付诸实践。现实中知行脱节现象是大量存在的。强调行动的及时跟进，还因为教师研究落脚点在行动，在于“成事”，它要求在“成事”中求知、在“成事”中“成人”。缺乏行动的及时跟进，研究仅停留在口头或文本的交流上，其有效性便不能得以充分地体现。

行动的及时跟进意味着反思中发现的问题要抓住症结，及时处理；观摩研讨中发现的好的做法要移植、推进；没有条件需创造条件，不能停留在坐而论道上；努力以行动方式呈现研究成果，让事实说话，而不仅仅写“论文”。

4.3 活动结构分析

一种思想、一种理论、一次研究活动，不仅有它的内容，也为一定的逻辑结构所决定。这一结构表明了这些现象变化的相对稳定的秩序和共同成分。内容丰富、形式多样的教师研究活动形成如下分布式结构。

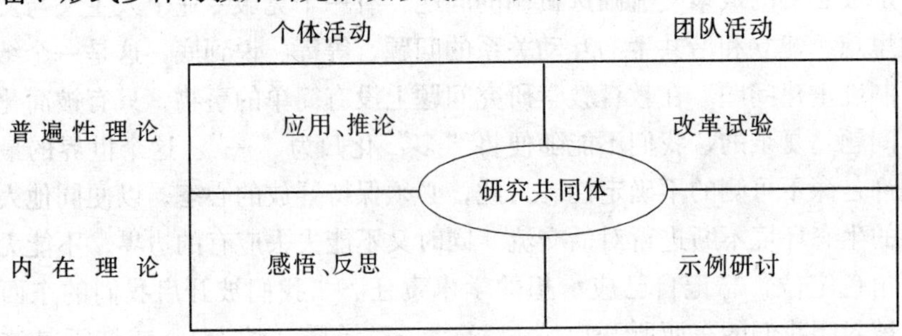

现就上述研究活动的分布式结构作如下说明。

4.3.1 活动主体

研究活动的主体——教师，既作为个体又作为团队成员而存在。教师研究离不开教师个体的创造性劳动，知识的创造性生产、传播与应用具有鲜明的个体性。国际上著名的诺贝尔奖从来就是授予某位或某几位作出杰出贡献的研究者（个人）而不是授予某个团体、某个实验室。这说明任何一项研究总是由某人或某几个人承担的，他们自然也就应享受某些殊荣。与此同时，我们还应当看到，个体创造性劳动离不开个体间的交往合作。从1901年到2000年，共颁发诺贝尔物理学奖96项（每年一项，1940—1942年，因为战争连续三年未颁奖）。其中，有47项颁发给两个以上的研究者，说明约有50%的研究成果是两个以上的研究者共同探索、合作研究的产物。而即使是颁发给某个物理学家的，他的创造性劳动也是建立在他人劳动的基础之上的。

任何研究都表现为共同的研究主体以交往为核心、为纽带所展开的个体认知与群体思维的双向建构，表现为从社会的、集体的、合作的活动向个体的、独立的活动形式的转换，从外部的、主体间的交互作用向个人内在的心理过程的转化。研究主体在转换过程中不断改变着自身的认知结构，生成新的知识经验；同时也改变着外部实践世界，改变着群体思维方式与交互作用方式。知识的交流不是一个按照固定不变的答案相互传递的过程，而是研究者基于自己的试验、实验与体验，基于特有的认知“视界”，与他人、与文本不断对话过程。在不断对话中，发生着知识结构的重组与更新。我们总是宣传什么原理是某人发现的，什么技术是某人发明的。这种宣传能体现科学技术发现中的艰辛，但同时也容易形成一种错觉：新知是个人独自创造的。其实，任何发明创造都离不开一定的学术梯队，个人的知识创新与知识的社会共享过程是密不可分的。

国际上关于教师发展的新专业主义，从以往关注教师的自治和个人发展，转而强调教师专业发展中的同伴互助与合作，建立积极的新的内外伙伴关系，改变教师由于课堂中孤立无援而导致的教学惯习，促进教学智慧的增长。为此，在对教师研究进行结构分析时，应对个体活动与团队活动给予同样的关注，不可偏废。一方面要充分尊重个体的创造性劳动，不得侵占他人的劳动成果；另一方面又要促进个体间知识、经验的交流与分享，形成大于个人的团队智慧。

不同的研究者组成“研究共同体”。这一共同体有哪些不同于一般的“学习共同体”“生活共同体”的地方？应当确立怎样的组织理念？形成怎样的角色分工？采取怎样的互动方式？遵循怎样的研讨规则？这是需要认真加以探讨的问题。

4.3.2 个体活动的主导方式

关于教师研究的主导方式，近年来谈论得最多的是反思。研究者指出：“有效的教师必须经常保持一种反思的状态，经常对他的教育实践活动进行反思性思考，这种反思也就是教师的最主要的研究活动。”① 国内不少研究者关

① Rogers C. Defining reflection: another look at John Dewey reflective thinking [J]. Teachers College Record, 2002, 104 (4): 842. 转引自：姜勇. 从“作品”到文本：论教师研究的叙事转向 [J]. 全球教育展望, 2005 (12): 25－27.

注教师“反思性研究”的特点，评介他人已有的成果，并出版了有关专著。对过去很少涉及的课题作一些研究成果的翻译性介绍，补上这一课，是有意义的。但把它强调到“最主要”的地步，则一方面与我国中小学教师研究的实际不相符合，另一方面对“反思性研究”也有泛化倾向，把众多的探讨都称为“反思”，不够严肃，不是一种科学的态度。

就教师个体研究来说，应用与推论、感悟与反思等都值得关注，在教师研究的实践中，在教师的研究成果中，随时随地可以发现这方面的例证。

应用

应用作为一种研究活动，是与基础研究（或纯粹学术研究）相对而言的。基础研究强调的是形成具有普遍适用性的理论，形成学科知识体系，借以描述、解释与预测研究对象。应用研究是将纯学术性教育研究的理论成果运用到现实的情境中，借以解决教育实践中的问题。例如，运用行为主义的学习理论，设计程序教学机，开展程序教学实验，探索学生不良行为的若干矫正技术；运用布卢姆（Bloom，B. S.）教育目标分类理论，进行学科教学目标的分类陈述与教学任务分析，开展掌握学习研究；运用加德纳（Gardner，H.）的多元智能理论，设计不同的学习领域与选修课程，创造适合儿童多样化需求的教育环境，对学生进行分流教育，等等。

对基础研究与应用研究的区分，会引起误解，以为基础研究是复杂的，应用研究则较简单。两者的区别主要在于目的、价值取向有别，而不在于它的复杂程度上的差别。其实，“应用”作为一种研究，不同于一般知识学习过程中的“运用”，首先，需要认真研读有关理论，领会其实质，并在这基础上作出适合情境问题需要的判断、选择；其次，理论总是抽象的，研究者需将抽象的理论转化为先导性的理念、操作性程序、方法策略加以实施，这是一个对理论加以充实、丰富和完善的过程；再次，教育教学问题常常是个别的、本土性的，某一种理论并不完全适用。为此，需要根据实际的教育教学情境特点，对理论加以改造或部分改造。教学问题常常又是综合性的，“应用”研究者通常需要对相关理论加以必要的综合，从而综合性地、创造性地解决问题。还有一种误解以为基础研究是专业理论工作者做的，常常不切实际；而应用研究是由那些非专业化的实际工作者做的。实际上“理论”的本质并不是抽象，最好的理论也是最讲实际的。教师所做的研究绝不仅仅是应用研究。不少的教育应用研究乃是理论工作者与教师的合作。应用研究过程中总是会发现许多新的问题，反过来促进基础研究的发展，同时也对基础研究的理论成果起到检验、筛选的作用。

教师从事应用研究的过程，是其认真学习、深入理解并创造性地运用理论，并在应用中充实、发展和完善理论的过程。这些理论不仅仅是学习理论、教学理论与教育理论等，还应包括与教育教学问题相关，与人的发展相关的一切理论。这是一个不断拓展加深、永无止境的过程，有时需要打破陈旧的学习观念、专业封闭状态，探头到自己所熟悉的专业领域之外，适当“种种别人的试验田”；同时，又不应离开自己的出发点与归宿：自身所面临的实际问题的解决，增强自身的教育实践能力。

推论

人们没有经历事情的全过程，已经历的事件还不足以呈现意义，需要一些情节、细节加以补足，于是人们根据已有线索推论出有关情节、细节，组成一个完整的故事。推设出来的东西是我们没有直接经历、看到的东西，是感性不曾通达或无力通达的东西。每个人的经历，能感知、直观的范围总是有限的，所以不得不借助推论来丰富和完善我们的认识，如从个别推断出一般来，从表象推论出本质来，从已知推测出未知来，等等。推论不同于一般言论的地方在于它的相似归类、据类外推，由此及彼，由表及里，“发现潜藏在事物内部的原理或形式”①。

如果将理论视为“旨在发现潜藏在事物内部的原理或形式”的话，那么，它的前提便是本体世界和现象世界的分离，它的生成主要依赖于推论（概括则是理论的表象）。本体世界是不可见的，只有通过推论、论证才能通达它。古希腊人制造了本体世界与现象世界的分离。现象世界是变动不居的。它的背后，那个在不同事物现象中不变的东西，那个不能直接由感官而只能由理智、推论把握的东西，如数、秩序、结构等，便是所谓的本体世界，是更为真实的世界。所谓“理论心态”，原本是希腊人的一种宗教仪式。在这种仪式中，个人必须摒除他对现实生活的关注，采用一种超然冥想的态度，试图穿透变动不居的表象，找出其背后永恒不变的真理，以这种方式所获得的理性世界的知识，希腊哲学家称之为“理论”或“科学”，它和仅具有相对意义的主观意见截然不同。

面对各种现实问题的困惑，不仅理论家，而且实践工作者都需要解释，寻

① 陈嘉映. 何为理论［G］//赵汀阳，主编. 年度学术 2003. 北京：中国人民大学出版社，2004：146.

找其原因所在。解释自然不能满足于就事论事，而是要追求理论解释，即通过一套原理来解释不同领域的现象，以不变应万变。这样的解释不是停留在常识水平上，而是揭示出不可见的机制，才有说服力。这同样离不开推论。

归结起来讲，推论在教师研究中的作用是多方面的：从已有经历、线索推测未经历的情节、细节，完善叙事；针对现实中的问题、困惑，寻找解释，尤其是揭示那不可见的机制所在；从众多的现象变化中、众多的活动过程中，提炼出基本的、主要的变量，并揭示彼此间的关系（建模）；基于已知事实、已有理论，把握发生、发展、变化的势态，预测未来，并据此设计教育教学方案等。

感悟

如果说推论侧重于理论探究的话，那么，感悟则重在感性的觉悟、觉察。感悟具有当下的、直观的性质，在行动中生成，在体验中觉悟。离开了行动与体验，就没有所感，更谈不上所悟。没有深厚的实践经验的积淀，不可能有独特的感悟。感悟与表象相联系，以表象为基础，但它绝不是表象的再现，不同于以表象为主要内容的感性认识，而要有所领悟，超越时间和空间所规定的感性现实，进入一个可能世界里，于在场直观中实现意义的充实。感悟不仅同在场、情境相联系，而且同人的心境相关联，以必要的心灵自由空间作保证，是心灵空间绽放出的自由的慧性、自发的领悟，而并非出于某种功利目的的刻意追求，也不同于某种情绪情感的宣泄，更不是抄袭和模仿。感悟的灵魂在于意义的创生。

把简单的事情天天做好

还是在高密四中当校长时，也算有了一些成绩，于是，不断有一些到四中参观考察的人，总是喜欢提出一个问题，就是四中的“真经”到底是什么？

我实在想不出什么“真经”，但有一点我还是蛮有体会的，就是“把简单的事情天天做好”。

一位教育同行听了，若有所思地叫了出来：“噢，那就不简单！”

的确，什么是不简单？把简单的事情天天做好，就是不简单。

看病号，是个简单的事情，但只要是教师或者家属病了，我肯定要来到他们床前。我没有因为任何理由耽误过一次，出差、开会、放假，也包括自己生病，我仍然坚持这样做，这愈加使老师们感动。

听了课就要评课，是个很简单的事情。但大部分人听完也就完了，而我始终坚持听了课一定要评课。这不是我给老师们立的规矩，而是我给自己立的规矩。事实上，后来自然也成了全校的规矩，教研的效益自然也就高了不少。多少年了，到现在我始终坚持着这样一个习惯。

把班级黑板报上学生习作中的警句抄下来，向同学们推荐，同时，还要告诉学生作者文章好在哪里。这也不是一件难事，难的是坚持做下去。有不少学生因此热爱学校，热爱学习，最终走向了成功。

每年春节给教职工的家属发一张慰问卡，是个简单的事情。但我们能每年做好，而且一年一个新花样，挖空心思地让家属赏心悦目。一张小小的卡片带去的是温馨，是爱心，同样也是送卡人的匠心独运。人们很容易发现，这里面没有敷衍，只有真诚。

学校晚上要拉亮的灯总共是330多盏，哪一盏灯要在什么时间打开，又在什么时间灭掉；哪一盏必须亮一个通宵，谁负责哪一盏，天天如此，这就是不简单。

一位来四中参观的老师课间在阳台随手丢了一个纸团，立即被一名学生捡走了；一位上级检查团的领导不相信这里的学生具有那样强的责任心，课外活动时间在教室里有意拉开了日光灯的开关，结果马上就走过来一名学生将开关关上了。

……

在我们学校，有一句说起来似乎有点拗口的话，叫做“在什么时间干什么事，在什么地方干什么事，干什么事就要干好什么事”。应该说，这不算什么难题，更不是什么了不起的要求，但细想起来，要真正做到，特别是要天天做到，处处做到，还真是不简单。

——摘自：李希贵．为了自由呼吸的教育［M］．北京：高等教育出版社，2005：214－215.

如同不能把所有理论都视为灰色一样，感悟也绝不仅仅是初级的，甚至被视为是“低级”的，它是独特的、丰富多样的、极富有创造性的，是普遍性理论所不能代替的。李希贵老师撰写的《把简单的事情天天做好》便是这样。把简单的事情天天做好，就是不简单；把平凡的事情天天做好，就是不平凡。这是李老师在日常教学实践中感悟出来的，是地地道道的“真经”。教师在教育行动中焕发出生命之初便具有的感受力和创造力，领悟自我，又观照他人，促进了教育意义的创生和精神空间的拓展。山不再是静物，而有了性情；水不再是化合物，而有了灵性；日常教育教学不再是琐碎小事的堆积，而赋予了丰富多样的教育意蕴。于是乎，太阳每天都是新的。没有了感悟，外在的一切就始终没有了意义，也就谈不上教育理想信念的确认，恐怕每天发生的一切教育教学事情都成了灰色的。

何谓“悟”?“悟即用自己的清净清醒之心，看出生活的希望。”① 人生最危险的事是绝望。善于感悟者，能够心随境转，不为消极情绪所动，能够倾听内在的声音，敞开心灵去接纳各种经验，开阔视野；能够从细节中觉察真情，在烦恼中顿悟解脱，在挫折中把握住转机，从庶事之中看出希望来，看出发展的可能性来。这希望可能便是一个创意，一种心力动能的出路与远景。怀着希望去生活，去教学，会活得起劲，不断绽放出智慧和活力。教师作为研究者，不是旁观，而是行动，是体验，是参与，身处其境，参与其中，必有所感，必有所悟。所感是旁观者无法通达的，所悟也是旁观者不能企及的。感悟是教师从事教育研究、构建教学生活的重要方式，一种参与者研究的独特方式，是应当着力开掘的一种能力。不能因为其缺乏“理论高度”而否定其存在的价值。所谓“上升至理论高度”有时是不妥的，是对感性的压抑，对创意的束缚。也不宜过分地强调“感性与理性的统一”、折中，因为这不仅意味着感性的无法充分自由地表达，而且意味着理性翅膀背负着“沉重的肉身”，难以远举高飞。

反思

教师研究所面对的绝不仅仅是外在的“客观世界”，更重要的是内在的“主观世界”，是“历史的我”“已成的我”。从某种意义上讲，教师的研究是“过去的我”与“现在的我”的对话交流，是努力摆脱“已成的我”，不断获得新生的过程。教师总是带着自身具体的教育教学情境所给定的“视角”，去观察理解自身的活动方式与价值选择，并不断建构新的价值准则与活动方式。他无法割断历史，不能没有“先见”，也无法彻底摆脱所谓的“偏见”。“传统”在他的生命血液中流淌着。他的研究正是从“先见”“偏见”的觉察、省悟开始。“先见”有如“视野”，历史地向他敞开、延伸，未来在此起步，但他不能停留在“先见”“偏见”的层面，故步自封，而需向前推进。从“先见”“偏见”的传统走向未来的决定性因素之一便是反思。所谓“成长 = 经历 + 反思”，讲的便是这一道理。

---

① 郑石岩．悟·看出希望来［M］．桂林：广西师范大学出版社，2004：2.

今天，“反思”一词在教育界的使用已经很频繁，但含义并不十分清晰，不同的人使用“反思”一词时，含义上有较大的差异。在最为宽泛意义上，“反思”可能与一般意义上的“思考”“思维”差别不大，指的是教师专业活动中的自觉性、理性的成分。而在较为严格意义上使用这一术语，则将“反思”限定为教师在完成一个阶段的教学工作之后，对业已结束的工作所进行的总结、分析与修正。这里，我们不主张将“反思”作过于宽泛的理解，而在比较严格意义上使用之。

第一，反思不同于一般对象性的思维，所观照的不是外在的客体对象，而是自我，是“我思”，是对“思”的“思”，是将自身作为对象反过来思之，是一种人的自我认识、自我理解、自我激发的可能方式。并且，这种自我认识、自我理解，不能只是细节的觉察、形象的描写、情绪的表达，而应达到“概念”式的思考，达到理性把握的水准。显然，它不同于感悟。

第二，反思不同于行动中当下的直观、感悟，是事后重新体验原初的经历，是“后思”，是一个不同于原本的再造。同时，反思的目光并非指向过去意识的对象（如回忆一个英语单词“me”），而主要指向过去的意识行为、思维过程（如反思“me”这个英语单词的学习过程），对意识行为的“预设”、行为背后的“理念”“准则”的澄清。反思更多的是通过概念（观念）逻辑，探讨教育教学活动的“价值取向”“终极关怀”等，所涉及的往往不是通过严格意义的实证方法所能解决的问题，而指向价值层的意义问题，乃至哲学问题，如“教师是谁?”“我从什么意义上将自己视作为教师?”“我所认同的好教师是什么样的?”“我是怎样理解好教师、好教学的?”“我当个好教师同保持自己的生命本色矛盾吗?”，等等。这些问题是有意义的、有价值的，通常又是没有唯一正确答案的。有人讲：“几乎所有真正的哲学问题都是没有现成答案的，如果它已有答案，那么这个问题已与哲学分离而成为其他类型的知识了。”①

第三，反思不同于一般的“常规行为”，不假思索地接受现实中那些司空见惯的东西，而是要在看似无问题的地方发现问题，揭示惯常行为背后所隐藏的认知图式、心照不宣的东西，进而质疑之，批判之，摆脱现实的禁锢，获得一种内在的启蒙和解放的力量，打开新的思考维度和新的探寻方向，增强实践能力和自我超越的能力。反思是一种“否思”。把教师的默会知识变成一种显性的知识，对其默会知识加以激活、批判与更新，是“反思性研究”的重点。

① 吴刚．教育理论的特质及其研究使命［J］．教育研究，2005（9）：9－14.

“坑人”事件

华应龙

一

二年级上册《数学》（义务教育课程标准实验教科书新世纪版）中有关于概率的初步认识——“可能、一定”。大家都在研究如何上好这节课。有的研究课我觉得上得有点偏，主要偏在教学定位上。这节课的编写意图是让学生通过活动感受到有些事件的发生是可能的，有些事件的发生是一定的，也就是初步认识可能事件和确定事件，仅此而已。而有的老师上这节课的时候，把“可能性有大有小”和列举可能性的若干种情况都包括进来了。这主要是不太清楚教材的结构体系造成的。

我在上这节课的时候，先让孩子们从装有三个黄球和三个白球的盒子里摸出一球，让孩子们感受“可能”——可能是黄球也可能是白球。然后再让孩子们从装有六个黄球（没有白球）的盒子里摸出一球，让他们感受“一定”——一定是黄球，不可能是白球。但事先不告诉孩子们盒子里装的是什么球，而是——

师：刚才同学们摸球了，有趣吗？

众生：有趣。（声音不高。）

师：现在还想摸吗？好，（拿出事先准备好的盒子）如果你摸出的是白球，将会得到这个奖品（出示奖品），一个很好玩的小东西。（学生的情绪一下子被调动起来，都举起了手，好多孩子竟站了起来。）谁来摸呢？看谁坐得端正！

（我指名一男生到讲台前来摸球，孩子的手刚要从盒子里拿出来却被我按住。）

师：他摸到的是什么球？

生1：黄球。

生2：是白球。

生3：可能是黄球。

师：他用上了“可能”这个词，真好！请你拿出来吧。

（男生将球拿出，是黄球，孩子们发出一片惋惜声。再指名一女生，又摸出了一个黄球，孩子们又是一片惋惜声。这时学生情绪高涨，争先恐后。）

师：（再指名一女生）这一次摸到白球了吗？（停顿，让孩子们在脑子里猜测）好，请拿出来。

（她摸到的也是黄球，她自己笑了，同学们也笑了。）

师：（再指名一男生）他能得到华老师的奖品吗？

（他拿出来的还是黄球。孩子们有些骚动。）

师：还想摸吗？

（还是有不少孩子举起了手。）

师：有没有人有意见？有没有想法？

女生：我觉得这盒子里全部都是黄球。第一，您怕同学得到奖品在课上玩。第二，这奖品是买来的，您以后还要用。所以，我觉得这盒子里全部都是黄球。我肯定这一点了。

师：真的吗？你们想知道真实的情况是怎样的吗？

众生：想！

（我打开盒子，让学生看到了六个黄球，众生哗然。猜对的同学大喜。我将球一个一个拿出来，最后将盒子倒扣过来，孩子们都笑了。有一男生的声音："上当了！"）

师：上当了？是，这是华老师跟大家开了一个玩笑，这个盒子里面装的都是黄球，可能摸出白球吗？

众生：不可能！

师：（板书：不可能。）从这个盒子里面摸出一个球——

生1：百分之百是黄球！

生2：一定是黄球！

（我板书：一定。）

接着，我又创编了一个看连环画、听故事的活动，让学生用上已形成的"可能"和"一定"来分析和判断。

出示连环画，画外音：一个公司老板急需招聘一些员工。于是，他就在公司的门口贴出了一张特别具有诱惑力的广告。上面写着："来我公司工作，工资高，每天你可能得到8枚金币。"这个广告贴出去之后好多人都看到了。它真是太具有诱惑力了，于是真的有很多人来到公司打工。大家辛辛苦苦干了一个月，该拿工钱的时候，却发生了这样一件事——老板提着一袋金币过来，打工的人刚想拿，老板说："不许动！要想拿到金币，还得做一件事情——你们把它们抛起来掉在地上的时候全部正面朝上，你们才能把这袋金币拿走！"打工的人能拿到这些金币吗？

接下来就让学生说想法。

……

男生：如果是和盒子里的球一样的话，那些人也只有一个答案，只有反面。因为我猜测金币两面都是反面。如果在盒子里的话，盒子里有两个字，你也能猜到。

师：让我来猜哪两个字？

男生：（点头）就在盒子里面，你自己应该能猜到。看是看不见，但你脑子里面应该能想到。

师：挺厉害的！盒子里的两个字是什么？

女生：（善意提醒）没有。

男生：（重重地说）坑人。

（全场哄堂大笑。）

师：（放声大笑之后）对，华老师就是想让大家知道：刚才那个摸球游戏就是坑人的！

（全场掌声和会意的笑声。）

……

上完这节课，我深深地为孩子们积极的参与、独特的体验、大胆的表达而高兴。新课程下的孩子们真是了不得！

二

“有奖摸球”是有意设计的。设计的意图：一是调动孩子们参与的积极性，摸到白球有奖，孩子们会更来劲；二是孩子已经形成了“可能”的概念，那么他想自己摸到白球的愿望会更强烈，未能如愿，就会迫使他做出猜测。原先摸到白球的愿望越强烈，后面“从这样一个盒子里摸出来一定是黄球”的体验也就越深；三是促进孩子的社会化。西安的“宝马车案”不就是这样的吗？街头摊贩就常有这样的把戏。

不过，我没想到学生会诘问出如此激烈的“坑人”二字。小学生，特别是低年级的孩子对老师非常敬佩，他们觉得老师特别高大。可是今天的这个活动做完以后，他们觉得“上老师当了”，他们觉得老师在“坑人”。这样对于教师形象的负面影响是很大的。亲其师才能信其道，怎么解决这个问题呢？

如果没有奖，就没有这样的问题，学生是不会说老师“坑人”的。但没有奖又怎样让学生参与兴致高呢？后来想到：摸出一个黄球，就不放进去，然后再去摸的时候，摸到白球的愿望也就会越来越强烈。但我后来再想：这样的设计也不好，它和后面将讲到的统计概率的游戏规则相冲突。摸球这类游戏的规则是摸出来还要放回去才能再摸。不放回去，样本就不一样了。

我还是不想把“有奖”去掉，那怎么办呢？

想了两天以后，我儿子的一句话启发了我。我到学校后面的小商店里拍了一张相片，小商店的货架上是琳琅满目的商品。开始上课时，我有意不穿外套。到“有奖摸球”前，我穿上外套，投影那张相片。然后说：“我是这个商店的老板，你看我这里有吃的，有喝的，有玩的，还能摸球得奖呢！”然后，组织学生摸球……当孩子们情绪开始激愤、有意见、要说“坑人”的时候，我把外套脱了。“同学们，老师来了，你有什么话想说？”相当于一次采访，让学生谈感受。一件外套，将老师保护了起来，还这类游戏的本来面目。

第二次上这节课时，我这样做了，真有效，没有学生再说“上老师当了”。为什么这么有效呢？这就是一种角色扮演。有没有这种角色的扮演，效果就是不一样。正像我们讲“方向和路线”的时候，会设计问路的情境一样。如果老师一边问话一边伸手做打电话的动作，那一下子就把学生带入一个打电话问路的情境。有伸手做打电话的动作，你就是一个问路人；而没有伸手做打电话的运作，你就是一个老师。

有时候一件小小的道具、一个小小的手法的作用是挺神奇的。

后来我又想：还有没有更好的办法？有道是“没有最好只有更好”。不久想到一个办法：把两次摸球的先后次序颠倒一下，还是有奖，先摸六个黄球，再摸三个黄球三个白球。先摸六个黄球，当孩子感觉“没有白球”“上当了”的时候，老师有一个很好的解释就是：“对不起，老师拿错盒子了。”不是老师有意而是老师的疏忽。分析、揭示“一定”之后，接着再来摸三个黄球三个白球，感受“可能”，真把奖品奖出去。

大道至简。开始怎么没有想到呢？先后次序的调整，往往就会别有洞天。

第三次讲这节课，我尝试了新的设计，效果却不好！

这是怎么回事呢？我想最主要的原因就是次序调整后，孩子们没有先摸装有三个黄球和三个白球的盒子，还没有形成“可能”的概念，摸一个球出来会是什么结果呢？学生心中是无数的。同时，事先没有交代盒中球的情况，真有点“盲人骑瞎马”的味道。所以这样设计的教学效果就不好。

看来还是要先摸三个黄球三个白球，再摸六个黄球。摸六个黄球有奖但不可能得到，如果后面能再设计一个活动，让学生有可能得到这个奖品就好了。我在思索……

三

回头看看创编的看连环画听故事，挺欣慰。那是费了两天的工夫才编成的，可以达到多个目的：尝试课程标准中提出的改变题目呈现方式；让学生在饶有兴趣的情境下，运用“可能”“一定”来进行分析、判断；在富有挑战性的情境中，积累应对智慧。

再细想，觉得这个故事也有不妙的地方。金币落到地上有没有可能全部正面朝上？从理论上说应该是有的，只是可能性太小了。这个微乎其微的可能性，能让二年级的学生来认识吗？

有一天，看中央电视台的《今日说法》，突然悟出撒贝宁讲的故事可以“拿来”一用。于是，我将录像剪辑成两段。

撒贝宁：古代有一个将军打了败仗，他和他的手下被敌军追到河边，走投无路的时候，将军决定拼死一战，但是手下的人都觉得凶多吉少，将军拿出一枚铜钱说：“如果抛出去是正面，那么我们就必定胜利；如果抛出去是反面，你们就跟着我投河自尽。”

故事播放到这里，挺悲壮的。然后组织学生发表感想：铜钱落到地上可能正面朝上，也可能反面朝上；将士们可能胜利，也可能投河自尽。

撒贝宁：结果铜币抛出来是正面，士气大振，他们把敌军杀得片甲不留。最后，将军拿出铜钱给大家一看，两面都是正面。

再让孩子在笑声中分析：如果两面都是正面，那会怎么样？一定是正面。

这样，用一个现成的故事，把“可能”“一定”很好地串起来。

——节选自：华应龙．记我的一次反思教学经历［J］．人民教育，2004（22）：23－26.

华老师“关于概率的初步认识”的教学是从反思他人的教学设计开始的。华老师自己的教学克服了他人“定位不当”的偏差，但在教学之后，从学生激烈的“坑人”诘问中，感到自己“有奖摸球”设计的本意与实际教学效果不一致，出现了新的道德问题，觉得这对于教师形象的负面影响是很大的。针对此，华老师尝试进行新的教学设计，但效果却仍有不足的地方，又开始了新的思索。这体现了一个小学数学教师持续不断的批判反思态度。

反思是重要的，但不能把它强调到唯一的地步。教学是每天都进行的、随时让人挑毛病的工作，我们确实是在教学失误中获得不少教益，但这种“后思”“否思”过多时、过分时，我们会不会失去应有的“教学勇气”？失去应有的专业自信与自我认同？① 有些教学思想是内隐的、行为是直觉性的，这有

① 帕克·帕尔默（Palmer，P. J.）在他的《教学勇气》（华东师范大学出版社，2005）一书中，认为“真正好的教学来自于教师的自身认同与自身完整”，而不是来自批判反思。见该书第10页。

益于身心健康，也有助于提高效益。如果我们变成十足的“理性人”，一个每走一步都要对下一步如何走“三思而后行”的人，那就有可能被“先穿哪只袜子”之类的事情束缚住手脚，有可能永远到不了“家”。将反思强调到唯一的地步，有可能降低教师的果敢行动能力。同时，“好教师”也绝不只是会“反思”的。在教师研究活动中，反思应与应用、推论、感悟等，相互补充，共同发挥作用。

4.3.3 团队活动的主导方式

教师以课题组、教研组、备课组为单位从事群体研究活动，主要方式有两种：一是教改试验，二是示例研讨。

教改试验

20 世纪的中国曾经出现过两次教改试验的高潮。一次是在 30 年代，出现了规模较大的试验。如晏阳初以中华平民教育促进会的名义在河北定县所办的平民教育试验，以学校、家庭、社会“三大方式”实行生计、文艺、卫生、公民“四大教育”；又如梁漱溟以山东乡村建设研究院的名义在山东邹平和菏泽所办两个试验县，依靠“村学”和“乡学”组织，把教育、生产、保卫三者结合起来，等等。这些试验的共同点，就是旧时代的知识分子想为当时的教育乃至整个中国找出一条改革的路子。可惜由于战争的爆发，不少试验被迫停了下来。另一次是 70 年代末，随着改革开放政策的推进，出现第二次教改试验高潮。第二次试验高潮比起前一次来，是把试验的问题集中在严格意义上的学校教育范围内（而不再是社会改造性质的），内容更多地涉及学制、课程、教材教法、教学思想与教学模式等，并且更多地是由中小学教师主持与实施的，其规模也是空前的。至今我们还经常提及的一大批中小学教育教学的专家、全国知名特级教师，如李吉林、魏书生、顾泠沅、邱学华、刘京海等，都是在教改试验中锻炼成长起来的；至今我们仍熟知的“集中识字、大量阅读、分步习作”“珠算式心算”“情境教学”“三主四式导读”“异步教学法”“成功教育”等教学方法与教学模式，都是在教改试验中诞生的。

中小学教改试验与科研方法教科书中所介绍的“实验法”有联系，亦有区别。既然是试验，就不能没有理论假设的引导，绝不仅仅是“摸着石头过河”；对研究对象进行互动变革、人为地改变对象的存在方式、变化过程，使之服从假设检验的需要，而不同于观察或调查等在不干预研究对象的条件下去认识研究对象，发现其中的问题；还要对试验条件进行必要的控制，在较为简化、纯化的条件下认识研究对象。同时，教改试验是一种以实验法为主导的综合性研究活动，在日常教育教学活动中进行，有着不同于其他试验研究的“教育个性”。这种“教育个性”的具体表现为：

第一，试验者与教育者合二为一。一个教育试验者不仅是实验的设计者、组织者、试验者，同时必须是一个教育者，必须在教育的过程中研究教育。当然，不同的人在一项教改试验中的分工可能会有所侧重。教改试验常常是有识之士、有志之士与有权之士三者的合力。

第二，教改试验中的被试是一定群体的学生。他们是参与试验的主体力量之一，有自己的主动性、创造性，不是听随人摆布的化合物。研究必须尊重他们的意愿，保护他们的权利，发挥他们的积极性、创造性，“与儿童一起实验”，而不能损害儿童的身心健康。

第三，教改试验更多的是在真实的社会环境和学校环境中（而不是在专门的实验室）进行，不可避免地要受到政治、文化、教育传统等大量的非科学因素的干扰，其试验控制不如也不可能像实验室实验那样精确、严密。

第四，教改试验绝不只是求真，而更多的是在求善，即探索有效的教育教学内容、方法，促进儿童身心的健康发展，推进教改。它以优化实践为出发点和归宿，具有鲜明的“建构性”特点，而不只是检验假说的真伪。在教改试验过程中，新的教育教学的“现实”，在理论假设的引导下，不断被“建构”出来，尽管这种建构具有相当大的难度，常常与理论假设、方案存在着这样或那样的距离；而原有的方案亦需根据不断变化了的“现实”作补充、修改、调整，甚至原先的理论假设、教育教学理念等也需作必要的更新。

进入21世纪，教育理论界与实践界都很少论及教改试验，有着多方面的原因，其中最主要的是“教育性”与“实验性”之间的矛盾冲突。教改试验要保持应有的生命活力，必须根据教师研究的需要对教科书中所介绍的、比较僵化呆板的“实验法”作必要的变通、改造。事实上，中小学教师所从事的“教改试验”与作为“科研方法”之一的“实验法”原本就有许多不同的地方，需要我们认真加以梳理、总结。

示例研讨

这里的“例”，便是通常所说的案例。它是真实发生的、当下的，而非虚构性的；是具体的，有着丰富多样的细节充实，而不是对事例大致如何的笼统概述；是有意义的，相对完整的，而不是无意义细节的杂乱无章的堆积；具有邀请他人融入情境的作用，即能够引人入境，而非枯燥无味的东西。它可以是一节课、一次活动，也可以是一件事、一个人，乃至一个班级、一个学校，等等。因为是个别性的，又常称作“个案”。“示”即显现出来。呈现案例的方式是多种多样的，可以是现场的，如一节课、一次活动的展示，也可以是叙事文本，包括电子形态的，借助于文字、图表、影像等，描述特定学校、特定教室或某一个教师所遭遇到的特殊情况、处境、难题、事件或冲突等。

案例既可以作为教学方式，又可以作为一种研究方式，故有所谓案例教学与案例研究之分。在教学中，案例材料需根据教学目的要求，作精心加工处理，以便有效地突出某些关键之处。因为只有适合的案例，才能取得好的教学效果。适合的案例一般是教师自己能够把握得了的，是易为学生或家长所接受和认同的案例；同时还是质量上乘的案例，有令人感兴趣的情节。每一个从事案例研究的人，必须尽最大的努力，真实客观地记录观察到的场景。这里的“示例研讨”属于教师所从事的案例研究活动，应当遵循案例研究的基本准则，真实自然展示课例或活动现场，如实描述所发生的人和事。有了这一基础，才谈得上富有成效的研讨、分析、交流。日常教学工作中，我们组织课堂教学观摩和活动现场展示时，一般希望其具有典范性，起到很好的典型引路的作用。但作为“研讨”的“示例”，绝不能为了强调它的典型性质、精品特点，作许多人为加工，甚至作伪，而应重视它的自然呈现，如实描述。当然，这并不排除课案也好、活动现场也罢，总是有它的启发引导作用。如果说，教改试验之魂在于理论假设引导下的控制的话，那么，示例研讨的却是目前正在发生的事件。研究者对于当前正在发生的事情不能进行控制，它侧重于对事态作事后的分析调控。

示例研讨中，所“示”之例为教师自己和自己身边的人和事。无论是现场展示，还是叙事文本，均为中小学教师所熟悉、所欢迎。其研讨素材及研讨方式与教师的日常工作与知识经验紧密联系。教师在研究中比较容易进入角色，充分表达自己的体验、感受，运用自己所熟悉的素材与话语方式进行知识的交流、经验的分享与观点的碰撞，迸发出创造的火花。所形成的研讨气氛，被卷入的程度，主动性、积极性和创造性发挥的程度，乃是严谨、规范、正式的学术报告会所难以比拟的。大型的示例研讨会，常吸引上千名教师前来参加。示例研讨中，案例的开发与呈现提供给教师演练、分析、创造性地解决问题的机会，让教师经受了多方面的锻炼；教师从所“示”之“例”中，常常直接受到这样或那样的启发，增进了教师从替代性的经验中学习的能力，有的拿来就用，尽管这并非是我们大力提倡的；更重要的是现实的、当下的案例触发了教师的许多联想，引发了教师的思考，促进了教师对解决教育教学问题过程的批判反思。当然，示例研讨活动要收到应有的实效，有赖于研讨活动的有效组织。下文我们还将对此作具体的讨论。

4.3.4 理性准则

形式多样的教师研究活动存在着这样或那样的差异，而最根本的差异在于其所奉行的理性准则的不同。

这里的理性是广义的，指能够意识到自己行为的理由与后果，而加以调控（狭义的理性指与感性相对的认识能力）。与之相对的非理性因素主要指情欲、直觉、顿悟、灵感等。人就其主导方面说是理性的，人的非理性因素能够而且必须受到理性的制约。把人的非理性因素变成独立的、不受理性约束的本能活动，等于把人降格为动物。研究活动集中反映出人的理性要求，是对合理性的追求，对合目的性、合规律性的探求过程。这里需特别强调的是，理性态度与理论并不是一回事。理论"旨在发现潜藏在事物内部的原理或形式"，它的基本要素是推论，只有探寻那些不能直接从感知中获得的东西，才需要推论，并构成理论；而理性要求及其实现方式却是多种多样的。有时候理论态度和理性态度是相互冲突的。譬如，有人讲理性，强调诉诸经验，注重实用，而非经验所能及的本质问题、终极问题等被视为没有意义，应排除在外，这便具有明显的反理论的色彩。有人认为"中国人是世界上最为理性的民族，但却不是最富理论兴趣的民族"①。

教师研究关注实践问题，可以看做是一种实践研究。但这绝不意味着与理论无关，恰恰相反，它时刻也离不开理论的渗透与介入，同时也不排除理论的建构。需要仔细辨别的是，对待实践问题的两种不同的理性态度：外在理论的应用与内在理论的建构。

外在理论的应用

在古希腊那里，"理论"意味着"观照"，表示"观察者"的观点，是立于活动之"外"审视、发现活动内在的机理。直接与教育实践问题相关的便是教育心理学家所揭示的那些教育教学的原理、法则，那些人类学习的过程、规律、方法，等等。这些理论是确定的，具有普遍适用性，它们是超越时空、超越情境的基本原理，反映了人类学习的基本规律，甚至是"放之四海而皆

① 陈嘉映. 何为理论［G］//赵汀阳，主编. 年度学术 2003. 北京：中国人民大学出版社，2004：146.

准”的真理。实践问题的解决过程便是这些教育科学原理、方法技术的合理应用。在这里，教育科学原理对实践问题的解决起着主导性作用，至少它是教育实践问题解决不可缺少的“基础”。于是，教师研究只能是一种应用性研究。它的创新价值主要体现在不同学科理论的有机结合、正确选择，以及结合教育教学的实际，富有创造性地加以转化，转化为可操作性的方案，转化为实践，并在实践的基础上生成一定的操作模式，去不断丰富、充实并发展教育科学的理论。这种强调外在理论的应用比较典型地体现在教改试验之中。在教改试验中，理论假说限定了试验研究的课题，明确了试验研究的性质和方向，增强了试验的目的性、自觉性；直接规范着试验方案的设计，试验方法的选择；指导着变量的控制，试验资料的观察、搜集、整理，同时资料的搜集乃是为了验证假说，因而理论假说被看做“试验之魂”。以教育科学理论作指导，并结合已有教育教学改革的经验，构造可检验性的假说，并将其转化为较为明确的试验操作的原则、步骤、细则、材料，转化为具体的课程、教材、教学、教学技术等，切实保证试验设计与实施能够真正贯彻理论假说的基本精神，这乃是教改试验成功与否的关键所在。试验方案是理论假说合乎逻辑的展开，而理论假说借助于可行的试验方案得以丰富，变成实践。两者本质上是一致的，从中可以明显地看出教育科学理论在教育实践问题求解中的应用过程。教改试验成果的总结一般也要求研究者将教改经验概括提炼成一定的教育教学模式，以便在实践中进一步加以检验和推广，并在推广应用中不断检验和发展理论假说，形成新教育教学理论体系。

如果承认教育教学活动是有规律的，那么着眼于规律揭示的教育科学理论就有其存在的现实基础与必要性，而在一定程度上反映教育教学活动规律的教育科学、教育技术就应当成为教育实践问题求解的理论基础；如果承认作为人自身再生产的学校必须具有起码的共识，那么就会有建立在共识基础上的教育价值理论以及与之相联系的教育规范理论，① 有关理论在一定历史时期、一定文化背景下，应当是相对明确的（而不是可以任意选择的），成为教育教学实践的一般准则；同时，我们也就不应当排除教师作为研究者的教育理论建构的可能，否认教师在教育理论建构中的作用。但这种外在教育理论的应用，作为一种研究模式遭到了不少的质疑。

第一，教育理论工作者处于教育实践“之外”，观照教育实践的内在机

---

① 关于教育科学理论与教育技术理论、教育价值理论与教育规范理论的划分，以及彼此间的联系区别等，可参考陈桂生所著的《教育学的建构》（湖南教育出版社，1998）一书中的有关章节。

理，通过专业领域的“玻璃窗”，来观察、记录、描述教学。所形成的“理论”，到底能在多大程度上揭示出教育教学活动的客观规律及一般要求？教育理论的科学性经常遭到人们的怀疑，教育学常被视为“次等学科”①。“教育理论”或许只是一种“尊称”。

第二，教学不是一门科学，而是一门艺术，“如果你们认为可以从作为心理规律科学的心理学中找出明确的教学计划、方案和方法并立即应用于课堂，那你们就犯了一个很大、非常大的错误。心理学是一门科学，教学是一门艺术，科学永远不能从自身中直接产生艺术。必须由中介的创造性思想来进行应用”②。日本东京大学的佐藤　学教授指出，将教学看做是“合乎法则的过程”，是“凭借合理的技术构成”，这样的“教学研究”只是一套“神话”。③

第三，立于“外”的“理论”主体究竟是谁？在这种外部的“观照”研究中，处理好理论专家与教师之间的关系是个难题。强调了理论优先、理论主导、原理的直接应用，教师常常会被置于被动执行者的地位。处理得好的话，教师恐怕也只是一个富有创造性的执行者，是一个在“理论模型框架”内有限度的开发过程，他们的研究主体地位受到了限制。

内在理论的建构

有来自外部的观照而形成的理论，也有作为实践者在具体的问题解决中所形成的并且发挥作用的“来自情境内部的认识”。胡森主编的《国际教育百科全书》，将来自教育情境内部的认识称为“教师内在的教学理论”（Teachers' Implicit Theories of Teaching），其主要内容是教师关于“教学目的信念”和“教师对教学机构约束的教学行为所抱有的信念”。它“代表了那些卷入教学事业和教学行为并要赋予他们的经验和努力以意义的人们进行的尝试”。这些理论并不能解释和教师有关联的领域里的所有事实（没有任何理论能做到这一点），也并非一定是“有根本的理论”，“很可能是错的”，但它却是有意义的，实际发挥作用的。④ 舍恩（Schon，D.）将实践内部发挥作用的理论界定

---

① 霍金斯．教育与学科规训制度的缘起［G］//华勒斯坦，主编．学科·知识·权力．刘健芝，等，译．北京：生活·读书·新知三联书店，1999：43.

② 威廉·詹姆斯（James，W.）语。转引自：托斯顿·胡森．教育研究正处在十字路口吗？［J］．教育展望：中文版，1990（23）：39－47.

③ 佐藤　学．课程与教师［M］．北京：教育科学出版社，2003：223.

④ 胡森，主编．简明国际教育百科全书：教学 下册［M］．中央教育科学研究所，编译．北京：教育科学出版社，1990：87－95.

为“框架”（frame）。这种“框架”表现为双重样式，即表征实践问题的“修辞学框架”和构成问题解决活动的“活动性框架”。前者表现为这样一个思考过程：教师以怎样的话语设计教学、展开教学、反思教学，它由教师的话语和对话构成；后者则是发挥教师文化、学校制度和教育习俗等“文化元认知”的功能。教师的实践不仅取决于他们运用的话语和对话，也取决于制约教师实践的制度性现实和教师内在的、默然地受困的教师文化，以及教师自身的深层潜意识。①

从众多的研究中，我们看到，理论作为“发现潜藏在事物内部的原理或形式”，不是唯一的，没有哪一种教育理论能解释所有的教育事实。来自外部观照，对教育实践予以指导与控制的理论，与在教育实践中内隐的发挥作用的理论是不同的。后者是教师实际问题的“活用理论”，并不是单纯的关于教育教学内部机理的客观解释，而是教师认同了的关于教育教学的“信条”。它不仅仅是关于“是什么”“为什么”的知识，而且是一种行动或任务定向的“怎么办”的知识，是教师在自身实践中创造出来的。它假定在行动情境中产生的问题必须以适合该情境的方式来表述与解答，因而更多地具有个体特点和情境认知的特征。常常又“只可意会不可言传”（不可言传有两层含义：一是暧昧不清，难以表述；二是不被主流知识观所接纳，不能言传），处于一种受压迫、受排挤的状况，受到知识霸权的压制而被迫保持沉默。审察这种教师内在的理论，正是创造新的教育教学实践的关键所在。教师研究应当致力于这种教师内在教育教学理论、“实践之中的理论”的澄清、审察与重建。

与教改试验不同，示例研讨侧重于教师内在理论的建构。其所形成的现场文本、叙事文本乃是以教师所熟悉的方式表达教师的经验，展示复杂的课堂语境、学校语境中教师与儿童共同解决教学问题的过程，并展开基于案例的对话研讨活动，在彼此碰撞中聚焦深层次地制约着教师行动的教学信念，对此进行必要的澄清、确认、反思与重建。不少人对基于案例的研究提出批判质疑，经常被问到的一个问题是：“你怎么能单从一个案例中归纳出这个结论呢?”因为在科学实验中，实验控制严密，且人们往往根据不同条件下进行的一系列实验结果，才作出某个结论的。而案例在自然条件下生成，本来缺少变量控制，从个别的案例又如何得出一般性的结论呢？澄清这一问题的关键在于案例研讨活动所展示的教学情境中大量生动的细节和信息，追求整体的、动态的真实，

① 转引自：佐藤　学．学习的快乐——走向对话［M］．钟启泉，译．北京：教育科学出版社，2004：214.

必然意味着它的复杂多样，最终所揭示的是丰富充实的个别性与意义的深刻性，并不是刻意追求具有普遍适用性结论的过程。示例研讨的主要价值并不在于作出令人信服的结论，而在于给人以实践的启迪，把对“教了又如何”的分析，对教学事件意义的建构空间留给他人，留给研究活动的参与者自己去理解或重构，并且允许这种意义建构的多样化。教改试验重在告诉他人：“这是真理，你信不信这个结论?”示例研究则重在启发参与者：“事情就是这样的，你怎样看待这件事?”

在实践问题的探究性解决上，强调外在理论的应用与注重教师内在理论的建构，两者所奉行的理性准则是不一样的，它们之间的差别是带有根本性的。同时，两者又可以是并行不悖的。面对众多的教育实践问题，研究者既可以以丰富多样的课堂案例为对象，从中提炼分析，并加以概括，致力于普遍有效的模式、方法与程序的开发，从而将“个别性”转化为“普遍性”，把“复杂性”转化为“单一性”；也可以展示丰富多样的个性，促进自己的反思性建构，形成多样化的实践样式。在不同的研究阶段可以有所侧重，因问题的性质、任务情境的不同而不同。在教育实践问题的探究上，来自外部的理论构成了必要的基础和前提，但要注意外部理论的抽象单一，仅凭此，往往不足以洞察实践问题的复杂关系的网节、实质。同时还要注意，外在理论再好，没有教师的主动内化，所起的作用也有限。在教师研究中，比较多地采用示例研讨的方式，注重教师内在理论的主动建构是有缘由的，这并非倡导“什么都行”，并非不要理论，而只是对教师个人内在理论的尊重。有了这种对“来自情境内部认识”的尊重，才有可能激发教师的主动创造，构筑起必要的平等对话关系，形成良性的教育学术生态氛围。

5. 示 例 研 讨

——教师研究的主导活动之一

示例研讨活动重在帮助教师获得“如何是”的知识，增长实践智慧。其所“示”之“例”并非典范性的，而特别强调真实地再现特定情境中遭遇的困惑及尝试解决的过程。研讨活动的具体形式是多种多样的，它的重点在于寻求对所示之“例”的理解，澄清并质疑行动者是如何思考和看待他们所采取的行动的。它的意义需在后续的行动跟进中得到充盈，因为活动组织者不仅仅要关注教师认识到什么，而且要关注其实现着什么。

示例研讨作为教师研究的主导活动方式之一，备受教师的关注。它有多种不同的称呼：教学观摩研讨、课例研究、案例研究、校本教研，等等。笔者的感觉是，教学观摩研讨过窄，校本教研活动太泛，案例研究不足以揭示出教师研究的个性。“示例研讨”是对众多学校教科研活动的比较准确的概括，同时也与作为科学研究方法之一的正规的“案例研究法”相区别。对于示例研讨活动的组织，我们着重需要把握它的恰当定位、有效运作与实践形式等几个问题。

5.1　恰当定位

定位问题说的是组织者赋予示例研讨活动以什么样的意图，期望其发挥什么样的作用。

我们知道，知识包含若干不同的层面：关于“是什么”的知识，它是陈述性的；关于“如何是”的知识，它比确认“是什么”要深入一层，因为它要求认知者把“是什么”的事物具体建构出来；关于“为何是”的知识，不仅知其然，而且知其所以然；关于“谁可能知道”的知识，在专业分工越来越细的今天，只有知道“谁知道什么”，我们才能在相互依赖的知识互动中生存。[①] 通过学科知识的学习与培训，我们获得了大量的关于“是什么”的知识，如数学是什么、数学建模是什么、数学学习是什么，大众数学是什么，探究性数学学习是什么，等等。这些学科知识、教学论知识是重要的，它们是实施新的数学课程标准，解决数学教学实践问题不可缺少的基础知识。但对于教师来讲，仅获得关于“是什么”的知识是远远不够的。在知识体系的四个层面中，对于教学活动而言，对于实践性问题的解决而言，最关键的是拥有“如何是”的知识。缺少这一层面的知识，不论我们认为自己多么有知识，其实，我们什么都不会做。“如何是”的知识是最原初的，也是最直面教育教学实践问题的知识，而“为何是”的知识可能是最为抽象的知识，是最切近事物本质的知识。但我们不应忘记，“是什么”与“为何是”以及“谁可能知道”都发生在“如何是”之后，并且随着“如何是”的变化而改变。真正的知识潜藏在大量的“如何是”的细节之中，谁创造了历史，谁才真正拥有了知识，拥有了真理。

仔细推敲“如何是”问题，它还存在着“能做”“知道怎样做”以及“会做”等不同的层次。“能做”表明个体能够完成一定的实践任务，但至于如何完成具体任务，则不能作出计划或用言语表述出来，问题的解决具有某些偶然性。“知道怎样做”指个体能用内部语言或外部语言表述活动的进程，能陈述活动的规则，并知道为完成一定任务所需的条件，但不一定“会做”。“会做”不仅是“能做”，而且“知道怎样做”，是两者的结合。中小学教师在实践新课程，创造真正属于自己的教学生活世界问题上，不能仅仅停留在知道“是什么”，而且需获得一定的“如何是”知识，并进而探究“为何是”；不仅仅是“能做”“知道怎样做”，而且真正“会做”，增长实践智慧。这正是示例研讨活动所要解决的主要问题。

为什么要有“示例”呢？因为要真正获得“如何是”的知识，就不能仅仅从概念到概念，从文本到文本，或者从规则到规则，坐而论道，而是要实实在在做出来，在教学实践中建构自己的理想与信念，从中获得一定的体悟、理会或意会。为什么要有“研讨”呢？因为在“如何是”的问题上，我们不仅仅是偶然尝试，“能做”，而且要逐步明确如何做的规则，促使默会知识的显现交流，“知道怎样做”，并在与他人对话中产生碰撞，获得批判反省；同时，还应当在“如何是”的基础上，探讨“为何是”的问题，对“如何是”所需的情境因素、具体条件等展开讨论，进而增强对教学问题处置策略的明智选

① 汪丁丁．知识社会重塑资本市场［G］//汪丁丁．知识印象．北京：中信出版社，2003：90－91.

择。关于“如何是”的知识存在着大量的默会成分，它们只能从观察和模仿中，从体验感悟中，从面对面的观摩研讨中获得。“纸上得来终觉浅，绝知此事要躬行”。在现代企业管理中，经营者让经理人员和设计人员在各个部门循环工作，其目的便是为了掌握企业内部各个部门积累起来的默会知识。这也是我们强调示例研讨活动的价值所在。

我们的大脑皮层专门有控制十只手指的部分，其中大拇指对应的面积，大大超过了手指在身体表层占据的面积比例。这也许意味着人类在手指里，积累了难以置信的巨大的认知潜能。我们的身体所积累的关于“如何是”的知识，大部分发生在有自我意识之前的时间段，主要通过基因而不是通过文化传统和学习遗传给我们。这表明了“如何是”的知识先于“是什么”的知识，“太初有为”，而不是相反，不是如某些人所认定的，把“是什么”的知识当做比“如何是”的知识更加原初。教育教学中的“真知”，不是一个与某种“不变的参照物”、某种固定的“命名”相符合的问题，而永远与信念及信念引导下的行动直接相关。能够“行得通”，做成了，也就意味着“真”；“行不通”，做不了，只能是“假设”，甚至就是“假”的。对“如何是”的知识的轻视表现在示例研讨问题上，总是把案例看做是“教育理论的故乡”，看做是“沟通教育理论与实践的桥梁”，看重的是案例的代表性，急于对案例作简化处理，从特殊的案例中抽象出具有普遍性的理论或模型来，① 急于“走出个案”。这种对案例的定位是有失偏颇的。

对示例研讨另一种不恰当的定位是将“示例”当做范例，当做“精品”来打磨，以为打磨得越精、越细越好，借以发挥示范引导作用、典型辐射功能。据了解，不少学校选派教师到外地参加课堂观摩活动，回来后的任务之一便是为学校的教师上“移植课”“汇报课”。我们并不排除“示例”的启发引导作用，但这种启发作用是多方面的，可以是由示例的成功所引发的，也可以是因示例的失误而触发的，而且从后者中所受到的教益可能会更加深刻。教学永远是缺憾的艺术。研讨活动中所示之“例”并不是孤立的，它镶嵌于复杂的、动态的教学情境之中，是师生与具体的教育情境持续不断互动的产物。不宜把某一个片段、某一节课切割开来，直接搬用至截然不同的另一些教学情境中。每个人都只能从已经拥有的知识经验出发，从自身所处的特定的情境要求出发。真正与教师打交道的是他自己的生活经历、教育教学经历和所处的境域。观摩研讨只是有可能触发教师对自己已有经验、原有行动信念的怀疑，而

① 易凌峰．案例研究：登天的阶梯［J］．教育发展研究，2000（7）：42－44.

不是取代教师个人的自主建构活动，不加思考地进行简单的模仿。将“示例研讨”作为典范推广，会导致两个误区：一是对所“示”之“例”作反复多轮的打磨，甚至作假；二是忽视与教育教学的生态情境的内在联系，进行简单的形式上的模仿，“变味”，弄巧成拙。

5.2 有效运作

从上述价值定位出发，组织好示例研讨活动，至少会涉及这样几个方面的问题。

5.2.1 主题的确定

主题表明示例研讨活动的中心内容，通常以研讨活动中若干关键词呈现。如“新课程与信息技术的整合”“团队学习”“考试诚信”“两性教育”“校园暴力”“网迷”“认知学徒制”“产学研合一”“自我引导学习”，等等。它不同于科研课题，后者表述更为严谨、规范，不仅要求说明研究的中心内容，而且要限定研究的范围，表明研究的类型，有时还要陈述研究的假设。如“小学语文集中识字实验研究”“关于实验在初中理科教学中的作用的人种学研究”，等等。

如同科学研究不能没有项目或课题一样，示例研讨不能没有一定的主题。示例中的研讨也好，研讨中的示例也罢，都不应该是泛泛而谈，散乱而无章。活动主题的作用在于将大家的注意力集中到中心内容上来，围绕确定的话题，在明确的语境范围内展示观摩研讨。

主题不同于问题，但它来源于教师实际的教学遭遇与困惑，来源于教师实际“参与”“介入”教育教学改革之中真实的提问，来源于教学中出现“意料之外的事情”时，来源于对已有教学经验的质疑、对自己的观念和行为所作的反思。

怎样让“差生”自由发言？

有一段时间我有意识地鼓励学生在我的语文课堂上自由发言。我告诉学生说：“你们在课堂教学中可以随时提出自己的意见，不懂的可以插嘴说自己的困惑，懂了的可以插嘴说自己的创见。发言时不用举手，不用征求老师的同意，每一个人都有自由言说的权利。”

学生很开心，有一个学生在周记里表扬我说：“班主任杨老师是一个有民主意识的现代老师，她让我们上课时自由发言，我们学生都喜欢她。”

我发现，学生自由发言至少有几个好处：一是让教师知道学生哪些已经懂了，哪些还不懂，这样教师可以根据学生的意见调整教学方案。以前是通过学生作业来检查学生哪些地方不懂，现在直接让学生说出自己不懂的地方。一旦有学生提出自己哪个地方还不理解，教师就及时地做补充讲解或个别辅导。二是来自学生的某些个性化的“创见”可以补充教师的教学方案，只要教师“听”学生的发言，学生的自由发言可以成为有价值的课程资源，这样，学生就成为一个重要的课程资源。三是培养了学生在公开场合说话的习惯和自信心。

不过，放开让学生自由发言之后，班级秩序有时显得有些混乱。我最初认为这是“初生之物”，走上正轨之后会好起来。但有时学生提问太多、抢答的声音太大时，我也偶尔感到有些无法应付，也担心学生自由发言的声音太大、太嘈杂会影响其他班级的教学。于是，我做了一个补充规定：“声音不能太大，不能影响其他班级的教学。”

可是，几天后，其他学科的老师也不断地到我的办公室告状，说这个班的学生现在越来越不像话，课堂纪律差，学生“像着了魔似的”。年龄较大的政治课老师训斥学生之后引起学生当场抗议，有学生故意大声地“私下”议论，说老师是“老古董”“不知民主为何物”。政治课老师听到了学生的议论，很生气，流了眼泪，负气走出了教室。

据班长说，政治课老师流泪走出教室后，教室里的同学们反而出奇安静。同学们大概感到有些后悔，不该用难听的话刺激老师。

我没想到事情会这样严重，我感觉应该事先给学生说明：“只能在语文课堂上自由发言，其他学科的课堂教学暂时不能自由发言；或者，应该事先给其他学科的老师做一些解释，让其他学科的老师有一些心理准备。”

事情发展到这个地步，我只能答应政治课的老师说：“这几天会加强班里的纪律教育。”但这个事件很快传到了校长办公室，我们班在学校教师会议上受到学校领导的点名批评。

我开始考虑怎样跟学生讨论这件事。我找来班长，请他组织一次主题班会，主题可以定为“自由与纪律”，让同学们讨论如何在“自由发言”中注意纪律问题。

后来，班长邀请我去参加他们组织的主题班会。我走进教室后发现他们将我给他们定的主题“自由与纪律”换成了“我们怎样‘自由发言’”，他们用彩色粉笔将“我们怎样‘自由发言’”这个主题醒目地写在黑板上。

主题班会讨论得很实在。有同学说："我觉得自由发言本身就不好，还是像以前那样安安静静地听课好。"更多的同学说："自由发言是好的，这样老师可以根据我们提出的问题做一些补充说明或辅导。"有同学提出："自由发言是好的，但还是要有规则。"后来主持人引导全班学生讨论："我们可以制订哪些自由发言的规则？"

那次主题班会很有趣，学生们提出了一系列"自由发言的规则"，主持人让学习委员做了记录：第一，在没有征求其他学科老师的同意之前，要尊重其他老师的教学习惯，暂时只在语文课上自由发言；第二，不能以大喊大叫的方式自由发言，当插嘴的人多时，由老师指定发言；第三，某个同学发言时，其他所有同学必须安静地听同学的发言，让发言的同学把话说完。他们称之为"三大纪律"。

在主题班会中，有学生提出来应该给政治课老师道歉，提议由学习委员代表全班同学给政治课老师写了一封道歉信。

后来政治课老师接受了学生的道歉，政治课老师还就这个问题专门和我谈过一次话，表示她以后也"可以尝试让学生自由发言，如果学生真的遵守他们制订的'三大纪律'的话"。

那次主题班会后，我发现在语文教学中学生自由发言的程度不如以前活跃了，但的确显得有秩序。其他学科的老师也不再到我的办公室告状了。但我遇到一个困惑：自由发言后来渐渐变成"好生说话，差生听话"，平时善于表达的学生讲话越来越多，平时不善于表达的学生讲话越来越少。原来的设想是让懂了的学生说自己的创见，让不懂的学生说自己的困惑，但后来只有那些"好生"不断地说自己的创见，而差生不愿意说自己不懂的地方，怕同学笑话。这样，原来设想的培养学生在公开场合说话的习惯和建立自信，也只是培养了"好生"的习惯和自信，"差生"没有形成习惯，没有建立自信。

究竟该怎样让差生也自由发言，开口说话呢？

——摘自：刘良华．校本行动研究［M］．成都：四川教育出版社，2002：180－182.

如何让学生在课堂上自由发言，"我"做了一系列的尝试：不用举手发言，由此而带来班级秩序的混乱，影响了其他老师的上课；协商"自由发言的规则"，自由发言变成了"好生说话，差生听话"。怎样才能让"差生"自由发言、建立自信？这是"我"在教改实践中真正碰到的问题。没有先行的教改尝试，往往提不出真正的问题。确定示例研讨活动的主题，要从教师教育教学中的困惑问题调查入手，澄清真正的问题所在，并注意问题是否具有普遍性。我们所组织的研讨活动的主题最好能是大家普遍关注的问题，以便能够吸引更多的教师参与。上述问题如果带有普遍性的话，不妨将研讨活动的主题确定为“后进生的课堂参与”。

主题不排除有某些教育教学理念的渗透，在今天可能更多的是课改理念的引入。但应当反对将示例研讨活动主题变成“先进”的、某些流行词汇的堆积、时髦的包装。一方面，某些先进的理念往往游离于教师的日常教育教学行动之外，并没有真正进入教师的视野，成为中小学教师真正遭遇到的实际问题和关心的话题；另一方面，某些固定不变的理念的先行引入，“先入为主”，有可能束缚大家解决问题的思路，反而不利于活跃示例研讨的气氛。更何况有些所谓“先进的”理念本来就存在着争议，如来自西方教学改革的历史及研究报告表明，“以教师为中心的教学在提高学生成绩上比以学生为中心的教学更有效”，“在以学生为中心的课堂上，学生可能更多的时间浪费在毫无目的的交谈、游戏和游荡上”，“可能会凭经验形成一些不完整甚至不正确的概念和理论，这会干扰今后的学习”，而“以教师为中心的教学可以使学生尽早掌握大量的基础知识和技能，这是学习复杂知识、发展思考能力的基础”。[①] 有效的教学可能是两种教学方式的有机整合。不注意这一点，片面引入以学生为中心的课堂理念，反而会引起教师教学思想的混乱。所以应当主张从实际的教学情境、教学问题出发，而不是从某些固定不变的教学理念出发组织研讨活动，以确保研讨活动具有必要的开放性，而不至于变成某种理念的说教与主宰。

虽然活动主题并不要像科研课题那样有明确的界定、限定，但也要注意表述的规范性、清晰度，避免使用含糊不清的提法、流行口号，或者是一些大而化之的东西。像“主体性教育”“创新教学”等，远远没有“后进生的课堂参与”切实，有针对性。

5.2.2 案例的呈现

从研讨的需要出发，呈现案例要注意这样几点。

要反映日常教育教学工作中遇到的事情发生的特定的历史背景、情境脉络，包括事情发生的时间、地点、场合等，因为我们只能在一定的情境脉络中理解他人，也理解自我。历史是无法割断的。如果呈现的是课例，通常要求上课者课前说课，简要说明自己的教学设计、意图、依据，在这之前所做的铺垫

① 丁笑炯．关于以学生为中心的教学理论与实践的反思［J］．全球教育展望，2005（11）：39－44.

性的准备，便于观摩者对课例的解读。有时还要安排课后说课，进一步廓清思路，说清楚具体执教与预先教学设计不相一致的地方，为何作这样的变动，如何重上，还将作怎样的改进，等等。这样给大家一个完整的课例。

要揭示特定情境中遭遇的困惑以及加以解决的具体过程，不管是成功的，还是失败的（最好先搁置这种成功与否的价值判断）。或许我们只展现一个精彩的教学片段、场景，但从研讨的需要来看，这些场景、片段的来龙去脉、打磨过程比精彩的剪影更为重要，那些被有意或无意省略的曲折、挫折、焦虑、细节，可能更有研究价值。那些没有经过特殊加工的教师的日常备课笔记、授课记录可能更为合适。有时所呈现的案例就是一个问题的来龙去脉，这样的案例可激发大家的思考。

为增强具体可感性，最好是开放课堂、开放活动的现场，直接呈现。所有教师相互开放教室，相互观摩教学，乃是教师日常教学研究的第一步，也是关键性的一步。将日常课堂教学、活动现场录像、录音，可以反复聆听、观摩，效果可能会更好。当然，这是要付出一定的代价的。与此同时，还应开发出一套相应的观察记录技术。①

注重采用文字描述案例。教师运用自己所熟悉的、平实的语言，整体地、动态地、形象地描述丰富、复杂、流变的教学情境，表达自己个人化的体验与感受，而不是总是试图用抽象的概念、命题，流行的套话对案例进行所谓的理论概括与提炼。示例研讨活动不宜将教师的主要注意力引导到所谓的论文撰写或者案例撰写上。所呈现的只是活动现场及有关活动现场的文字说明，或者是对案例事件、事实的描述，可以对有关事实作解释、初步的推断，但不宜急于从中作出什么结论。

小队教学活动的设计

Richert，A. E.

（一）背　景

这所学校规模较大，坐落在一个大都市的低收入社区，共有教师 50 名，学生 800 名。学生的流动较为频繁，每学期都有不少学生转到其他学校或者是

① 笔者在《课堂教学临床指导》（人民教育出版社，2003）一书中比较具体地介绍了课堂教学现场的观察记录与分析技术。

进入该学校。教师之间的人际关系不是太好，也缺乏一定的氛围。因为我是刚到这所学校，不太清楚造成这种现象的原因，但我注意到，校长在教师中没什么威信，他也不太关注教师们的需要，同时我也注意到有相当比例的教师，在这所学校或附近学校工作了近30年，他们对学校及社区不再抱有什么希望和幻想。在这所学校里，有一些著名的教师，他们相互协作组织一系列的集会活动，也向新教师及其他感兴趣的教师开放课堂及教学资源，但他们的人数较少，并且面向的是整个学校，承担的是整个学校的职责。从总体上讲，这所学校的多数教师，没有发现或创设一种有利于教学的相互支持的氛围。

我任教的班级是一个实验班。实验的项目是较小的班级规模是否会提高学生的标准测验分，增进学生的技能及自尊。这个实验项目是由政府资助的，选择参与的是标准测验分较低，学生流失较为严重的那些学校。我是2月份开始到这所学校任教的，一起合作的另一位教师已经有了20多年的教龄，在这所学校也较有影响，她任教的四年级也被选作为参加实验项目的一个班级。我从她的班上接收了10名学生，从另外两个班级接收了5名学生。这样，她的班级和我的班级学生数都是15人。这30位学生被看做是一个大班级，但活动是在两个不同的教室里。

按实验设计的要求，我们要着重强调应对测验的技能、以语言为本的课程以及实施小队教学。小队教学的形式可以是多种多样的，我们现在正在进行的是有关“动物”方面的小队教学。她选择的一项活动是教学生写动物研究报告，既教她的班级，也教我的班级。我选择的一项活动是撰写有关动物方面的神话故事，也面向这两个班级。我们也每周进行一次关于数学方面的小队教学。我们之间相互合作得很好，常常讨论这样的实验给我们自己以及学生提供的机会，也在教学中尽力改变原有的课堂状况。然而，我们都意识到实验所带来的巨大压力，因为实验项目的成功与否，取决于学生在期末的标准化测验中取得的分数。

（二）问　题

我们所面临的问题是，没有充裕的时间来规划和准备我们的小队教学课程及活动。我们每周有两个时间用于教学准备，一个是在星期一的上午，另一个是在星期二的下午，每天一小时。按照我们的计划，在这两个时间里，我们要准备下周的课程、活动和小队教学的形式等。但是，我们发现，这些用于教学准备的时间常常随着处理一些日常事务或更为紧迫的问题而逝去了。从书面上看，我们每周有了两个小时来计划下周的课程与活动，个人所在班级的计划放在周末，但实际上，把学生集合起来走进教室，布置好有关任务，并且在下课前去检查一下，这样一来，这一个小时就只剩下40分钟了。由于班级及办公室的一些事情需要处理，等这些事情做完了，我们仅余下20分钟时间一起商议。要把下周计划商议妥当，一般在中午我们就必须要占用午饭的时间，也就是把用餐时间从先前的40分钟降到15分钟。此外，另一位教师还负责着一项课外指导计划，时间是星期二、三、四下午的2:40—3:40（2:40，学校放学），我负责的另一项计划的时间是每星期一、五的下午2:40—3:40。由于我们两个人教的学生几乎相同，所以无法在下午的课外时间相互进行协作。当然，我们也可以在下午4:00以后会晤，但这个时候，我们已经是精疲力竭了，创造性的思维以及交换思想这一小队教学中至关重要的因素，已几乎不存在了。

我们面临的这一问题，由于我们所受的巨大压力而更加复杂化。因为我们是否提高了学生的知识和技能，这在标准化测验之中是可以见分晓的，大家通过测验结果就可以一目了然。我们所在的学区实际上也需要较小班级规模可以提高学生测验分数及技能的材料。虽然我感到，对学生进步的测量不能仅依靠标准化测验来进行，但我的确希望也需要这项实验取得成功，这样明年实验项目就可以在更多的学校或班级推广了。这也就意味着，在我们与这些成绩在1~4分不等的学生合作时，要能设计出强调这些技能培养的课程来。而小队教学对我们及学生来说，是一种没什么价值的经历：我们的学生从中学会了相互合作，他们有了具备不同专长的教师，课堂上的创造性提高了，教师的教学经历中也有了创新的成分，但是，所有这些益处与标准化测验所需要的那些技能没什么关联。因此，也就造成了这样一种状况：虽然小队教学具有无比的优越性，但这些优越性以及我们在小队教学中取得的进展，并不是期末学区要测量或评价的东西。

此外，学校举行的会议或假期等也常与每周我们确定的会晤时间相冲突，并且在学生参加标准化测验的前10周，就要全力以赴地去准备，虽然它不能确切地反映出学生真正达到的水平，但我们又不得不应付。在这10周内，几乎没有时间与我的同事合作进行备课。

（三）解决方法

我的同事和我一直用周末的时间通过电话来计划下周的小队教学活动和课程。这种做法虽然有效，但是因为我们是专业人员并参与具有一些特殊要求的实验项目，那么校方就应该安排一定的时间来让我们设计小队教学。

另外一种解决方法是，与那位教师的助手合作，即我们这两个班级合在一起上课时，或者学生独立完成作业时，我们就进行设计。但是，她的助手只有在阅读时间才与她在一起，而这样的阅读时间一周才有3个小时，并且她还要协助那位教师做其他一些事件。

我希望找到一种解决问题的方法，能使我每天都有一定时间与那位教师共同设计下周活动，这样的时间最好是放在学生们独立活动的时候。

——郑金洲．案例教学指南［M］．上海：华东师范大学出版社，2000：211－217.

《小队教学活动的设计》所涵盖的内容脉络清晰，从背景到问题到解决办法。案例的撰写强调了背景的铺垫与问题的复杂化，至于问题的解决也只是有了个初步的办法，并没有得到很好的解决。大家可以围绕问题的解决展开进一步的研讨。

5.2.3 研讨的组织

规模不宜过大，十多人为宜，以保证彼此间的充分交流。邀请一两个校外同行或专家参加，效果会更好。

从特定的活动主题切入，话题适当集中，不应当是漫无边际的。

成员充分参与。行政人员可以主持，但不能主宰。专家可以适当将思考引向深入，但不宜直接作判断、作指示。所有参与者都要有准备地介入，不能空手而来，积极的经验交流和反思乃是其成长的精神食粮。

研讨不应仅是“叙事”，只是讲述教学事件；也不应只是“说理”，空发议论，而应就事论理，就案例本身谈想法，当事人和旁观者交流不同的想法，激活内在的教学信念。理不在事外，不在抽象概念之中，理寓事中，是事件本身的敞开、显现。

有些教研会议，教师积极性比较高，参与的人多，规模比较大。如何让几十人乃至上百名教师都能参与到研讨活动之中，而不仅仅是个被动的观察者，这是一个令不少组织者感到棘手的问题。有的组织者在组织教师观摩课堂教学之前，自己先就即将观摩的教学专题设计教案，把思路写下来，把困惑写下来，听课的时候就会有所比较，加深体验；有的给参加研究活动的教师分组，每小组6人，先小组讨论，然后推选代表进行大组交流；有的按观摩者的编号，随机抽号发言，而不是几个熟悉的脸孔作重点发言，等等，这些办法都有可取之处。

在“做中学”中培训教师

曹坚红

1. 带着问题参加培训

不久前的一次听课教研活动也曾被安排在这里，作为教研员的我清楚地记得那堂研究课中师生的讨论交流情况：

“哪张纸巾的吸水性最强？大家把刚才做的实验交流一下。”老师的话音未落……

“我们组测出‘五月花’牌纸巾吸水性最强。”

“哦。你们是这么认为的。”老师说。

“不对！我们组是‘洁云’牌（吸水性）最强。”

“哦。你们是这么认为的。”老师又说。

“是‘五月花’！”

“是‘洁云’！”

……

坐在教室后面的听课席里的我，看着课堂上孩子们争得热火朝天，而老师在一旁只顾笑眯眯地看着他们，面对孩子们嘴里不断冒出的似是而非、空泛无据的话不知所措，显得非常尴尬。当时，我脑子里只想有什么办法，能让老师在最短的时间里改变这种状况。

一直执教着小学“做中学”课的我自然知道，在课堂上最难把握的就是对学生讨论交流环节的指导，可“做中学”课中学生讨论交流的环节是贯穿于整堂课中的，次数至少也有三次以上，学生假设的完善、实验的设计改进、结论的获得、正确的知识体系的建构……哪样不是依靠讨论交流这一环节来实现呢？

可是，怎么进行培训呢？讲座？一场报告对着所有人讲，能回头去反思自己教学的实在少之又少。分析课例？一课一例，不是所有人习惯事事举一反三。像学生上课那样带着老师来次“动手做”？老师就是老师，课堂上出现的情景怎会和学生一样？热闹过后还是不知道该怎么指导。

很久以来，我想试着以“做中学”学科的教学形式、方法做一次“研训一体化”培训活动，使研训活动本身成为隐性的研训内容，为培训教师提供一个教学案例，自然地展现“做中学”教学的一些基本技巧，扩大培训的容量。

经过一段时间的酝酿，一堂针对“做中学”课堂中“对学生交流讨论环节问题的指导设计”的研训课开始了。

“请大家把自己近阶段在对学生课堂交流的指导中遇到的困惑和疑问，或者是希望通过本次培训解决的问题写下来，放到面前的盒子里，封上盒盖。”研训活动一开始，我就向大家提了个奇怪的要求。学员们已经习惯了“研训一体化”培训的与众不同，都认真地将自己的问题写下来，封进盒子里。“今天，我们将有机会像学生在课堂上做的那样尝试预测、讨论、交流、记录……各位老师将可以在本次培训的这些活动中寻找你所写问题的答案。大家千万不要忘记你写了什么啊。”我脸带笑容的一句提醒，缓解了刚刚有些紧张的气氛。

每次组织学员讨论，我都会发现大家很容易跑题，当一个问题的讨论遇到障碍和“瓶颈”，大家就会非常自然地绕道而行，结果绕来绕去什么问题都没有解决。于是，我想了这看似“小儿科”的办法，希望可以帮助学员了解自己的需要，带着问题参加培训，有的放矢，各取所需。

2. 如何预测学生的想法

“这是《让它落得慢一点》一课，我安排了三次学生交流环节。”第一个活动开始了，我边把自己执教的一课的设计意图拿来介绍，边把三次学生交流环节安排的意图打在墙上：第一次，交流学生的预测方案，同伴间互助完善；第二次，就学生实验验证过程中的问题进行讨论，完善实验；第三次，交流探究结论，呈现学生构建的相关知识。

“哦，原来讨论交流并不是随意的，我原想这是不用备课时考虑的。”

“我在备课的时候安排的，只是没有将作用考虑得那么细。但像这样的话，会不会没有办法应付课堂上的突发状况？只这三次够不够？我觉得这里有点问题。”一位学员表达了自己的忧虑。

“我想，我准备的讨论是基本环节中必须的讨论，肯定还有随时进行的那种，对吧？”

“你们大家觉得呢？”

“如果既有准备好的、必须进行的，又有根据需要随即安排的，就很全面了。”

“但事先周到的考虑是不能忽略的。”我补充道。

我清楚预测儿童的思想是对学生讨论交流环节进行指导的关键，而老师们常常忽略。在培训中，我设计让老师也来对一些情况进行预测的环节，希望可以借此使教师因经常进行预测而形成预测习惯。

看大家没有异议，我开始了第二步，我请学员预测第一次交流中学生可能产生的思想和问题，并记录下来。老师们很有兴趣地讨论起来。

……

当多数老师完成了预测后，我播放了自己两次上课时学生进行假设时的录像片段。“学生的假设和你们刚才写的有什么不同?”

“学生怎么能想到那么多办法？真是出乎意料!”学员们显然没有思想准备。

“我只想到他们会说降落伞，没想到还有其他那么多主意，聪明啊！现在的孩子!”

“从下面往上打气，让乒乓球落得慢，亏她想得出这样的办法。”

“对比之下有什么体会?”见大家议论纷纷，我问。

“大人和孩子的想法就是不一样。”

“那怎么办?”

“多和小孩接触就行，我有儿子，我的预测就比你们的准。”

“看来，班主任合算，容易猜到小孩想什么。”

“那就——让我们多找机会接触孩子们吧。备课时站在儿童的高度看问题。”我最后还是来了句总结发言，尽管觉得由培训者概括总结的培训未必成功，但还是很高兴大家意识到成人模式化的思维方式常常左右我们对孩子思维的预测。

紧接着，第三个活动开始了。我请大家关注录像中接下来发生的事。

3. 怎样指导学生的讨论交流

“学生开始用实验来验证他们的预测，我在巡视的时候发现他们实验中存在这些问题。”趁热打铁，我边作解说边一口气打出了4个学生实验时出现的问题。“为了解决这些问题，老师安排了两次交流，希望可以通过学生间的交流，让孩子们就这些问题进行相互指导。现在我们也来一次分组讨论，就其中一个问题，作为老师，你将如何介入讨论进行指导?”“先让我们也来讨论一下吧。”

这次讨论是我刻意安排的，希望能让学员身临其境地感受一次讨论交流和指导的过程。

20分钟后，学员们兴致勃勃的讨论基本结束，交流开始了。

“请老师们在发表看法的时候，别忘了说明你曾受到谁的观点的启发，小组里其他人都有些什么看法。”见大家面露不解之色，我解释：“这也是对学生的要求，这样做既可以帮助他们认真倾听同伴的发言，又可以从小使他们形成初步的知识产权意识。”

“哦，还那么有讲究!”

可这讲究做起来并不易，很快，学员们在练习时体会到学生被要求这么做时可能会出现不少难处，便停了原先的话题，商量起对策来：“一开始要慢慢来，要求不能多。”“要多鼓励，不能让他看出你听得不耐烦。”

……

从研训活动一开始，受训学员就很乐意作为参与者主动参与到培训活动中来，他们投入地参加每个环节的活动，随时将自己的领悟与他人分享，获得更多的启示。我发现培训者和教师之间的互动合作，实际上使得每个受培训者在不知不觉中也成为了培训人员，对现场的每个人（包括培训者）实施着培训。这样的效果是我原先没有估计到的，令我欣喜不已。

4. 怎样才能成功地指导

当第二段录像中再次出现了我的形象时，大家已经在不知不觉中进行到了第4个培训环节。令我高兴的是，这次他们没等我讲活动要求，就在将录像里我的指导和刚才自己的方法进行比较了。

“我们再来讨论，当学生遇到问题或者你发现学生的实验出现问题时，你认为成功的指导应是怎样的，为什么?”我趁势让大家把感受讲出来。

“话不能多，抓住要害。”

“有效——每次提问都必须能引发学生深入思考。”

“时机的掌握很重要，太早了，成了包办代替，太晚，就……来不及啦!哈哈。”

这时录像里出现了一个我一直等着的镜头：有位学生在交流时触及了“空气阻力”这一科学知识目标，但没有表达清楚。还有一位则提出了自己在实验中产生但并没有被老师列为科学知识目标的知识内容。我赶紧提醒大家注意这段。

“对！很多时候会出现这种情况，我最怕了。”几个学员几乎同时作出反应。

我对录像课中自己的指导也不满意：“大家来出出主意，当需要从交流中呈现知识时，你认为成功的指导应是怎样的，为什么?”

“要随机应变，苦练教学基本功！”

“太空了吧？”话音刚落就被打断。

“看哪种情况，如果自己有把握，应该把学生涉及的知识‘挂’出来，引起全体学生的关注。”“如果自己没有把握，就应鼓励学生一起继续到课外探究、查资料，千万不要打肿脸充胖子，会误人子弟。”

“如果我们每个人在备课的时候，将每个课堂环节的目的设计得很明确，准备得充分，尴尬的情形就会少。当然，一旦尴尬事发生，宁不要面子，也不能误人子弟。”

“那是，职业道德问题嘛！”

“我觉得还是充实自己的学科知识最要紧。肚子里有了货色，还怕什么？”

……

至此，我觉得学员们已经对指导讨论交流环节的相关理念有了直观的认识，但还需要实际巩固一下，当然，最好是现在就有那么一堂课要上，但是不可能。“哪天真的请学生来帮忙培训我们的老师。”我心里想。但这次来不及了。

我也有办法，选择了一节老师普遍反映难上的“做中学”主题活动《让小木块动起来》，归纳出示了其中的学生在预测环节的预测。

“现在我们还是分小组来预测学生可能出现的问题，并思考如何利用交流环节进行相关指导。建议大家实际操作一下，”我指了指那堆瓶瓶罐罐，“体验一下，当时学生可能遇到哪些问题？”

刚才那些讨论为主的活动到底让人有了些疲惫，现在有得“玩”，学员们童心大现，教室里顿时热气腾腾。

……

“老师们，现在我们来汇报。一组学员当老师，现场指导，其他的人嘛，当然就是小学生了。注意！是小学生，我们要将小学生可能遇到的问题拿来考考这些老师。”

一轮下来，“学生”够刁，老师被难得急了眼，最后干脆“学生”上台帮着想办法，一时间，分不清谁是“学生”，谁是“老师”。但也有清楚的，那就是该怎么指导，越来越清楚了。

研训活动接近尾声，大家在我的要求下，打开了那个盒子，谈谈疑问是否解决，说说刚才活动的感受。再也不怕没有话讲。“这个盒子也可以在‘做中学’课上用，孩子们才会注意自己原先的想法。”一位老师摸着盒子说。也有的老师通过刚才的实践发现了新的疑问，急急书写下来，装入盒子，嘱我一定要看。

研训活动结束了，却没人立刻散去。

——上海市教科院组织的“以校为本教研制度建设”研讨会交流资料，2003 年 12 月

研讨的组织最为重要的是让所有的参与者都卷入共同的研讨之中。对此，曹老师别出心裁。她尝试以“做中学”的方式组织研训活动，要求参培者先将自己要解决的问题写下来，带着问题参加研讨活动。在课例《让它落得慢一点》的呈现中，将重点放在三次学生交流环节上，抓住备课时如何预测学生的想法、上课时如何组织好学生的讨论活动、怎样才能成功地指导这三个关键问题展开研讨培训活动。整个研讨活动的组织有这样几个特点：第一，录像呈现，展示自己的课例。培训者躬身实践，先行一步，更有说服力。从研讨活动中，可以看出，曹老师对录像课中自己的指导并不完全满意，但还是如实呈现给大家，供大家比较、反思。第二，做中体验，突破成人化的思维方式。曹老师先让学员预测自己的想法，然后再观看录像片段，比较学生的假设与自己的预测有什么不同，引导大家突破成人化的思维方式，备课时更多地站在儿童的角度考虑问题。第三，互动生成，共同突破难点问题。在如何介入学生的讨论，进行指导问题上，曹老师让学员看课例，结合课例讨论介入的时机、指导方式等，体会怎样的指导才是成功的。培训者与学员之间充分互动，每个人既是学习者，也是培训者。

5.2.4 课例的诠释

研讨的实质是寻求对所示之例的理解，而理解问题，并不是单纯的因果解释问题，而必须依据行动者本身所提供的感受和意义来理解，必须澄清、质疑行动者是如何思考和看待他们所采取的行动的。这也就是说，理解问题是一个意义的追寻问题。人无法忍受无意义的生活，离开了人与意义的关系，就无法理解人的活动。

对案例意义的追寻，可以从三个层次展开。

第一个层次：澄清事实，弄清课堂或现场发生了什么，出现了哪些教学事件，这些事件从什么时候开始、什么时候结束的，师生的种种互动行为有些什么特征，有没有固定的惯例、周期或节律，等等。在这一层次上，问题主要围绕“是什么”，答案将是较为直接的、客观的、可以检验的，它可以帮助我们弄清楚教育教学事件的真相，构成意义追寻不可缺少的基础。

第二个层次：这些教学事件蕴含着怎样的意义，它对行动者个人意味着什

么，为什么会这样，促成教师作出这样的教学决策与行动的内在的理论框架、思维方式、价值取向是什么，思考和行动的“预设”是什么，所指导的教学信念是什么，这些教学信念和思维方式又是如何影响教师的教学决策和行动的，等等，这是对教育教学事件的诠释。这种诠释受不同的学科视野、生活经验的影响，往往仁者见仁，智者见智，对同一课堂事件可能会形成完全不同的看法，所获得的认识更多地带有主观性。

第三个层次：种种教育教学生活事件、教学行为所具有的意义对我们究竟有什么意义？这一层次上的分析，不仅指向教学事件本身的意义，而且追问“这些事件与我何干”，“其意义对我们的学校教育，对教师的专业发展将产生怎样的影响”，这实际上是从分析者自身的价值标准出发，对教学事件本身及其行动背后的意义进行评估分析。不同的估价会带来完全不同的处置方式（行动方式）。如果认为影响更多是积极意义的，自然会欣赏、接纳、鼓励；如果认为影响更多的是消极的，那就有可能设法干预它。

三个层次的追问由“发生了什么”出发，进而追问这对行动者来讲意味着什么、为什么会这样，再评价其对我们的教育将产生什么样的影响，所获得的分别是客观认识、主观认识与评估认识。

事实问题——→客观认识
↓　　　　　↓
意义问题——→主观认识
↓　　　　　↓
评价问题——→评估认识

意义追寻的三个层次

在实际的研讨活动中，三个层次不可能截然分开，而最为困难的恐怕还是第二个层次：在对话碰撞中让教师思考某些教学问题的处置方式依据是什么，为什么会这样想、这样做，尽可能地从教师的行动方式与话语中发现那些“自以为是”，处于“固着”状态的预设、假定，使那些不言而喻、心照不宣的“本土观念”（所谓“默会知识”）暴露出来，显现出来，得到质疑或确认，并结合教师的专业背景、成长经历、所处的文化生态环境，从那些习以为常的“文化构架”中加以理解。理解不等于完全认同与接纳，而要激发教师对其合理性、合法性作批判反思。要允许教师为自己的教学行为辩护和作解释，如安排必要的说课活动，让教师陈述自己为什么这么上课。同时善于发现其自我解释不周全的地方（错误的观点往往是由不恰当的推理导致的），指出其逻辑上的矛盾。可以直接陈述相关教育科学研究的结论，或介绍类似的课堂情境问题，看看别人是如何处理的，让研讨者真正从感性与理性结合的角度把握问题，理解自己的教学行动。在这一过程中，教师往往会有顿悟的反应，发出“喔，原来是这样”的感叹。叶澜教授将这种教师头脑中建立起新观念与新教学行为关联的认识效应戏称为“喔效应”。所谓“喔效应”的产生，正标志着课例理解的真正到位。①

由学生折射回来的教育反思

陈大伟

1. 观察从学生出发

主持人：下面我们一起来讨论语文课。我想从行为入手讨论支撑行为和技术的理念，思考怎么样通过改变理念达到改变行为的目的。

对B老师的《冬日看海人》，大家已经看过完整的课堂录像，在这里我们先看一个片段，围绕片段展开讨论。看的时候，我请大家注意观察学生，并想一想你会讨论哪些问题。

播放视频片段：

B老师：同学们，这篇课文一共有11个自然段，前10个自然段我请10个同学来读，最后一个自然段我来读。好，咱们来找10个同学。第一段，谁来？

（学生没有反应。）

B老师：（目光巡视一周）嗯！没有人敢读吗？这不符合七班的风格呀。（发现了一个学生举手）你看，这就有英雄出现了，好吧，你读第一段！谁读第二段？好，这位女同学读第二段。因为不认识大家，我只好抽人读了。谁读第三段？有没有男生？

（同学们将目光投射在刚才一个发言比较积极的男生C同学身上。）

B老师：大家不要看他，他已经得到几次发言机会了。这位同学来读第三段吧，抽到的同学站起来吧。

① 叶澜，等．教师角色与教师发展新探［M］．北京：教育科学出版社，2001：336.

（前三位同学站起来。然后老师再请7位同学起来读书，又有7位同学站起来，C同学被安排读第八自然段。此过程耗时1分24秒。）

B老师：读书的同学，我对你们没有什么特别的要求，只是要求你们声音要大一点，让大家听清楚。希望在下面听的同学用心去听，如果他读的过程中有什么错误，等他读完了，我们再一块儿帮助他纠正，好不好？现在我们开始读。

（第一个学生读书，老师认真地看着自己的课本。）

（第一个学生读完。）

B老师：（评价）你读得非常好，我建议你长大以后到中央电视台当一名儿童节目的主持人，你的声音非常具有亲和力，听着真亲切，而且你的长相也非常可爱。谁读第二段呢？接着来。

（第二个学生读。）

B老师：（评价）很好，接着来……

（其余同学读，老师没有再评价，一直看着自己的课本。）

（这期间，镜头停留在C同学身上。C同学先把桌上的一个东西藏在桌子下面，然后从课桌上拿起阅读资料，试图掩盖自己的尴尬，但在长达3分钟的站立中，这位同学明显表现出不安和无聊。）

（第十位同学读完。）

B老师：很好，请坐，最后一段我来读。

（音乐响起，在音乐声中，老师富有感染力地读完最后一段。）

B老师：好，在我们大家的合作下，我们把这篇课文读完了。我想，同学们都读得很好。尤其是读第八段的男同学（C同学），我也给你提一个很好的建议，你的声音非常浑厚，以后可以考广播学院，没有问题！当然大家读得都很好，我发现，七班的同学读得都比我好。希望大家在以后的教学活动中表现更精彩。

主持人：这个片段中，我们将主要关注学生，从学生的行为表现来思考教师行为的合理性。我们已经注意到，这节课是借班上课。借班上课中看到的现象与平常教学并无多大关联，这是我们要注意的。但这又是一次研讨活动，需要我们深入挖掘。

2. “深思熟虑”与“司空见惯”的行为分析

主持人：在这个课例中，B老师一共用了50分钟。因此，我们可以讨论，什么地方浪费了时间？哪些地方可以节省时间？新课程提倡学生参与，应该怎样激励学生参与？我们平常的教学行为是否有利于达到这个要求？

B老师，我想提出的第一个问题是：为什么安排学生读前10个自然段以后，要自己读最后一段？这样设计是怎么想的？会带来什么效果？

B老师：虽然超时了，但回过头来问我是否后悔安排学生读，我的感受是不后悔。语文是一个生活性很强的学科，很多的感受不应该由老师来讲，学生读到了他就悟到了，语文的效果要看你开启了他多少思路，悟到了什么。在我的课堂上，我绝不吝啬时间，而是充分尊重学生的读，所以时间超了。

为什么自己去读最后一段，也没有什么特别的想法，这是一个出彩的地方，它有一个语言的升华和递进，“执著的心”“童话般美丽的心灵”让老师去读出味道，可能对加深学生理解有一定帮助。所以，还是由我抢夺了这块阵地，把展现水平和能力的地方留给了自己。相对而言，我还认为，朗读是自身的优势，我也希望展示自己的优势。

主持人：谢谢你关于阅读问题的理解和经验。我个人同意你的见解，就语文教学，我以为语感需要在阅读中培养，体验需要在阅读中实现。对开始安排学生朗读，我是赞成和欣赏的。现在的问题是为什么要安排自己读最后一段，而且自己读的时候配上音乐，学生读的时候没有音乐。刚才你说了，因为第十一段是文章中最重要、最精彩的部分，所以要画龙点睛，突出重点，让学生更深刻地体会这位乡村教师的平凡和伟大，这种想法也没有错。但如果我作为学生，你知道我在想什么？我会想，我们10个人读，最后还是你精彩，干脆我们把精彩全部让给你，以后我们不读了。（大家笑）学生会不会有人产生这种感受呢？你可以做一下调查。

B老师：当然啦，我自己也有一定的错误，比如说，提出了“其他同学给读的同学找找错误”。刚才我在看自己的录像时才注意到，这不符合新课程理念，这是一个典型的反例。读书的同学听了以后，就会有心理压力，紧张，会战战兢兢，如履薄冰，他生怕读错，被老师或者同学发现问题，他就不会全身心地投入去读了。这是我犯的一个很大的错误。还有就是在学生读完以后，我也没有很好地让学生评价，这就会造成一种假象，对学生不尊重——你说了你要让我们来评价，你又不给发言提供机会。我觉得这一点，也是做得很不到位的。

主持人：你说自己犯了一个错误，说得太严重了一点。其实我们也经常出现这些问题，只是在公开课上大家对此更在意罢了。因为有这样那样的问题，才说明你的课未经打磨而质朴，因为有这些大家都容易出现的问题，你的课才更有讨论的价值。

对课堂上的行为，我们该怎么看呢？我以为我们的教学行为总是自我选择的结果，有的选择是深思熟虑的，有的是过去选择的并形成了习惯，有的则是应急式的。

对于深思熟虑的选择，我们就一定要想清楚为什么这样选择，会得到什么样的效果。比如，刚才你安排自己读最后一段，这是一个深思熟虑的选择，为什么，因为你还配了音乐。

对于未加思索的选择和行为，分析和改进的价值更大，因为它们已经成为一种习惯，我们会经常不自觉地使用。对于“其他同学给读的同学找找错误”，你认为这会使读的同学紧张，推测很有道理，这是我以前没有想到的。我还想到了另外的问题，那就是被抽起来的学生会不会这样想：早知道我该不举手了，你叫我起来我就该不起来，下一次我不会再来了；而没有被叫起来的同学会不会庆幸：还好我没有举手，还好老师没有叫我，但愿下次也这样。

3. 对被忽略的关注

主持人：我想再提出一个问题：学生读书的时候，你在干什么？干什么更好？

B老师：我在跟着学生一起读。我觉得这个语言点值得品味，我就会和学生一起读，低着头看书，看学生能不能读出这个点。

主持人：这是你的明确的选择行为了，也很有道理，因为和学生一起读，这是建设“学习共同体”的一种方式。但我的看法和你不同，我觉得，在学生读书的时候，最好还是看着学生，让学生感受到你在关注他、尊重他；看着学生才能更好地保持对课堂的调节和控制，才能更好地关注课堂的生成，你才能比较全面地收集教学的信息，接收学生的反馈。

主持人：最后一个问题，刚才我们曾经特别提醒看C同学的神态，当他在站着等读第八自然段的时候，他有一种什么样的神态？现在我们来思考讨论：这个学生的神态表明了一种什么样的状态？什么样的心情？避免这种现象出现，我们可以有什么改进？你能猜想一下并回答吗？

B老师：当您刚才提醒我们看这个学生神态的时候，我才开始看这个神态。这个神态让我联想到更多的神态，这种神态是学生对语文不感兴趣、不重视语文的神态，他对这个教学内容没有产生情感，他对这位乡村教师不感兴趣。对于这一点，作为语文老师常常有一种无奈，我们也常常感到无能为力。对这个问题，我不知道您怎么看？

（下面一位D老师举手要求发言。）

D老师：刚才我听了B老师的看法，我不能同意。我是教语文的，肯定地说，教语文会有很多困惑和尴尬，但我们不能选择一种逃避的方式，或是推卸责任的方式。这个学生为什么会有这样的眼神，实际上和老师的设计是有关系的，这不能说是语文的尴尬、语文的困惑，如果说学生没有兴趣，教师的责任是让他有兴趣。（掌声。）

主持人：谢谢您，您是一个善于思考并主动承担责任的教师。我认为，在这节课上，学生是有兴趣的，也是被感动了的。比如，最后当你提出四种志向让学生选择时，第一个学生首先选择了“当乡村教师”，我想，如果没有对这一节课的学习，没有被这位乡村教师感动，学生是不会有这种选择的。而且，你开始还说C同学是“黑马”，为什么是“黑马”呀？难道不是因为他开始积极主动地介入学习吗？

对让学生站起来的举动，我想，因为你是借班上课，不认识这些学生，所以你要让他们站着，平常在自己的班上，你可能不会这样。我觉得，学生的尴尬是由站带来的，这是一种无所事事的尴尬，“无事生非”，在录像镜头面前，他不好生“非”，所以尴尬。怎样避免这种尴尬呢？我们可以反过来想一想，坐着的学生会不会有这种尴尬？如果让他们听的时候、读的时候，都能有更加明确的任务，会不会好一点？你也可以试一试。

——节选自：陈大伟：探寻一个敞亮的教学视界［J］．人民教育，2006（7）：24－29.

在语文课例研讨中，主持人注重从观察学生的行为表现来引导大家思考教师行为的合理性。他通过自己的提问来引发执教者的思考：为什么要安排学生读前10个自然段以后，自己读最后一段？教师的回答也很干脆：这是一个出彩的地方，把展示水平和能力的地方留给了自己。主持人对此进行了恰到好处的敲击：如果我作为学生，我会想，干脆我们把精彩全部让给你，以后我们不读了。在笑声中，教师一定会对此有更深的领悟。主持人还提了一个执教者自己根本没有注意到的问题：学生读书的时候，你在干什么？干什么更好？对此，主持人与执教者的理解有所不同。在事后对C同学的神态进行观察后，执教者的判断是他对语文不感兴趣，表现出一种无奈。其他老师及主持人对此却有完全不同的解释。对这些问题的讨论似乎还应深化。整个研讨活动意在提醒大家：对于深思熟虑的选择，我们一定要想清楚为什么这样选择，会得到什么样的效果；对于未加思索的选择和行为，分析和改进的价值更大，因为它们已经成为一种习惯，我们会经常不自觉地使用。

5.2.5 行动的跟进

以实践为取向的示例研讨活动，不仅仅关注教师们认识到什么，更加关注他们实现着什么。而这个为我们所关注的实现的“什么”，正是我们所说的“意义”。意义不是空洞的，不仅是以概念形式呈现出来的东西，而且以它的开放、关系和生成的性质在实践中不断被充盈，在生生不已的主体间的互动中不断建构出来。示例研讨的意义必须在后续的行动跟进中得到充盈。

行动的跟进应当建立在一个新的起点上，绝不是原有示例的简单重复。不管迈进的步子有多大，只要有所改进就行。要允许行动过程中出现的反复，有时甚至是暂时的、某些方面的倒退。还有可能出现意想不到的新问题。有新的问题，就有新的示例研讨活动的开始。有效的示例研讨活动是一个连续性的过程。

如何引导学生进行有效的交流

——小学数学“两位数减两位数”课例研究

王　洁

为什么要让学生交流？不同的教师有不同的理解：

学生的交流可以使课堂气氛活跃；

学生的交流便于教师了解学生的实际情况；

学生的交流不仅是为了教师的了解，更重要的是为了学生相互间的学习、启发和取长补短……

在大力提倡转变学生学习方式的课程教学改革中，课堂交流已经被越来越多的教师重视。但如何提高课堂交流的实效，如何引导学生进行有效的交流，不同观念或不同阶段的教师有不同的理解，表现出不同的教学行为。

我们教研组决定围绕“如何引导学生进行有效的交流”展开研究。沈老师的一堂公开课成为了我们研究的开始。

沈老师课的内容是“两位数减两位数（100 以内不退位和退位）”（是上海三年级第一册教材内容）。

我们教研组的全体老师和区教研员何老师一起听了沈老师的课。

“谁再来说一遍”

师：小朋友，今天我们学习100以内的口算减法。

（教师揭题“两位数减两位数”后，呈现春游情境图。）

师：请小朋友回忆一下上次秋游你花了多少钱？

（根据学生的回答，教师在黑板边上板书86、42、36、49、28。）

师：根据黑板上的这些数据，能不能提出一些减法问题，并列出算式。

（根据学生的回答，教师板书了一些算式，比如：86－42，49－28，86－49，42－36等，并且按退位和不退位的情况分类板书。）

师：我们选“86－49”来算一算答案是多少？

（学生回答：47，37。）

师：到底是47还是37？谁来说说理由？

生：是37。因为86减40等于46、46减9等于37，所以86减49等于37。

教师露出赞许的目光，要求大家齐声拍手表扬他，然后接着问：“听懂他的意思了吗？谁再来说一遍？”

三名学生依次模仿着说了一遍，而后沈老师进行了归纳小结，并进行了大量的巩固练习。

课后，教研组进行了讨论。

沈老师自己对课不满意而且困惑：这堂课学生学得比较被动，课堂交流也不活跃，有什么办法能使学生学得积极主动起来？

教研组老师的看法是：沈老师教的还是扎实的，只是在培养学生思维能力上明显不够。

老师们普遍感到沈老师的课没能体现新课程理念。

教研员何老师向我们介绍了国家和上海市中小学数学课程标准中关于计算教学要“提倡计算方法的多样化”，让学生“积累四则运算的感性认识，探究计算方法”的新要求。

传统的计算教学，教师关注的重点是：学生计算方法的掌握和计算的熟练程度。课堂上，在教授了计算规则后，一般会让学生反复地操练，有的教师要求学生对100以内的加减法等简便运算要达到“脱口而出”、自动化的程度。

这种注重计算结果和算法统一的教学，对培育和发展学生的思维有多大价值？

我们在集体反思与讨论的基础上，得到了一个共同认识：教师应尊重和鼓励学生独立思考，提倡算法多样化。换言之，计算教学的重心不能只放在结果上，应更关注学生主动探索计算方法的过程，只有如此才有可能培养学生灵活计算的能力。

"还有不同的方法吗?"

在春游情境下产生例题"76－19"后，教师揭题并展开了以下的教学过程。

师：动脑筋想一想、算一算"76－19"的差是多少？怎么想的？然后在小组内说给大家听。看谁的方法多？

在学生充分交流的基础上进行了全班交流。

师：谁能把你的方法说一下。

生1：我是先算76－10＝66，再算66－9＝57。所以76－19＝57。

生2：我是先算76－20＝56，再算56＋1＝57。所以76－19＝57。

生3：我是先把76看成79，79－19＝60，60－3＝57。所以76－19＝57。

生4：我是用竖式算的。

生5：我是这样算的：先76－9＝67，再67－10＝57。所以76－19＝57。

生6：我把76看成80，把19看成20，80－20＝60，60－4＝56，56＋1＝57。所以76－19＝57。

生7：我把19看成16和3，76－16＝60，60－3＝57。所以76－19＝57。

生8：我是这样算的：把76看成80，80－19＝61，61－4＝57。所以76－19＝57。

在学生交流的过程中，教师边板书边反复用"还有不同意见吗?""真行!"的课堂语言组织交流；用"你怎么想的?""为什么?"引导发言者表述自己的思维过程。

整个交流过程教师流露出满意的神态，最后老师说："小朋友，你们的办法真多！以后大家就用自己喜欢的办法来进行口算。"

我们教研组的所有老师观课后，一起坐了下来。

对于这堂课，老师们感到很兴奋。有老师说：沈老师让学生独立地尝试、探索，这样就可以使不同的学生有不同的口算方法，交流尤其充分！

也有老师认为，沈老师让学生在小组内、向全班交流自己的口算方法，这样可以使全体学生共享智慧。

还有老师觉得沈老师的"自主尝试——小组交流——全班反馈"的教学

策略起到了很好的作用。

不过，也有老师提出质疑：学生交流似乎很热闹，老师理解了各个学生的发言，问题是学生之间是否相互也都听懂了呢？要不要引导学生比较各种口算方法的合理性，培养学生的优化意识呢？

我们马上对学生进行了访谈，并对教学效果进行了检测。

结果出乎意料：85%的学生表示只知道自己的口算办法，而不明白其他同学的；在对“27 + 14 =”的测试中仅有12%的学生会用两种或三种口算方法。

困惑、疑问再一次流露在老师们的脸上。

通过仔细的录像观察和深入的语言分析，我们发现：教师的教学语言几乎没有一句引导学生相互沟通的话，板书中没有引导学生对各种方法进行整理的暗示，总结中没有意识到要引导学生进行合理、优化的判断。或许这是造成本节课课堂交流低效的主要原因。

最后，我们觉得很有必要再次作出改进，沈老师愿意再一次上课。我们再一次进行了集体备课，大家达成共识的改进意见：在交流中教师要适时介入，利用与同伴比较异同的办法引导学生相互沟通理解，利用与同伴比较合理、简便的办法培养优化意识。

“听懂他的意思了吗？你的办法与他不同在哪里？”

学生在春游情境图下生成的算式还是“76 - 19”。

生1：我是这样算的：76 - 10 = 66，66 - 9 = 57。所以76 - 19 = 57。

师：谁听懂他的意思了？谁能解释一下。

生2：他的意思是先把19分成10和9，先76减10等于66，66再减9等于57。所以76减19等于57。

师：与他的方法一样的还有吗？（许多小朋友举手示意相同）与他的方法差不多（相近）的有吗？

生3：我的办法与他的差不多，我也是把19分成10和9的，不过我是先减9，再减10的，答案也是57。

师：你们的方法相同，只是先减哪一个数的次序不同。还有与他的方法不一样的吗？

生4：我是这样算的：76 - 20 = 56，56 + 1 = 57。所以76 - 19 = 57。

师：谁听懂了？能不能解释呢？

生5：他把减数19看成20，先76减20，因为多减了1，所以要再加1。

师：没有听懂的小朋友还有吗？能不能提提自己的疑问？

生6：明明是减法，为什么要加1？

师：谁再来解释一下？……

学生又交流了几种，教师一一介入引导。

课结束后，教研组的老师们再一次进行了讨论。

反馈会议上老师们说了许多，各人表达的共同意思是：原来还以为课堂中只要让学生充分交流就行了，现在知道了仅仅充分交流还是不够的，交流中还要引导学生彼此的沟通和相互的理解；还要培养学生的优化思想。

其中不少老师这样说："听了沈老师的课，我知道如何引导学生进行有效的交流了。"

老师们感到很兴奋，恍然大悟：交流中有很多学问。

——上海市教科院组织的"以校为本教研制度建设"研讨会交流资料，2003年12月

教研组围绕"如何引导学生进行有效的交流"这一专题，展开了三个回合的观摩研讨活动，由第一次看课对课堂气氛的不满，引发了第二次教研课，鼓励学生独立思考，倡导算法的多样化。结果，同一道计算题，学生想出七八种不同的算法。课堂气氛活跃了，教师也"流露出满意的神态"。可是，随后的评课中，有的教师对此进行质疑：学生相互之间有没有听懂？要不要引导学生对多种算法进行比较作出自己的选择？于是引出了第三次集体备课观摩活动。原先大家担忧的问题在第三次研讨活动中得到了初步的解决。三次研讨，大家不断关注并质疑已有的做法，又在质疑的基础上展开新的尝试与改进。这样的研讨活动始终聚集于特定的专题与具体的课例，将理念更新与行动改进紧密结合起来，大家感到"交流中有很多学问"，收获很大。在示例研讨中，我们还注意到区教研员何老师的介入。何老师介绍了上海市课改新理念、新要求，使教研组形成一个"理论高地"，在一个较高的起点上切入课例，有助于克服低水平的重复。对课堂教学效果及时进行检测，用事实来说服人；引入录像观察技术，对课堂语言进行分析，寻找课堂交流低效的主要原因，这些对于改进研讨活动的质量都是恰到好处的。

5.3 实践形式

示例研讨活动的具体形式是多种多样的，这里介绍几种。

5.3.1 公开教学

这里所讲的公开教学，不是赛课，而是校内日常课堂教学的全面开放，实现三个转变：一是变封闭性教室为敞开的视域，改变教室为少数教师的私有空间的观念；二是变少数教师的示范上课为全体教学人员的公开教学，每个教师每年在同事面前上一次以上的公开课；三是变教师个人在孤立无援状态下的工作为同事之间的互助合作，教研组、备课组成员集体备课，彼此磨课，相互观摩，共同提高。

推进日常课堂教学的全面开放，阻力主要来自部分教师不合时宜的观念，诸如上公开课从来就是少数骨干教师的事，一般教师上不了；教室是师生的私有空间，他人不得随便侵犯；怎么教学是每个教师个人的事，“我不会对别人的课说长道短，也不希望别人来干预我的工作”；脸面要紧，等等。最为要紧的，是让所有教师都开放教室，合作的同事关系“只有在所有教师都开放教室，相互观摩教学、相互批评时才能建构起来。只要有一个教师封闭着教室的大门，那么，想从内部进行学校改革就是不可能的”①。课堂教学是无法做到十全十美的，谁也不愿把自己的缺点主动暴露在别人面前，让别人来指责；而谁不肯公开自己的教学过程，谁也就有可能满足于自我感觉良好，发现不了自己的缺点，得不到应有的提高。从这一意义上来讲，公开日常课堂教学既是每个教师的需要，也是他们的责任。只有每个教师都乐意公开自己的日常授课，才能形成良好的相互观摩的合作文化，实现真正意义的教师研究上的平等。

打开每个教室的门，这主要是一个制度安排问题，接下来的事是要充实公开教学研讨活动的内涵，提高研究活动的质量，使活动本身具有吸引力，每一个教师都能从公开教学研讨活动中有所收益。有公开，必有观摩；否则无所谓公开。而观摩绝不仅仅是观课、听课，还要“摩”。如何促进彼此间的相互交流相互讨论呢?

集体备课，一人执教，共同观摩。与一般观摩活动的不同在于，增加了一个集体备课活动。听课者不是无准备地去听课，他们在听课之先，已经参与了教案的设计，有了相当的心理准备，很容易进入听课角色；并且他们都很想知道事先的教学设计在实施过程中会碰到什么样的问题，效果到底如何。保持一种积极的探求状态，也就能够更多地从现场听课中获得许多有用的反馈信息，以调整后继的教学设计，改进自己的教学。

---

① 佐藤学．静悄悄的革命［M］．李季湄，译．长春：长春出版社，2003：62.

集中听课，教者说课，共同评课。听课、说课、评课相结合。它的特点是增加了说课环节。执教老师在上课前或者上课后，口述自己的教学思路，让听课者不仅了解执教者如何做的，而且知道他是如何想的；不仅了解这节课是这么教的，而且了解到课前是如何准备的，课后还有哪些后继的工作要做，这样评课时能够比较全面地看问题。虽说是旁观者清，当局者迷，但仅凭一时的旁观，很容易孤立地看问题，产生不应有的“误读”。引入说课环节，有助于减少误读，展开建设性的对话，增进彼此间的理解与接纳。

一课几议几上。同一教师连续多次在不同的平行班上同一节课，教学行为不断改进。一般流程为：执教者独立备课，上课。备课组或教研组观课后，针对教学中的存在问题进行分析、讨论，集思广益，形成新的教案，执教者再上。观摩者将第二次上课的情况与第一次进行比较，发现其中的进步，并找出尚需进一步改进的地方。如需要的话，还可以第三次上课。如此循环，上课教师整理并反思整个过程，写成教学案例。它的特点是反复多轮研讨，有助于问题探究的深入，突出了反馈的及时、行动的跟进，帮助教师提高教学水平的效果显著。一般在赛课中成长起来的教师都有这样的经历。

老师该为学生的探究提供怎样的支持

——比较含磷洗衣粉与无磷洗衣粉对水体影响的实验设计

黄永煌　等

作为一位有着三年教龄的年轻的科学课教师，葛老师非常接受和赞同科学课程的新理念，在课堂中也努力尝试着让学生以探究的方式学习科学。这次区教育学院教研员和真如中学葛老师合作的小课题研究“学生科学探究时教师支持性策略研究”，让葛老师感受很深。

课题以“比较含磷洗衣粉与无磷洗衣粉对水体影响的实验设计”作为具体的教学内容，同样的内容葛老师上了三次，每一次课后葛老师和她所在的教研组全体老师、区教研员都进行了热烈的讨论和反思，并对课的设计进行修改和再实践（上课）。

一轮三堂研究课以后，葛老师和她所在教研组的三位老师对学生探究性科学学习，对“学生进行科学探究时老师怎么支持”有了和以前不一样的感受，有了很实在的认识。但是感受和认识的过程绝对是一波三折的。

一、葛老师的第一"折"

1."学生能行吗?"

根据初二《生命科学》教材中城市生态的内容，教研员和葛老师一起策划了一堂课的内容：让学生设计一项实验，比较含磷洗衣粉与无磷洗衣粉对水体的影响。

"让初二学生设计实验方案，行吗?"葛老师带着这样的疑问开始了这节课的设计。为了更好地帮助学生顺利完成设计，葛老师初定的策略是：尽可能多地为学生提供资料和范例。

课上，葛老师一共准备了三份资料：材料1，现实中被污染的太湖图片，目的是引起学生的学习兴趣以及对水体污染的警觉；材料2，介绍太湖污染的主要因素以及含磷洗衣粉对水体影响的文字资料，目的是让学生获得含磷洗衣粉会对水体产生污染的知识；材料3，提供"验证洗衣粉危害水体"的实验方案，目的是以此作为学生模仿设计的对象。

教师认为学生既没有实验设计的经验，也缺少这方面的训练，所以提供一个范例作为铺垫，试图通过分析范例，告诉学生实验设计应该注意的问题，然后让学生根据范例进行模仿设计。这是教师的想法和做法，因为教师认为学生能力是有问题的。

2."学生的设计比我预期的要好。"

葛老师通过分析出示的范例，归纳总结出生物实验设计中需要注意的关键并板书：对照、控制变量和可重复，并指出这是生物学重要的思想方法。之后，葛老师要求学生参照范例设计"洗衣粉对水体影响"的实验。

从课后所搜集的24份学生设计作业看，有20份设计作业几乎完全模仿了老师的实验方案。其中，有18份作业不仅设计了含磷和无磷洗衣粉的对照，而且还设计了含磷洗衣粉的浓度梯度；有1份作业设计中显示出学生真正理解了要控制变量，即维持其他实验因素不变的单因素原则。

看了学生们的设计作业，葛老师说："学生的设计比我预期的要好。"

3."我低估了学生。"

课后，教研员、葛老师和教研组的三位老师，进行了评课、反馈会议。

经过讨论，老师们一致认为：葛老师这节课的处理，引入——范例分析——设计——交流谈论，与灌输式的教学没有多大的差别，这样的教学不是真探究。24份学生设计绝大多数是对老师提供范例的模仿，课后学生访谈也证实了这点，能接受老师关于科学实验设计的原则，但并没有理解或者说没有去思考，科学实验设计为什么要有对照，需要控制和重复等。

教师事先给学生提供范例，为学生的探究提供铺垫。但客观的效果是导致学生机械模仿，不利于掌握理解设计中蕴涵的科学方法，也不能起到引导学生探究的作用。利用学生的生活经验，通过学生的讨论来梳理和提炼设计科学实验的方法和原理，可以将隐性的、不自觉的科学思想方法显性化、自觉化。

二、葛老师的第二"折"

1. "从学生的生活经验中引入探究问题。"

在讨论和反思的基础上，葛老师修正了她的教学设计。"从学生的生活经验中引入探究问题"，是葛老师第二次课的基本思路。

葛老师在课前设计了一次学生调查，让学生在问卷调查基础上了解日常生活中含磷洗衣粉和无磷洗衣粉的使用状况。然后将调查统计的结果用于课堂，通过学生的讨论以及师生问答，让学生明确实验设计的关键点。

2. "我高估了他们的能力。"

课上，葛老师对学生小组汇报的调查结果进行了简单的梳理之后，切入正题，要求学生分组设计实验方案，研究含磷洗衣粉与无磷洗衣粉对水体的影响。葛老师的授课语言简练，将课堂上用于老师讲授的时间还给学生探究。

但从课后学生所递交的设计方案中发现，约有62%的学生设计研究的内容偏离了主题，如有的学生研究两种洗衣粉的洗净力不同，也有的是研究单质磷对蟑螂的影响等。

葛老师课后很感慨地说："学生还是不行，我高估了他们的能力。"

通过设计调查生活情境引入，让学生开始探究很好。但过程中教师没有强调突出探究主题，以致一些学生讨论之后还没明确探究的主题。生活情境是复杂的，要求学生探究复杂的生活情境，需要教师做适当的教学处理。

3. "老师该怎样为学生提供指导？"

学生递交的实验方案设计中有个现象：相当部分学生的设计充分注意了"比较和单一因素原则"，而"重复原则"在学生设计中很少有体现。经过分析发现，前两条原则是学生课堂上讨论得出的（这也是教师比较满意的一点），而后一条原则则是教师讲授给学生听的。

片段1：

师：设计实验通常要注意什么？

生：要有比较。

师：很好，例如我们要说明有A条件存在时能发生B现象，为了有说服力，就必须还要说明没有A条件时就不能发生B现象。还有其他的吗？

生：控制变量法。

师：如何控制变量？

生：除了洗衣粉用含磷和无磷作比较，其他因素都一样。

师：那么，在科学实验中还有什么因素要注意呢？

教师希望学生能说出“多次重复，减少误差”这一原则，但随后学生回答的内容都与此无关。僵持了片刻之后，教师只得自己补充：“为避免偶然因素的影响，我们要进行重复实验，将每次取得的数据取平均值。”并进行板书：“实验设计关键：比较、控制变量、重复”。

“老师该怎样为学生提供指导很重要”，讨论中葛老师对这点感触最深。

“做过的，才会记住。”学生对于自己讨论、探究得到的知识，印象深刻，而对教师单纯的说教则不然。科学教育课堂上，提倡教师通过提问、质疑等方法引发学生的认知冲突，然后梳理实验设计的关键点。同时，在学生交流中教师应及时介入评点，以便肯定学生的优点，帮助弥补不足。

三、葛老师的第三“折”

1. “学生是学习者。”

葛老师接受了老师们的建议，很快做了第三节课的设计：“先引导学生讨论将隐性的科学思想显性化。上课流程是引入——讨论基本实验要点——学生设计——交流讨论——修改设计——再交流讨论——形成科学实验方法并提炼完整的科学实验设计方法。”

教师何时介入帮助学生梳理科学实验的关键点？这是学生进行探究性学习时，教师必须考虑的。在学生讨论不完整时，教师不是急于补充，而是通过讨论、质疑学生设计方案来归纳提炼。这样学生的获得是在自己做的基础上的感悟，是自己建构出来的。

2. 学生自我感悟

在课堂上，葛老师将学生调查的两种洗衣粉的比较点，利用实物投影仪投影出来（学生看到自己的方案被采纳，都很兴奋，其他同学更积极了），然后再将学生的这些方案经过梳理后突出本节课要研究的主题，引导学生讨论实验原则。

学生讨论同样只得出了“对照比较、控制变量”两个原则。这时教师要求学生根据讨论的两个原则以及自己的经验，先分组讨论设计本组的方案。……

片段2：

第一组同学代表交流本组的设计：

① 将等量的清水放入三个鱼缸；

② 3个鱼缸各放入三条小鱼；

③ 第一个鱼缸和第二个鱼缸分别加入等量的含磷洗衣粉和无磷洗衣粉，第三个鱼缸什么也不加；

④ 每天进行观察记录鱼的生存情况。

其他组学生质疑：

学生1："清水应为纯净水，否则在自来水中鱼都会死亡。"

学生2："如果有鱼自己生病死亡了，那实验怎么判断?"

学生3："如果两条鱼的体质健康状况不一样，那实验也不准啦!"

……

教师根据学生的质疑讨论，既提炼出了"重复原则"，又进一步明确了"控制变量的原则"（如需大小相同、健康状况也相同的同种小鱼等），以及"对照的原则"和选择合适的评价指标等。在学生提交的实验设计中，三个科学原则基本都得到体现，只是在控制变量方面考虑得不够全面。

3. 葛老师的体会

第三节课后的反馈会议上，老师们对葛老师课的设计做了肯定，葛老师也为自己的成功而高兴。课后，葛老师仔细地观看了她自己三堂课的录像，写下了下面的文字：

影响学生自主探究的一个重要因素就是学生是否对某个问题产生兴趣，并且对需要探究的问题有直观的了解（目标明确），这时教师适当的引入较为重要。在课堂教学中如果引入时间太多，必然影响后面自主探究的时间（如下表所示三轮课的引入时间比较）。因此提倡将复杂的背景知识简约化，从生活实际出发选择出其中一个关键因素直接引入课题，可以有利于学生充分的探究。

时　间	第一节课	第二节课	第三节课
引入时间	约19分钟	约4分钟	约6分钟
探究讨论时间	约26分钟	约41分钟	约39分钟
第一次设计实验符合主题比例	77.5%	38%	91%

从三节课最后的作业单比较发现（见下表），机械的模仿虽然在“对照原则”方面体现得还可以，但是需要深刻理解的“控制变量和重复原则”的体现却明显不够；根据第二节和第三节课比较发现，学生对从生活经验中提炼出来的科学原则和认知冲突中提炼出来的科学原则理解和掌握较好，但是在“控制变量原则”方面学生理解还不够深刻。总之，学生是学习者，教师要善于在学生的生活经验中和认知冲突中梳理出知识的关键点，这显然要比直接的说教效果好。

时间 学生作业单	第一节课	第二节课	第三节课
控制变量原则	4.2%	48.6%	69.3%
对照原则	84.7%	58.9%	85.0%
平行重复原则	0	24.3%	79.3%

——上海市教科院组织的“以校为本教研制度建设”研讨会交流材料，2003年12月

一课几人几上（同课导构）。同一教学内容，不同教师有不同的构想。大家按照各自不同的想法上同一节课。观摩者在比较中相互学习，取长补短，共同提高。教研组或备课组共同备课中，在有关教学设计上出现了较大的争议，解决的办法是不要强求统一，而是让争议的各方按自己的思路、想法，上风格不同的课，大家共同观摩。教无定法，在课堂教学问题上不应当有固定不变的模式。如此开放教学研讨活动，有助于教师在多元、开放的教学环境中，学习借鉴他人的经验和做法，形成和发展自己的教学特色、教学风格。

5.3.2 临床指导

临床指导是指导者（教研员、专业理论工作者、专家型教师、骨干教师等）深入课堂，作现场观察，诊断教学行为，促进教师自我分析反思，以增进“实践之知”的一种专业引领方式。与一般公开教学的不同在于，它有着更为明显的教学诊断意识，指导者与被指导者在教学业务上构成一对一或几对一的不完全对等的指导关系（指导的一端为“方向性的帮助”，另一端为“调节或支配”。它不同于“控制”，因为控制具有“压制或强迫的意味”。指导固然要提出建议性的意见，但这些建议或要求不应该是强制性的）。

临床指导有这样几个特点：

一是深入现场，进行高度个别化的灵活视导。它仿效临床医生的诊断实

践，一对一（或几对一），面对面地进行。现实教学情境错综复杂，不可能有固定不变的结构和清晰的解决问题的步骤、程序，并且在通常情况下，问题的解决没有单一的标准答案，它要求指导者因人而异，有的放矢，“对症下药”，相机而行。有效的指导者必须对教师专业成长积极关怀，有一定的临床思维与真诚沟通能力。

二是系统观察，建立及时有效的反馈系统。观察不只是用眼睛，不是走马观花式的巡视，也不是填写一张令人不安的“评定量表”。它具有不可缺少的系统性、客观性，要求事先确定好观察的目的，研制好观察的工具，规定好分析解释资料的方法，力求使个人偏见影响减少到最低程度。“临床指导”研究者开发了一系列的经过检验的课堂观察工具，描写记录量表。当然，更为客观可靠的还是引进录音、录像技术。

三是诊断行为，澄清教学问题的症结所在。现实的课堂教学在什么意义上有问题？属于什么性质的问题？问题的症结在哪里？这些都不是一目了然的。确诊教学问题的存在，往往比找出问题的解决办法更难，也更重要。一些教师教学效果不够理想，却道不清问题出在哪儿，而通常归咎于学生原有基础不好，不从自己身上找原因，不会把学生的学习同自己的教学联系起来考虑，一直对自己的问题熟视无睹。为此，指导者需从教学行为的分析入手，从观察到的课堂事件出发，探究行动的意义所在，从深层次上解读出教学决策与行动中那些实际起作用的内隐知识、潜在的教学信念，这样才有可能找到解决教学问题的关键和办法。

四是教师为本，注重教学过程的自我反思。借助各种观察工具搜集到的有关课堂教学活动的材料，只是为有效的反馈提供条件。它的作用的发挥，很大程度上依赖于教师个人行为的自我观察与分析。只有让教师自己意识到问题的症结所在，领悟到问题的实质，并感到非解决不可，问题才有可能得到真正的解决。对于教学问题的观察、分析、判断与最终解决，指导者不能代替，指导者的责任在于提供有关教学方法、技术、策略方面的咨询，协助材料的搜集，帮助教师从自身教学实践中获得反馈信息，进行自我分析矫正。指导者与被指导者的关系不是监督与被监督、控制与被控制、考评与被考评的关系，也不是传统意义上的师徒关系，而是咨询与被咨询、服务与被服务的关系，是一种双向理解关系。

临床指导实践一般分这样三个阶段来展开：指导者与教师双方在彼此熟悉、相互信任的基础上共同商定教学行为改进的目标、重点，讨论教学策略，并根据目标行为，制订课堂教学计划与课堂观察计划；教师实施课堂教学计划，指导者按计划观察记录教学过程，搜集有关课堂教学的材料；指导者与教师一起，回顾教学过程，分析课堂观察资料，使教师从中获得有关教学过程的反馈信息，并据此调整后续的教学行为。①

5.3.3 基地研讨

基地研讨活动不局限于某一学校内，而在一个地区展开，是一种跨学校的地方性合作研究方式。一般做法是依据学校已有办学优势、教学特色、研究力量，进行初步的分工，成为某一学科或课题的某一方面的基地学校；各基地学校教师在研究上有所侧重，作某些先行试验探索；基地学校面向地区内同类学校轮流开放，具体承办观摩研讨活动；各学校学习借鉴基地学校的经验，结合自己的校情，移植改造，并加深或拓宽研究。

基地研讨活动集某一地区的教研力量，而不只是局限于一两个学校、一两个教师，有利于拓宽教师的研究视野。各学校之间有分工、有合作，可以促进彼此间的经验的交流与分享，提高研究活动的整体效益。基地学校在某些学科、某些领域的研究上先行一步，并邀请同行观摩，这对基地学校建设来讲，也是一个促进，它有利于各学校形成自己的教研特色和办学特色。

基地研讨活动要充分发挥应有的效益，提高研究的质量水平，需要注意这样几个问题：第一，参与研讨活动的学校都应努力成为某一方面的活动基地，都要面向同类学校开放，轮流承办研讨活动。在这一点上，它不同于原有的某些重点学校的所谓示范辐射活动，事实上，某些地理位置比较偏僻的学校，教师平时的研究与工作反而比较扎实，有自己的特色，在许多方面不亚于处于地理位置优势的重点学校。第二，遵循校际之间相互尊重、平等对话的准则，协商产生基地研讨活动的协会组织与活动制度，避免形式主义的走过场，或者少数学校、少数“盟主”的主宰。第三，邀请教科研人员、专业理论工作者、国内同行中有显著研究成果的专家参加，及时获得他们的帮助与指导。有关专家、教科研人员的指导要结合基地学校的开放活动进行，作切实的引领，而不宜脱离活动现场（示例），作专门的学术报告。在这一点上，它不同于专门的学术研讨会。

---

① 关于临床指导的方法、技术，详见柳夕浪《课堂教学临床指导》（修订版），人民教育出版社2003年出版。

5.3.4 网上对话

校校通工程在全国范围内推开，即使一所偏僻的村子，也可以随时利用便利的网上资源为教科研服务。

网络研讨有自己的特点：交流的广泛性，不受时间、地域的限制，东西南北中，尽在网络中；研讨的匿名性质，可以很好消除面对面的交流难以克服的情面障碍，对话者可以充分地自由地发表自己的真实想法；参与者可以随时进入，亦可以随时退出，彼此之间平等对话，这里不存在什么主宰与压服。网络研讨的上述优势是其他教研实践方式所难以代替的。应该说，网络给教师研究开辟了新的天地。

促进网上对话交流的深入，扬其所长，避其所短，应当注意这样几点：第一，网上对话发起者，应确定对话的主题，避免网上言论的漫无边际。一般网站名称表明了对话的主题、范围，便于上网者很快进入自己感兴趣的话题。第二，对话者不能只是空发议论，应上传自己所整理的课例、教育故事等，甚至教学实况录像，增强现实感与研讨的针对性，避免完全虚拟性质的研讨。如果一项“研讨”缺乏起码的现实土壤，完全是一种虚无缥缈状况，那也就不是真正的研讨。第三，要在对话中逐步建立并完善网上交流的规则。如对话者可以匿名，不暴露自己的身份，但也要对自己所发表的言论负责；只对事，不对人，不得进行人身攻击，等等。第四，彼此沟通达到一定程度的网友，其对有关问题的研讨不应只是局限于网络，而应谋求现实中面对面的交流，将网络对话与现场研讨有机结合起来。

6. 教改试验

——教师研究的主导活动之二

历史上那些有影响的教育家很多都是教改试验的大家。或许从一名新手成长为一名合格教师并不难；而从一名合格教师成长为骨干教师乃至教育专家却不那么容易。坚持不懈地从事教改试验乃是合格教师走向专家型教师的必由之路。

试验，作为一种探究性活动，古老而又常青。它在教育教学改革中的应用由来已久。春秋时期的孔子创办私学便是前所未有的教改创举。因其具有未被科学规范的“前科学”特性，而保持着原生状态的追求，没有被“精确科学”所埋没；又因其总是寓于实践过程之中，而成为实践性研究的主导方式之一。

6.1 教改试验的魅力何在

“试验”一词，在现代语言里，意义非常宽泛。如果一个人试着做一件事情，想了解一下这样做的结果，我们就把这叫做试验。英语的“试验”一词 experiment，源于拉丁语 experimetun，意思是指人的某种尝试性活动，与“实验”为同一个词，本无分别。杜威的哲学是实用主义的，也称实验主义、工具主义哲学。用他自己的话来讲，就是“从绝对主义到实验主义”。他创办芝加哥实验学校，用它“检验和显示在实际工作情况中理论工作的结果”。这里的“实验”就是一种教育革新的尝试，是试验，是 experiment 的原意。他还说，“教育是哲学上的分支具体化并受到检验的实验室”①，用的是“实验”的比喻义。试验后来经过自然科学的改造，发展成为强调变量分析与控制的科学认识方法，即发展为严格意义上的“实验”，也就与“试验”有了明确的区

① 赵祥麟，主编．外国现代教育史［M］．上海：华东师范大学出版社，1987：153.

分。[①] 尽管在日常生活用语中两者经常互换，但作为科学术语的使用，不宜混为一谈。

从一定意义上讲，一部教育发展的历史，便是一部教改试验的历史，一部教改的小范围试点、积累总结与成功经验推广的历史。中国现代教学改革肇始于1860年清政府开办的同文馆。曾任同文馆总教习的英国人丁韪良博士（Martin, D.）在1907年所著的《同文馆记》中明确称同文馆是一种实验，并说道："做这开办同文馆的实验……是很可惊叹的。"它在中国现代教育史上第一次尝试采用西方模式办学。同文馆的成功试办，促成1904年《奏定学堂章程》的颁布和现代教育科学研究的兴起。[②] 随后，以翻译介绍国外教育研究成果的《教育杂志》等创刊，赫尔巴特的"五段教学法"、蒙台梭利（Montessori, M.）幼儿教育法、美国的设计教学法被介绍到中国。俞子夷等人移植赫尔巴特的"五段法"办学，开展"联络教材"试验、"设计教学"试验等，至20年代、30年代，一批颇有影响的教改试验项目诞生，形成中国现代教育史上第一次教改试验的高潮。

值得一提的是，"五四"运动之后，晏阳初回到中国，与朱其慧、陶行知等人创建了中华平民教育促进总会，任总干事。他们先在长沙、烟台、嘉兴、武汉等地进行城市平民识字教育试验，1926年之后，将工作重点转移至农村，选择河北定县作为"社会改造实验室"，进行平民教育和乡村建设的试验。晏阳初试图通过文艺、生计、卫生、公民四大教育医治中国社会的"愚、穷、弱、私"四大病症，为中国教育的现代化与本土化，以及整个中国社会的现代化进行探索。他号召知识分子"走出象牙塔，跨进泥巴墙"，回到社会最底层的农民中间去；并身体力行，将"科学与民主"的口号，转化为文化启蒙、科学启蒙、民主启蒙与个体意识启蒙的具体实践。"定县试验"前后达10年之久，通过试验，他们探索出一整套适应于中国国情的乡村教育与乡村建设制度，创造了乡村平民学校、生计巡回训练实验学校、大队组织教学法、导生传习制，以及学校式、社会式、家庭式等具有鲜明中国特色的教育教学形式。他们还编制了不同程度不同对象使用的字表、词表、简化汉字，以及各种类型的

---

① 实验注重变量尤其是自变量与因变量之外的无关变量的控制，借以确认自变量与因变量的因果联系；而试验在变量的控制上并无严格的要求，它注重理论假设引导下的尝试探究，注重具有创新意义的教育方案的形成。

② 王策三，主编．教学实验论［M］．北京：人民教育出版社，1998：117.

平民识字课本、农民千字课本、历史图说等一系列平民教材。

抗战之后，晏阳初与平教会的工作被迫转移至湖南、四川、广西，一面继续以县为单位、省为单位的改革试验，探索兴修水利、合作经济、土地改革、县政省政改革；同时创建了中国历史上第一所为乡村工作培养专门人才的中国乡村建设学院。新中国成立之后，由于某种原因，晏阳初离开了中国。但他坚信自己的事业方向是正确的。他将平教会建设之初的口号“除文盲、作新民”，扩展为“除天下文盲，作世界新民”，将视野扩展至亚非、拉美各洲的欠发达国家。从50年代初到80年代末，在泰国、菲律宾、印度、加纳、古巴、巴伦比亚、危地马拉等国成立了平民教育组织，推行30年代至40年代中国“定县试验”中总结出来的理论与经验，指导各国的平民教育与乡村改造试验。鉴于他70多年来为中国教育与世界教育所作的贡献，国内、国际舆论给予他广泛的赞誉与崇高的评价。

——摘自：晏阳初，赛珍珠．告语人民［M］．宋恩荣，编．桂林：广西师范大学出版社，2003：序言．

有研究者称20世纪80年代形成中国现代教育史上第二次教改试验高潮。称“高潮”，无非是说规模之大，影响之深远。其实教改试验从来没有间断过。新中国前所未有的跨世纪的基础教育课程改革也是从试验起步，逐步推开的。众多的教改试验有自下而上地展开的，也有自上而下地推开的；有社会改造性质的，也有学校教学改革性质的；有教师主导性的，也有行政主导与专家引领性的，内容丰富多样，性质各不相同，其经久不衰，魅力何在？

或许试验的魅力在于它的主动变革。试验的过程不是静观事态，坐享其成；不是被动地承受后果，等待上帝发慈悲，祈求神灵保佑，或者等待“历史的经验告诉我们”，而是大胆地去尝试主动革新。“教育实验要引进新的实验因素，包括新的教育思想观念、理论，新的教育内容、方式、方法。总之，是新的因素。以新代旧，使原来的教育发生变革。”① 每逢到了教育发展的转型期，教育改革的关键期，试验便会应运而生，项目会接踵而来，它总是充当教育改革的“先锋队”。主动变革、主动创新是可贵的，尤其是在不断变革的现代社会。问题是试验的魅力不仅仅在于此，它不仅仅止于变革，止于尝试，止于行动，更重要的是“看结果如何”，让行动的结果告诉我们该做什么、用

① 张武升，柳夕浪．教育实验的本质与规范［M］．成都：四川教育出版社，1997：21.

什么做以及如何去做。在这里，知即行，“行动成了观念的核心”①。“它所关注的是事情变化过程的结构而不是最后的目的。知识所涉及的是当前的事变而不是最后的事因，所以知识是要探索我们的生活世界，是我们所经验的世界，而不是企图通过理智逃避到一个高级的境界之中去。”② 试验行动不是机械的、盲目的、本能的，而有着明确的探究意图和主动驾驭环境的欲望；试验认知也不是凝固在文字符号里的固定不变的理念，在“一个高级的境界之中”，而表征为一种动态过程，一个随行动的改变而不断地调整以逐步逼近，且有待进一步生成的过程。试验认知便是一种行动方式，它发生在一定时空、一定条件之下，与一定的问题相联系。知行合一，成了试验，成了原本意义上的一种研究。在主动变革中获得关于行动的知识（即关于“如何是”的知识），这恐怕便是试验之灵魂，试验之魅力所在。

作为“专家”的教师是以“实践性知识”为基础和特色的。在获取“实践性知识”问题上，教改试验与示例研讨有共通的地方，亦有较大的差别。教改试验乃是在理论假设引导下进行的，不像示例研讨侧重于事后的分析反馈；教改试验一般需经过较长时间的反复试验探索，而示例研讨很可能是一次研讨一个专题，缺乏一定的系统性；教改试验不仅要探究形成“如何是”的知识，而且试图弄清“为何是”，比一般示例研讨活动要求更高。为此，教改试验更多地成为骨干教师、专家型教师成长的重要途径与方式。众多的著名教育专家都主持过教改试验项目（这样讲，并不是说新手不可以从事教改试验）。

对于上述试验之魂的把握上，需要厘清它与“实证”的区别。依照实证主义创始人孔德（Comte，A.）的解释，“实证”一词包含四层意思，一是与虚幻相对立的真实，二是与无用相对的有用，三是与犹疑相对立的肯定，四是与模糊相对的精确。所谓实证精神，就是按照实证词义的要求对自然界和人类社会作审慎缜密的考察，以实证的、真实的事实为依据，找出其发展规律。③实证的准则区别于神学化的解释（借助于上帝与神灵来解释）和形而上学的解释（用本质、终极原因和其他抽象观念来说明），标志着人类认识论的进步。孔德曾将实证方法看做是继神学方法、哲学方法之后的第三种方法，是人类认识的“最后阶段”。他是反神学的，也排斥形而上学的抽象，而过分追求

① 杜威．确定性的寻求［M］．傅统先，译．上海：上海人民出版社，2004：167.

② 同①，第100页。

③ 孔德．论实证精神［M］．黄建华，译．北京：商务印书馆，1999：出版说明：1.

精确的实证在许多情况下是难以实现的。杜威说，“完全确定性的寻求只能在纯认知活动中才得实现”①。其所关注的并非某种精确的结论，而是在结果中显现出来的功效；所采用的方式不是拉开距离式的“旁观”，而是介入性行动。既然介入其中，行动者从自己所拥有的“那种思想状态”出发，“真正与你打交道的只有你的生活经历，你的怀疑和信念，而生活经历又不断把新的信念强加给你，并使你得以对旧的信念产生怀疑”。② 思想信念之“真”并不是一个与某种“不变的参照物”、一种外在于人的客观事实相符合，而是将其付诸行动中，显现实际效果，最终实现之时才成为真理。

6.2 “教育”与“试验”的内在矛盾及其处置

“试验”因其自身特有的魅力而经久不衰，不仅为理论工作者，而且也为实践工作者所看好。但我们不能因此而在任何时候、任何情况下都让“试验”直接开路。“教育”与“试验”存在的难以克服的矛盾，这决定着教改试验的效力是有限的。

教育是蕴含着教育者的主观旨趣的价值引导过程，对学生的健康成长负有道义上的责任。这种引导区别于“宰制”“驱使”“奴役”“愚弄”等，是以对学生自由意志和人格的尊重为前提的，必须建立在人类历史发展轨道和学生个体身心发展过程的深切体悟洞察上，建立在对学生成长潜能和对他们充满期待的内心世界的关注与激励上。历史上进步教育家都反对采用造物性的“工艺学”的方法，像加工物质材料那样对待人，而要求把人生看做是一个知情意全生命的生长过程，强调教师的责任在于唤醒其心灵活动中潜在的自尊、自爱，提供生长条件，帮助其自主建构，克服成长的危机。“促进生命——让它自由自在地发展，展开——这便是教育家的主要任务”（蒙台梭利语）。教育之功，贵在感化。教师必须以诚挚的爱心对待每一个学生，从单一的知识灌输进入心灵对话，使其感受到智慧和人格力量的双重召唤。教改试验与其他试验研究有共通的地方，亦有其特殊性，有一个如何对待试验中的学生的问题。核弹试验可以制造无人区，生理学研究可以拿“小白鼠”作被试。教改试验不能无儿童，而儿童可不是任人摆布、捉弄的“小白鼠”。教育的体制、内容、方式 、途径的任何改变，受影响最深刻、最直接的“当事人”就是处于成长关键期的青少年儿童。改革的“成本”最终是由学生承担的。“二战”期间，

① 杜威．确定性的寻求［M］．傅统先，译．上海：上海人民出版社，2004：6.

② 参见：张祥龙．当代西方哲学笔记［M］．修订版．北京：北京大学出版社，2005：77，80.

德意日法西斯犯了大量侵犯人权的残暴罪行。其中之一就是拿活人做解剖实验、冷冻实验、病毒和细菌实验。他们的暴行引起了世界性的公愤和人们对科研道德的担心，促使世界各地研究组织建立起自己的科研道德规范，保护公民的若干权限：私人不参加协议权（参与研究者有不公开发表个人某些意见的权利）、不署名权、保密权和要实验者承担的责任权等。① 问题的实质在于当试验将问题的最终解决诉诸客观事实的裁决，那就必然要求自觉地排除主观情感的影响；既然以儿童作被试，那就意味着把儿童看做是“试验品”；当我们作试验控制的时候，就意味着要求儿童乃至教师听凭研究者的安排，有可能侵犯他们的权利。在这一点上，试验就像一位无情的法官，强迫证人回答规定的问题。

面对教育改革的至善准则与科学试验的求真要求的内在矛盾，理论界对这一问题的看法不尽相同。概括起来讲，主要有这样一些观点。

专意求真。认为教改试验以发现真理为己任。“实验推理方法，不提供任何价值判断，它只告诉事实是什么，不应指出什么样的事情是好的，什么样的事情是坏的，它能够向人们指示达到一个理想目标的合宜手段，却不能告诉人们什么样的目标是理想的。”② 从探索因果联系的要求出发，求真论者特别强调假设、控制与重复验证三个要素，三者是教改试验之魂，要求“不仅探讨的结果应当合乎真理，而且引向结果的途径也应当合乎真理”，强调提高教改试验（实验）的科学水平。实际上这种专意求真论与教育的价值引导过程不可避免地发生着冲突。教育现场研究中真正的实验（“真实验”）并不多见，更多的是准实验或试验。

重在求善。主张教改试验应以一定的教育理想为指导，以探索并形成富有成效的教育内容、方法、途径为目标，也就是说更重在寻求良策，满足需求，回答利多弊少，还是弊多利少的问题，并不是以普遍规律的发现为主要任务。可这种一味从良好的主观愿望出发的试验极易超越外在的必然性，受到客观规律的惩罚。在我国，不论是教育，还是经济生活中，那种一味从“良好愿望”出发，而使我们的事业遭受重大损失的教训够多的了。问题还在于，如果一开始就抱定某种信念设想是正确的话，那还要试验（实验）干什么。

真善同求。对于教改试验来讲，求真与至善都是不可缺少的。有鉴于此，

---

① 杨爱程. 美国和其他一些西方国家教育文献为何忌用“实验”一词［C］//“第四届全国教育实验学术研讨会”交流资料. 兰州：西北师范大学，1993.

② 拉德克利夫－布朗. 社会人类学方法［M］. 夏建中，译. 济南：山东人民出版社，1988：116.

有的研究者认为：一个好的实验研究选题应该使两个方面统一起来，教改试验中的"真与善总是统一在同一命题之中"。① 在研究总体布局上应当做到"求善"多于"求真"，"整体求善，局部求真"。可真善同求，在试验操作上不可行。善的良策必须建立在真的探求基础上。既然试验（实验）欲求真，那就说明其假说想法有待于检验，并不一定为"真"；而存于假设的善策必然缺乏"真"的依据，成了无源之水，无本之木。从求真的愿望出发进行试验设计，一般要求设立明确的对照班（控制组），避免不同试验处理之间的混淆，以便对试验结果进行明确的归因分析；而从至善角度看，当试验班取得较为显著的成效时，不容许对照班学习借鉴试验班的做法，乃是一种不道德的行为。靠牺牲对照班学生的某些权益来获得认识，这完全与至善要求相背离。从求真要求出发，试验应允许失败，假设、想法可以被证实，也可以被证伪，但从至善要求出发，试验不容许失败，改革的"成本"不能由青少年儿童来承担。

解决上述求真与至善的矛盾，实际上是一个如何对待教改试验中的儿童的问题。对此需小心翼翼作出艰难的抉择。

第一，青少年儿童不是试验对象，不能像处置一般化合物或"小白鼠"那样对待学生。我们是与儿童一起试验探索，而不是拿他们作为实验对象。要尊重儿童及其家长的选择，即他们应当有拒绝参加某项试验、中止某项研究的权利；要与儿童及其家长共同协商解决试验教学中的问题，采取儿童及家长乐意接受的方式方法，尤其是孩子自主发明的方式方法，而不是让他们被动接受"实验处理"；要保护儿童的隐私，有关儿童身心发展的指标的观测资料在未征求儿童及其家长同意时，不得公开。美国心理学会于 20 世纪 70 年代初期，任命了一个心理研究道德标准委员会，于 1973 年通过下列十条科研道德原则，值得借鉴。

原则 1：研究人员在设计一个项目时，个个有责任依据这些对研究人员的道德原则，仔细估计它在道德上的可接受性。如果估计到了有背离道德的进步，研究者就增加了寻求道德指导和严格遵守保护受试者的严重责任。

原则 2：制定和保持研究中受欢迎的道德实践，始终属于研究者的责任。研究者对受试者的道德负有责任，协作者、助理、学生和职工也同样负有责任。

原则 3：道德实践要求研究者向受试者讲明实验的研究特征。可能影响受试者参与的心愿，并解答受试者对研究所有其他方面的问题。如果疏忽全面的

① 杨小微．教育实验假说的形成与表述［J］．教育研究，1991（9）：40－43.

说明，研究者就要加重对受试者的福利和尊严的保护责任。

原则4：坦率和诚实是研究者和受试者之间的基本关系特征。当研究者必须用隐蔽的方法时，研究者有责任保证受试者明了这种行为的理由并与研究者恢复良好的关系。

原则5：道德的研究实践要求研究尊重受试者有拒绝参加研究或随时中止参加研究的个人自由。当研究者处于受试者的领导地位时，要求研究者对保护这种自由要更加注意。

原则6：在道德上受欢迎的研究，自研究者与受试者之间建立公平明确的协议开始，双方阐明自己的责任。研究者负有恪守协议中一切许诺和承担义务的责任。

原则7：有道德的研究者保护受试者的生理和心理避免不安和损害。如果这种后果的风险存在，研究者需要将事实告诉受试者，实验之前取得同意，并采取一切措施减少危害。如果研究程序可能对受试者引起严重的持久的不良后果，应立即停止研究。

原则8：资料搜集之后，道德的实践要求研究者向受试者阐明研究的全部性质并消除任何可能引起的误会。在科学研究上或对人类有贡献的价值证明推迟或扣留信息是正当的时候，研究者具有向受试者保证没有不良的后果的特殊责任。

原则9：在研究程序中，可能产生不适宜受试者的后果时，研究者有责任去关心或消除一切不良后果。

原则10：在研究进展的过程中，从受试者所取来的资料是秘密的。当其他的人（非研究者本人）有接近这种资料的可能性存在时，道德要求研究者将这种可能性与保密性计划一并给受试者讲明白，取得受试者的同意。

——摘自：郝德元，等，编译．教育科学研究方法［M］．北京：教育科学出版社，1990：18－19.

第二，对青少年儿童的成长直接或间接地产生影响的因素是多种多样的，有些教育条件影响作用很明显，如遗传、家长文化程度、家庭社会经济地位等，研究者无法主动变革，使之有系统地改变；有些影响因素可以操纵改变，但预设操纵之，可能会对儿童的身心健康产生不利影响，这些都不宜采用试验方式来探究。研究者试验什么、探究什么，不宜单纯从学科建设的角度、理论建构的角度加以选择，而应当更多地关注青少年儿童发展的现实需求，关注其成长中的危机，对成长中可能出现的危机作必要的先期干预。例如，自从这个世界有了电视、有了网络之后，学习与娱乐密不可分，我们不再认为学校教育建立在缓慢发展的铅字读写上，一种建立在快速变化的电子图像之上的新型教学已经出现在我们面前。电子图像正以前所未有的速度控制着儿童的时间和注意力，挑战着学校现有的读写课程。而读书与电子图像阅读对学习的定义是完全不同的。当学习变成一种娱乐时，可能最少意志努力，也最持久，但是会不会带来浅表阅读的问题？会不会用笑声代替思考？会不会流连于虚拟世界，而忘却现实生活世界？很少与外界接触，会不会造成内向的性格？电脑之“家”对儿童可能不再是安全的避风港。一个孩童为了网络世界的安全，从小杜撰、登录关于自身的资料，由此而形成的人生态度对孩子走向现实生活将产生怎样的影响？等等。“先跑未必先到”，孩童应当何时接触电脑？怎样读解图像？对于若干可能出现的后遗症或副作用，该做怎样的先期调控引导？这便是教改试验的用武之地。等到副作用已经出现再去了解，再去研究，这是对儿童成长不负责任的态度。

第三，以系统的理论为指导，对面临的问题作全面的了解、深入的分析，对问题解决的途径方式作充分的论证，对若干教改措施对儿童的成长带来的影响作比较充分的分析，使教改试验建立在比较科学的理论基础和已有实践经验的基础之上。科学实验的先行倡导者弗兰西斯·培根曾提出有三种实验的方法：第一种是“在黑暗中摸索”，即指那些没有科学理论指导的无条理实验；第二种是“有人领着走”，即指那些继承先人的实践经验所做的实验；第三种是“用一盏灯领路”，即指在实验理论指导下开展系统的实验。① 关于教育改革的试验“摸着石头过河”，可能精神可嘉甚至富有原创性，但我们不能让儿童的发展冒那么大的风险，甚至付出沉重的代价。在教改试验问题上，我们要“大胆假设”，更要“小心求证”！培根所讲三种方法，可以看做是试验的三种不同水平。构建科学的理论假设是提高教改试验水平的关键所在。

当然，“理论逻辑”对“实践逻辑”的干预不应当是强行的，而应当是有分寸的、适度的，允许实践者的“惯习”有一个适应性的调整过程，同时还应当充分考虑到实践情境的动态不确定性，提供互动生成的空间。

第四，及时观测评价，对试验过程作必要的动态调控。应侧重从学生发展的角度构建教改试验的评价体系，关注预期的变化，也关注非预期的结果；关注发展的现状，眼前的利益，更关注长远的利益，着眼于儿童的终身发展；关注可见行为、可检测的结果，还要评估那些不能直接观测的内在体验、人格倾

① 转引自：王策三．主编．教学实验论［M］．北京：人民教育出版社，1998：32.

向与智慧潜能等，避免靠牺牲儿童的长远利益换取考试的高分，力求全面分析与深度评估。不能从所谓崇高利益出发，而牺牲青少年儿童最基本的生命价值。更不能单从所谓研究的需要或者服从少数当权者的意志，置儿童成长的内在需求而不顾。一旦发现改革已经给儿童的健康成长带来副作用或者构成威胁，必须立即调整原有试验方案，甚至中止试验。儿童的利益高于一切。在这一点上，没有任何讨价还价的余地。每个儿童都是权利的拥有者。教改试验是一个尊重儿童权利、支持儿童的参与和全面发展的心灵旅程，不允许对儿童的发展构成威胁与伤害。从这一意义上，它必须小心翼翼有限度地使用。

苏联著名教育家斯卡特金（Скаткин，М. Н.）曾把对教育现象的科学研究分为四个层次：调查——总结先进经验——实际的试验工作——精密的科学实验。前两个层次都是在自然状态下进行的，没有研究者的主动干预，研究人员是没有耕耘而从田里收获庄稼。当教育教学面临新问题，原有经验不足以解决时，那就需运用更完善的教育研究方法。这样，就有了实际的试验工作，不是简单描述、总结已有的经验，而是组织建构新的经验。当研究者需要清晰地辨明众多教改因素各自所起的作用及彼此间的交互作用，就有必要采取更严密、精确的科学实验。其特征有：（1）将复杂的教育现象加以简化和概括处理，突出一些范围小的必须予以深入探究的变量；（2）将受检验的教育教学方式、因素、条件，同其他一切方式、因素、条件严加区分开来；（3）对受检验方式的效果，作精确客观的考查统计；（4）为了较深刻地揭示研究的方式的作用的机制，有时要运用心理学和生理学方法，对单独个别的或小组的学生作补充性的实验室实验或“临床”实验。① 斯卡特金对科研四个层次的划分限于定量研究范式内。随着研究精确水平的提高，研究者对教育现象的人为干预也越来越多；介入越来越多，给儿童发展带来的风险也越来越大。我们不能因为要提高研究的精确水平，而无限度地提高研究的层次。

6.3 教改试验的操作样式

教改试验活动如何展开？有没有可资借鉴的操作样式？对此，我们的回答是：有，但不是唯一的。

有研究者选择了三个在全国很有代表性和影响力的教改试验项目，即由浙江省杭州市天长小学在杭州大学（1998 年并入浙江大学）张定璋教授指导下借鉴国外先进教育教学理论开展的“小学生最优发展综合试验”（简称“天长

① 转引自：刘力．教育实验学［M］．北京：人民教育出版社，2004：8－10.

试验”）、由江苏省南通师范学校第二附属小学李吉林主持的从单科教学试验向多学科整体性教育试验迈进的“情境教学—教育试验”（简称“情境教育教学试验”）、由上海市青浦县顾泠沅主持的在筛选教学经验的基础上开展的“大面积提高数学教学质量的教学试验”（简称“青浦试验”）作为典型案例，进行教改试验的方法论分析，从中概括出三种基本的研究模式。“天长试验”的展开具体表现为“理论构想为主的规划阶段——经验研究为主的实施阶段——理论概括为主的总结评价阶段”。三个阶段中理论与实践始终结合着，区别在于以何者为主，据此，可简化为：“理论——实践——理论”的研究模式，前一个理论立足已有理论与实践依据，属于构想性的，以假说为核心；后一个理论是总结性的，以形成规律性的理论认识为核心，是对前一个理论的深化。“情境教育教学试验”从经验借鉴入手，运用类比法，通过大胆演绎建立自己的经验假说，尔后进行试验验证；在此基础上又借助于其他的理论建立新的假说……循环往复，是一个不断将外在经验通过试验转化为自身的经验，并不断学习总结，达到自身经验理论升华的过程。“青浦试验”走的是一条从经验性研究上升到理论性研究的道路，求“善”为先，再求“真”。以解决所面临的实际问题、取得实践效益为出发点，总结了经验，从而进一步追求理论上的效益，增长教育科学知识，可简括为“经验——经验系统——理论”模式。① 这里以笔者曾经主持的一项研究，来具体说明教改试验的又一种操作样式。

交往活动课程的开发试验

发现问题

这是全国教育科学“九五”规划青年教师专项“中小学生人际交往指导模式”研究的主要内容，参与此项研究的主要是一批中小学教师。该研究从调查学生的学习需求、分析存在问题入手。研究者首先询问学生：除了学习之外，你到底有哪些问题得不到解决？据此开列出问题清单。在开放性调查的基础上，又先后就中小学生的礼仪行为、社会适应行为作封闭性测评。经过调研发现：(1) 中小学生的交往学习需要是强烈的，并且交往生活中的问题是普遍存在的。伴随着现代化的进程，今天的孩子被夺走了自然、劳动和伙伴，而

① 刘力．教育实验学［M］．北京：人民教育出版社，2004：114－146.

获得的是物质财富、大众娱乐型信息和为了生存的考试。(2) 问题绝不仅仅表现在行为层面，如侵犯他人、欺侮同学、讲“哥们儿义气”、不善于言辞、缺乏起码的礼节；更主要反映在心灵层面的害羞、寂寞、孤独，还有师生之间、亲子之间以及同伴之间存在着较为严重的心灵隔阂。(3) 教育者对交往问题的疏忽和指导上的拙劣，对儿童的社会交往非但不提供必要的帮助，有时反而加以阻拦。家庭教育情况的抽样调查表明，对“从孩子降生开始就注重培养儿童的社交意识”的问题，仅有13%的家庭认为“尽力而为”，87%的家长表示“没在意”或“任其自然”。而学校对这一问题的关注不见得就比家庭教育强多少。当前师生关系的不良，尤其是城镇学校师生关系的紧张，并不逊于亲子关系的紧张。人们或许认为交往问题不属于教育工作的范围，儿童在日常学习生活中能自然而然地学会交往，无需有目的地加以引导。

分析问题

对交往指导问题的分析是从内容要求、社会情境与策略方法三个维度展开的。

交往指导应该围绕哪些主要内容展开？达到哪些基本要求？根据问题清单，研究者归纳出交往学习内容的七个模块：学会尊重、学会自学、学会理解、学会倾听与表达、学会合作、学会关心、学会应变与调节。每个模块包含若干学习要点。又根据中小学生不同的交往心理特点，提出不同的内容要求。从目标内容上讲，交往学习是以学会尊重与学会自尊为起点（离开了尊重和自尊，良好的人际关系的建立就无从谈起），随着学会理解、学会倾听与表达、学会合作而展开，达到学会关心的深入阶段。在这一过程中，学习者要不断通过应变与调节，获得丰富多样的反馈信息，对交往过程加以改进，以达到优化心灵对话，学会主动地爱和接受爱，实现“共生的理想”的根本目的。

任何交往都是在特定的社会情境中展开的，交往的过程不是别的，正是对社会情境的感知、领悟、调控和驾驭的过程。交往学习主要是一种情境学习。为此，研究者给出了社会情境的定义，对社会情境的构架作分析，探讨了有关情境与人的活动的交互作用问题。社会技能的不足、交往能力的缺乏，主要表现为无力应付某些压力情境。为此，研究者进行了中小学生所面临的压力情境的调查，并努力将指导的重点放在易使人感到紧张、困惑的“压力情境”的适应与调控上。

借鉴有关社会学习理论，并结合自身多次反复试验，研究者归纳交往学习的“三条基本原则”与“七种方法”。三条基本原则是：在交往活动中学习交往（实践性准则）、在自主活动中学习交往（自主性原则）、在体验活动中学习交往（体验性要求），它们之间的关系是递进性的。实践性准则是交往学习指导应遵循的最基本的要求，它认为交往活动课程必须注重学生在交往活动中的实际锻炼，而不是单纯的书本知识的间接学习。对学生而言，交往活动有被动的、有主动的。自主性原则强调了交往实践的主动性质，重视儿童对交往活动内容的自主确定、交往活动方式的自主选择、交往关系的自主占有、交往水平的自我评价等。儿童的自主性交往可以在一般社会情境中进行，也可以在具有“威胁性的生活情境”中展开。体验性要求注意让学生在社会交往的挫折情境、冲突情境、模糊情境、自我危机情境中，经受深刻的情感价值体验（而不仅是认知、行为的获得），改造自己的心灵世界，它对交往学习提出了更高的要求。遵循上述交往学习的基本原则，展开交往指导的方法是多样的，主要有阅读辅导、行为指导、情境讨论、敏感性训练、角色扮演、社会实践等。其中角色扮演是学校情境下人际交往指导的基本方法。

内容要求、社会情境、策略方法构成了一个立体性的三维指导空间，它是中小学生交往活动课程开发的理论框架与实践依据。

解决问题

依据交往学习的三维指导框架，研究者设计了一系列中小学生交往学习的活动课案，要求每一活动课案的设计必须尊重儿童的交往需要，体现主体性要求；挖掘校内外交往学习的资源，体现可行性要求；突破课堂时空界限，体现开放性要求。课题组的一位农村小学老师将学生家长请到学校来，开展了一次“猜猜他是谁”的活动。学生和家长坐两边，各自写对方的学习或工作情况（父母写孩子，孩子写父母，不得暴露身份、姓名），折叠好，交给主持人。主持人从中任意抽取，并读给大家听。念完后被写的对象站起来，谈谈此时的心情；写作者也站起来，谈谈为什么这么写。活动观摩时，大家看到一位农村妇女听完女儿所写的关于自己生活劳作的观察记录后，涨红了脸，站起来，她没有想到女儿如此理解自己，泪水夺眶而出，说不出话来。这种感人的亲子对话活动取材于儿童的日常生活，设计者只是创设了一个特定的亲子交流的情境、方式，只要安排在农闲时，家长能够到校就行。它注重体验性学习，可行性强，同时也具有开放性特点。

将活动课案加以实施会遇到种种阻力：传统观念的束缚——教师在开设交往活动课时，或者上成社交知识技能传授课、语言训练课，或者照搬旧的中队主题队会的刻板模式；现行教学制度干扰——基层学校与教师缺少必要的课程改革的自主空间；教师对交往活动课程方案缺乏了解，对课程变革不关心，等等。为克服阻力，促进交往活动课的顺利实施，课题组采取了从礼仪教育到全面的人际交往指导、从职业中学到普通中学、从中学到小学，逐步推进，滚动发展的策略，探索并形成了包括情境讨论、榜样示范、角色扮演、促进迁移、情境测验等基本环节在内的操作范型，强调了组织实施过程中的“课程创生取向”，将试验教师看做课程的开发者，而不仅仅是课程方案的被动执行者，要求教师与学生成为建构积极的教育经验的主体，师生一起在课程实施过程中共同成长起来。当然，这中间也离不开专职研究人员特别是课程研究的同行与专家的指导和帮助。另外，研究者还建立了必要的制度约束。如试验班交往活动课每周一次，列入课表，每学年为一个周期；计算其工作量，备课、上课、组织开展活动的情况列入教学常规检查范围；每年暑期开展一次以学会交往为主题的夏令营活动，对试验教师每学年进行一次培训；要求教师每学期积累2~3个活动案例，撰写试验计划、专题总结各一份，对试验教师开展研究的情况进行必要的考核；建立试验指导小组，定期到各试验学校听课、讲课，研讨下一阶段的活动方案；定期召开交往活动课观摩研讨会（每学期一般不少于两次）、试验工作总结交流会议（每学期一次）。

在实施过程中，研究者不断对自身的开发试验作总结反思，在四年多的试验中，课题组积累了200多则经过实践检验的中小学交往活动的课案（活动设计及实录）、学生发展个案、教师尊重理解学生的案例；从试验探究中归纳出课程开发的“问题模式”“交往教学模式”与“建构性试验模式”等；提炼出现代交往的共生理念、交往指导的唤醒要义、交往学习的体验方式等，作为贯穿于诸多活动个案与操作模式的灵魂。参与试验研究的几十个试验班的学生以及几十个课题组成员，不仅习得了有关社会交往的技能，而且不断体验到主体性的张扬，经常感受到心灵的震撼，交往活动课成为试验班学生最喜爱的活动课。课题组先后编印了《中学生礼仪学习手册》《中小学生交往活动设计与实录》《尊重·理解·关心——“爱的教育”个案选》等，有关该项研究发表的论文、研究报告、经验总结、个案研究有70多篇。《中学生人际交往指导》（计25万字）作为“21世纪班主任文库”之一，1999年由南京师范大学出版社出版。有关交往活动课程的建构性试验报告《为了共生的理想》（计24万字）2001年7月由江苏教育出版社出版。

——根据柳夕浪所著的《为了共生的理想》（江苏教育出版社，2001）整理

首先是开发试验中的问题驱动。如果说试验研究也有所谓“逻辑起点”

的话，那么，这一逻辑起点便是问题。需要特别强调的是，这里的问题不是理论性的，也不是一般的现实问题，而是儿童最基本的交往需求问题，是原有学校课程未能加以适当关照的儿童的心灵需要的满足问题，并且这一问题又始终同成人（教师和家长）的问题密切联系在一起。它是以儿童的交往问题为中心展开的，问题在整个教改试验中具有定向、整合、启发作用，问题的定向作用表现为它决定着试验研究的基本走向，成为交往活动课程开发的主要线索。问题的整合作用是指它在一定程度上将试验研究的各方面力量加以协调、整合，将大家的注意力、兴趣和精力集中引导到特定的“问题域”，为之持之以恒地做出努力。问题的启发作用是指它的明确提出不仅仅是课程开发的起点，而且它不断启发大家的思考，在一定程度上昭示着探究的路径。从一定意义讲，人便是一种提出问题、思考问题的存在，又是一种超越原有问题、寻求新的问题的存在。问题驱动下的教改试验乃是增进“人的本质力量”的过程与方式。

其次，试验研究的过程按照发现问题（交往需求调查）、分析问题（交往活动分析）、解决问题（方案的设计与实施）三个阶段有序展开。三个阶段中，发现问题是起点，解决问题是结果，而分析问题则是关键。因为问题的解决往往在很大程度上取决于对问题的透彻分析与切实把握；问题分析水平和质量，实际上决定着问题的解决进程，也决定着相应的努力所产生的成果。课题组对交往活动的分析是从内容要求、社会情境、策略方法三个维度具体展开的。三者构成一个立体性的三维指导空间，它是中小学生交往问题求解的理论框架和实践依据。

对交往学习的内容、情境与方法策略的分析都不是一步到位的，它有一个随着实际的试验的展开而逐步加深、调整的过程。譬如，交往学习内容的确定，最初将礼仪学习作为重点，这不仅是因为礼仪教育的可行性强，也很有必要，而且是因为对交往学习的内容要点，一开始并没有从整体上搞清楚。后来转移到技能训练上，将学会倾听与表达、学会拒绝、学会赞美与批评等社会技能的训练作为重点。这比礼仪学习进了一步，但后来又发现将交往活动课上成社会技能训练课，还不能帮助学生解决交往生活中的问题，尤其是心灵层面的问题。最后建构了以“爱的教育”为核心的“七个学会”的内容体系，试图深入到心灵对话的层面，关注灵魂的碰撞。这使得交往活动课的开发有了一个新的高度。但现在看来，“七个学会”之间的关系还没有完全搞清楚，且内容有些庞杂和泛化。对中小学生交往学习内容的梳理至今没有完结。这是一个不断分析探究、不断完善的动态过程。

再次，致力于教育教学模式的生成。教改试验不但要研究教育教学问题，揭示教育教学活动的内在机理，即实现认识上的功能，而且要推动教改实践，发挥其对儿童生活的改善作用。要使这两个方向的目标都能达成，就必然注重介于理论认识与实践之间的中间环节，这便是教育教学模式。交往活动课程开发试验研究，不仅积累了大量的经过实践检验的课案，而且从中概括出课程开发的“问题模式”“交往教学模式”与“建构性试验模式”；同时提炼出现代交往的共生理论、交往指导的唤醒要义、交往学习的体验方式等，贯穿在诸多活动个案与操作模式之中。

我们都期望教改试验能够在理论假设的引导下，合乎逻辑地展开，遵循一定的研究规范乃至格式（模式），而实际上试验操作的样式问题主要不是一个认识问题，而是一个实践问题，它的步骤、规划“很少是完全严密的，也很少是完全不严密的”；是一个“既不完全合乎逻辑又不完全不合乎逻辑、既不完全不受到控制又不完全是无意识”的过程，① 所遵循的主要是“前逻辑”状态下的“实践逻辑”，受到长期以来特定的文化积淀而形成的“实践图式”的支配，不完全是一个自觉选择与建构的过程，更不可能有普通有效的统一样式。

6.4 教师从事教改试验应注意些什么

历史上那些有影响的教育家很多都是教改试验的大家。著名特级教师都有自己的长时间从事教改试验的经历，他们是在教改试验中取得发言权的。或许从一名新手成长为一名合格教师并不难；而从一名合格教师成长为骨干教师乃至教育专家却不那么容易。坚持不懈地从事教改试验乃是合格教师走向专家型教师的必由之路。教改试验因为其艰难复杂而富有多方面的意义价值。若干著名教育专家、特级教师从事教改试验的案例给广大教师从事教改试验以多方面的启发。

6.4.1 主导思想

教改试验是在教育思想引导下的改革创新过程，它不是盲目尝试，不仅仅是教育教学技艺层面的问题，也不仅仅是若干已有方案的比较选择问题。“你真正的生命是你的思想。”如果没有思想，人就只是酒囊饭袋、行尸走肉；就会一事无成，枉度此生，当然也就谈不上富有创造性的教改试验了。教改试验

① 布迪厄．实践感［M］．蒋梓骅，译．南京：译林出版社，2003：19，31.

的主持人首先是个教育思想者。

教育思想是什么？是对儿童成长的关注和期待，是基于曾经怎样和可能怎样的生命感受对生命应然的叩问；是对教育意蕴、教学要义的追寻，对教育内容、教学方式的主动自觉地选择；是对教育理想信仰的确认，等等。教育思想不同于试图揭示教育本质及其规律的教育理论，也不同于林林总总拍拍脑袋便信口提出的“教育口号”，有它自己的质的规定。

教育思想的有意义在于它必须具备“理想与实践”的双重属性。“理想”属性要求教育思想必须体现出对教育现实的超越，而不是对它的一种迁就或者刻写；“实践”属性则要求教育思想的这种超越必须具有实践的可能，尽管它会遇到各种阻力。“理想”属性与“现实”属性之间相互要求、相互影响，便构成有意义的教育思想所具有的一种内在张力，它是基于实践而又高于实践的。① 教育思想的针对性、合理性、深刻性及其意义价值并非是由思想自身或者其他思想来辨明，而是最终要由实践来检验。特级教师窦桂梅提出自己的语文教改“学好教材，超越教材；立足课堂，超越课堂；尊重教师，超越教师”，从而为学生的生命奠基，为中华民族的创造力奠基。她在自身语文教改实践基础上提炼出来的“三个超越”，成为在试验中孜孜不倦地追求的理想。那些不准备践行或者根本就不能践行的文字游戏、流行口语，不能称为“有意义的教育思想”。

教改试验的主导思想，不应是抽象的、空洞无物的、缺乏针对性的东西，而应当是活生生的、具体的、有血有肉的。思想的提出不是空穴来风，也不是随波逐流，照搬他人的话语，而是建立在现实问题的批判反思以及试验者自身已有思想需求和“前见”的基础之上的，它根植于试验者“生活于斯而感悟于斯、喜怒于斯而又情系于斯的基本社会境脉与本土教育实践之中。是我们自身，是我们自己的家园从根本上赋予了我们思想的力量，激励我们思想的智慧”②。真正的思想总是有个性的。自称“布衣”的教坛新秀薛瑞萍老师自己酷爱读书，尝到了勤于读书、深度阅读的甜头，感觉到读书可以“一勤养百懒”。于是不遗余力鼓吹读书，“先做读书人”，认为“学好语文的根本在于大量的、高品位的阅读”，评价学生语文水平的标准可能有若干条，但最重要的只有一项：他是否具备了相应的阅读能力。自一年级拼音教学结束之日，便一天也不敢耽误，开展早期阅读指导试验。不难看出其对语文学习要义的感悟乃

---

① 吴康宁．“有意义的”教育思想从何而来［J］．教育研究，2004（5）：19－20.

② 同①，第22页。

是建立在长期以来自身阅读实践的基础之上。有的教师往往以一些流行的口号，如“素质教育”“创新教育”“主体性教育”“合作学习”“探究学习”等给自己的教改贴上标签，至于自己是如何理解、如何界定的，却说不上来，实际上是没有自己的教育思想。这种“教育思想的缺席”乃是教改试验的大忌。

思想不应当是凝固不变的，而应有一个随着教改试验的进展而不断积累总结、不断提炼升华、不断发展的过程。这构成了教改试验发展进程的一条主要线索。李吉林老师从事教改试验几十个春秋，经历了从“情境教学”到“情境教育”，再到“情境课程”三个重要阶段。改革之初，她不满当时小学语文教学“单调、呆板、低效”的弊端，引进外语情境教学方法，对学生进行语言训练，又从中国古典文论中的“意境说”中汲取营养，提出“情境教学”的主张，总结概括出情境教学促进儿童发展的“五要素”：以培养兴趣为前提，诱发主动性；以指导观察为基础，强化感受性；以发展思想为核心，着眼创造性；以激发情感为动因，渗透教育性；以语言训练为手段，贯穿实践性。李老师并不满足于此，她又及时将情境教学有关思想方法向思品课、音体美等学科拓展，从空间、主体、距离、目标等方面构建起立体化的情境教育的模式，提出在情境教育推进过程中要拓宽教育空间，追求教育的整体效益；缩短心理距离，形成最佳的情绪状态；利用角色效应，强化主体意识；注重创新实践，落实全面发展的教育目标。时至“十五”期间，国家以课程为依托深化教育改革，开始了新一轮的课改，李老师又以自己独特的理念与方式给以积极的回应，致力于“情境课程的开发与研究”，具体展开了“学科情境课程”“主题性大单元活动课程”“野外情境课程”“过渡性情境课程”等几个方面的开发研究，以美、智、趣构建儿童的生活空间，丰富他们的精神生活世界。三个阶段，也是研究的三个重要的台阶，后阶段以前一阶段为基础，是前一阶段的拓展与深化，每一阶段都是一个飞跃，又不失却该项研究基本的个性特色。

6.4.2 规划设计

思想的力量通过具体的规划设计得以体现与实现。

规划设计的过程既是一个探寻、搜索、构造备选教改方案的过程，同时也是一个检验、评价、挑选满意的教改方案的过程，包含构造与检验两个基本的环节。它是一个逐步搜索，从无到有，不断生成的问题，是一个创造性求解教改问题的过程。其思路一般表现为：从现实问题与主导思想出发，确定改革的目标；对如何达成目标，进行必要的构想，形成试验假说，并力求科学论证；依据假说，制订改革措施办法，形成试验方案和比较清晰的工作思路。规划设计要注意这样几个问题。

整体规划的问题。受时间、精力及各方面条件的限制，教师从事的教改，可能只着眼于教育教学的某一方面、某一个环节、某种课堂教学的模式等。而现实中多种教育教学因素会交织在一起，无法从整个生态系统中孤立地抽取出来。必须关注上下联系、横向联系、内外联系，用系统的眼光、复杂科学的视野看问题，就课堂抓课堂，就教学抓教学，通常效果不好，甚至遭受失败。即使是着眼于个别性的教育教学问题的研究，也应当将其他一些非研究性因素综合加以考虑，限定在什么条件下进行变革，估计会产生什么样的教育效果。规划时综合设计，实施时可分步走。许多教改试验项目都有一个从单项、单科逐步走向整体综合的过程。

机制优化的问题。一项改革涉及的因素很多，要做的工作也是千头万绪的，设计时要注意由表及里，着力于内在机制的揭示与优化，也就是在教改进程中若干“关键点”（“着手点”“转化点”“深化点”，等等）上进行考察，把握其内在的相互作用方式及规律，达到事半功倍的效果。20 世纪 90 年代中期，学校管理强调尊重学生的自主性、积极性与创造性，时任山东高密一中校长的李希贵也试图改革一些专制型的学校文化，结果费了好大的劲，就是不见效果。后来发现不在制度上动刀枪，单凭理论灌输、观念更新，是不可能从根本上改变文化的。于是，大家集思广益，摒弃了一些有悖于学生主体地位落实的镣铐和枷锁，在班主任聘任级别上，在原有的一级、二级、三级和导师级之上，新增加了一个更高的级别——辅导员。并规定，只有这个班里所有事情的最终决定权都从老师手里转到学生手里的时候，这个班级的班主任才有可能被聘为辅导员。① 有了这样内在激励制度的建立，才有可能建设好学生为主体的校园文化。

动态生成的问题。思想有一个逐步发展的过程，经验有一个逐步积累的过程，规划设计同样有一个动态生成的问题。任何规划不可能定下来就不再变动，所有的规划设计都是一边执行，一边修改，一边充实的。修改与充实一般是在原有框架内，不违反教改试验的基本原则的前提下进行的。基本的准则在实践的检验中被推翻了，不是不允许，而应当慎重；同时它意味着该项试验的中止，或许是新的另一项试验的开始。

规划设计所形成的成果便是教改试验的方案，它一般包含这样几个部分。

课题的明确表述：简明、具体而有个性，让人一看就知道是关于什么内容的试验，如“初中生个性优化教育的探索”“小学情境课程的开发与研究”。

① 李希贵．学生第二［M］．上海：华东师范大学出版社，2006：34－35.

问题的提出：对试验项目作必要的界定，并简述其产生的背景及研究的价值。

理论构想：拟定试验假设，并加以论证。

操作措施：深入进行教改内容、程序、方式、途径的设计，它是理论假设合乎逻辑的展开。

效果检测：明确从哪些方面检测试验效果，用什么方法材料进行检测，安排在什么时候进行。

组织管理：对试验研究任务作必要的分解与分工，确定试验研究的时序、任务与步骤等，拟定必要的试验研讨活动制度等。

6.4.3 坚持试验

方案实施是整个教改试验中最费力气、最紧张、也最有生气的部分。它将遇到多方面的阻力和种种始料未及的问题：应试教育的惯性、传统的“文化习性”、家长同行的非议、物质设施条件的限制、来自行政部门的不当干预，等等。近代以来，教育改革历史上不少试验项目中途夭折。由专家们着力打造、政府着力推进的项目尚且如此，何况教师所从事的教改试验呢？有的教改试验本身指导思想有问题自然需中止试验，而更多的是屈从于种种现实的压力而被迫中止。故而，教师从事教改试验贵在坚持。

撞倒南墙不回头

——一位中学语文教师毁誉参半的教改试验

“朋友们都说我是不撞南墙不回头，我说我就是撞倒南墙也不回头，因为我把南墙撞倒了，我为什么要回头？”说这话的人叫王泽钊，今年44岁，山东省青岛市一位有着18年教龄的高中语文教师。

令王泽钊屡屡撞南墙的原因是，从18年前成为教师的那天起，王泽钊就嫌语文统编教材“课文没几篇有人文价值”，而有的“简直是在说谎！”“统编教材20多篇课文，很多学生拿到新书一个星期就翻完了，却要用一个学期来学，不是很可笑吗？”王泽钊的教改试验是从挑战现行教材开始的。从开始工作的那时起，王泽钊就开始自编教材给学生授课，从最原始的刻钢板油印，历经后来的胶印，至如今“鸟枪换炮”，自编的150万字的高中语文教材已由作家出版社正式出版。他的《新语文》拿在手中有种沉甸甸的感觉。打开来看，有相当多的中国古代文学作品，鲁迅、茅盾、巴金、海明威、罗素、加缪、卡夫卡等现代中外大家也都一一在座，还有不少当代作家的作品，如刘索拉的《你别无选择》、池莉的《烦恼人生》、王小波的《智慧和国学》、梁小斌的《中国，我把你的钥匙丢了》、食指的《相信未来》、北岛的《雨夜》，等等。此外，还有往届学生的优秀作文，甚至还有崔健的摇滚歌词《一无所有》和《一块红布》——“因为学生喜欢”。

王泽钊的语文课也远远超出了很多人印象中的模样，音乐、美术、艺术、摄影、时事、对人生的看法都可以在课堂上开讲，天马行空，信马由缰。许多学生回忆上他的第一课：王泽钊走进教室，随着班长一声“起立”，数十名学生齐刷刷地站起来，王泽钊连连摆手：“以后不要起立了。我是你们的老师，你们要尊敬我；你们是我的学生，我也要尊敬你们。我们是平等的。”他们很快发现这个“像艺术家一样”的老师上课不拘一格，他带着学生去崂山风景区的水库上过课，暴风雨来临时他招呼学生站在窗户边看乌云怎样翻滚，“看文学作品中的描写有没有胡说”。有时候，语文课成了辩论赛：“中国到底要不要发展男子足球”；有时候语文课又成了表演课：“家长会后”，学生自由组合，有的扮演一家三口，有的表演祖孙三代。“你知道什么叫爆笑吗?”王泽钊的学生刘承智告诉记者，“去听王老师的课就知道了!”一个学生作文中写道：“如果哪间教室不时响起掌声和笑声，闻声找去，只见一条大汉坐在教室中间的课桌上，一群傻小子和傻妹围在四周只顾咧着嘴傻乐，不用问，那准是王泽钊老师在上课。”“听王老师上课一连上两三个小时都不觉得累!”

王泽钊的很多学生视他为“最难忘的老师和最知心的朋友”。有的学生说：“跟王老师一年改变了我们一生。”他教的学生高考语文成绩在全市名列前茅。在学生心目中他是位好老师，可他个性较强，平时与人交往、沟通不足，一些同行甚至领导不能认可他，接纳他。从教18年换了4所公办学校，在最后一所公办学校组织的考核中他因得票太低险些下岗，最后被领导“出于保护”，降格以求，每月扣奖金20元。“为了人的尊严”，王泽钊愤然辞职。他不明白为什么不让学生参与投票。做了18年的教师，他从来没有得过先进，没有得到任何荣誉。学校领导为了鼓励老师写备课笔记和听课笔记，规定写一篇奖6角钱，王泽钊不理解：“很多教师为了拿钱，就抄课本，抄参考书，多领了不少钱。”王泽钊就是不写，少领钱也不写。被领导硬劝写上一篇，写完后连连叹气：“写一篇又浪费了10分钟的生命!”“你为什么不能像别人那样?”这是领导对王泽钊说得最多的一句话，最初他奋起反驳：“我为什么要像别人那样?”后来，他多半保持沉默，我行我素。最后，不得不辞掉公职。

目前，王泽钊在私立学校兼职，他的理想是办一所“让学生永远怀念的学校”。

——摘编自：教育在线论坛（http：//bbs. eduol. cn）

对教改试验的坚持实质上是对某种特定的教改价值取向的坚定不移地认同。像王泽钊这样的老师，不为眼前利益所动，不为外在名利所驱使，不屈从某重点中学校长的言论而鼓掌，甚至不愿意放弃“人的尊严”，降格以求，而愤然辞去公职，为的就是使“学生学到有价值的知识或受到美的熏陶”，“要让学生多接触一些有趣的作品”，“多给学生介绍好玩的作品”，寓教于乐，能够在高度重压下保持必要的专业自信。这种对特定价值取向的认同与坚持，往往意味着对另一些颇为现实，也许很有吸引力的某种功利价值的放弃，意味着作出某些牺牲，这实在是难能可贵的。

坚持试验不是有了专业自信就行了，必须以一定的专业素养作底蕴，以意志努力作保证。王泽钊绝不仅仅是很敬业，爱学生，同时他有深厚的学养积淀。从他的教材选文，从他的开放性授课中，可以看出其开阔的人文视野，音乐、美术、艺术、摄影、时事、对人生的看法都可以在课堂上开讲，天马行空，信马由缰，使得语文课远远超越了许多人印象中的模式。自编教材绝不是一件容易的事，从最原始的刻钢板油印，经历后来的胶印，再到由作家出版社正式出版，乃是18年坚持不懈努力的结晶。

王泽钊与同事沟通不多，我行我素，个性比较强，这使得他的教改试验探索异常艰难，虽然成效明显，但却几易环境，处境不佳。这反过来提醒我们，教师从事教改试验，为保证试验的顺利进行，必须努力争取同行的帮助、领导的支持、专家的指导，创造良好的研究生态环境，而不只是一两个人的孤军奋战，而那些有远见胆识的领导也应当努力为他们的试验创造必要的条件。

6.4.4 外部评价

教改试验效果如何？这不仅仅是从事试验的教师十分关心的问题，也是学生、家长及其他利益相关者十分关注的问题。教改试验如果缺乏自身的反馈信息以及与外部环境的信息交流，就难以获得相应的进步与发展。

试验的效果如何，也许躬身试验的教师最清楚。然而，仅有教师自己的评估，难免有“王婆卖瓜，自卖自夸”之嫌疑，很难取信于他人。为此，必须引进必要的外部评价机制，让外部评价与教师自评相互对话、相互补充、相互印证，或许更能充分地说明问题。

外部评价很重要，但不应某位领导来个一锤定音，也不要习惯于媒体炒作。这里倡导两类评价：一是学生评价，主要是对已从教改试验学校毕业的学生进行追踪调查，作比较深入的访谈，了解其参与教改试验的主要收益及建议，关注教改试验的长期效应。那些在校的学生及家长也许迫于现实的压力，不便于讲真话；同时试验的长效也不能从他们那儿了解到。二是专业评估机构。委托具有中介性质和一定资质的评估机构、研究部门，对教改试验效果进行全面的测评、鉴定，形成评估报告。当然，目前在我们国家，这类中介性的评估机构、组织本来并不多见，即使有，评估人员资质恐怕也有问题，一套公正严谨的评估制度尚未建立起来。这也是我们推进教改试验乃至整个教师研究应当努力解决的问题之一。

7. 走向共生

——教师研究共同体

都说思想与他人分享，可以产生新的思想，但实际上彼此思想观念的融合是相当困难的。建立多样化的学校教师专业发展组织，必须引入共生理念和对话机制，让知识真正流动起来。

几个人一起工作的效率与一个人单独工作是不同的，由此而产生的结伴效应（也称共事效应）有正面的，亦有负面的。“一个和尚挑水吃，两个和尚抬水吃，三个和尚没水吃”，说的是结伴引起的负效应。彼得·圣吉（Senge, P. M.）在《第五项修炼》卷首问道：

为什么在许多团体中，每个成员的智商都在120以上，而整体智商却只有62?

彼得·圣吉所讲的团队智能低于个人智能的情况在教师研究中并不少见。都说思想与他人分享，可以产生新的思想，但实际上彼此思想观念上的融会贯通是相当困难的。理性的不合作博弈最经常导致的是一种囚徒困境式的“纳什均衡”①，它并不能保证双方利益的最大化。从追求普遍的人性和理性要求出发，思想家们都习惯地认为，所有的知识原理都适用于所有地方的所有的人，仿佛世界上只存在着一种可能的知识共同体，喜欢用同样的方式思考，却不喜欢与己不同的东西，总是要澄清“谁对谁错”，甚至固守“我对你错”的思维原型。这种普遍主义的思维方式，先验地表达了对“他者”的否定，导致所谓“主体间性”背后的貌合神离。不少中小学教师长期生活在相对封闭的学校，滋生着较为严重的“专业个人主义”，使得思想情感上的彼此接纳显得更加艰难。因此建设和谐的团队，形成真正的研究共同体的问题也就显得十分突出。

① 要获得对于双方都是最好的结果，就不得不去冒险，而没有人信任对方，因此双方总是选择“不给对方获得最大利益的机会，保证自己不吃亏”的策略，结果总是双方都不吃亏但不能皆大欢喜。

7.1 共生理念

分化或者分工产生差异，“思想真正包含的是差异”，“去感受、去认知事物就是去认识事物之间、观点之间的差异”①；差异是沟通的前提，产生交往的必要；交往结成关系：物质关系、精神关系、人际关系，等等；关系积淀成相对稳定的社会组织，这便是“共同体”的形成过程。

共同体是什么？有关研究者从人类学、教育学和社会学的研究中，归纳出这样一些共同体的特点。

共同的文化历史传统：它包括共享的目标、信念系统和体现自己规范的集体故事。这些共享的经验组成一个集体知识库，这个知识库通过一次次互动不断得以协商更新。

相互依赖的系统：成为一名成员就意味着从根本上置身于这个动力系统（即共同体）之中，而共同体不断地由其成员的行动而加以改进。换言之，个体和共同体建构了一个互动网络，个体通过共同体的实践而转变着和维持着共同体，而共同体通过提供个人化的机会和最终促成文化适应的途径来转变和维持个体。

再生产循环：共同体总是不断进行自我再生产，这样新的成员就不断对共同体作出贡献和支持，并最终引导它走向未来。共同体不断复制自己，新成员通过文化适应逐步从“合法的边缘参与者”成为核心成员。②

共同体绝不仅仅因为人员构成情况的不同（如消费者协会、退休教师协会、少先队，等等）而不同，共同体在交往过程中产生，因交往理念的不同而形成不同的互动方式、模式，这才是根本性的。帕克·帕尔默（Palmer, P. J.）在《教学勇气》一书中，区分出三种基本的共同体模式。③

治疗型。强调彼此关系的亲密。“亲密在人际交往中拥有最高的价值”，要求团队成员之间建立起爱的契约，以此来治疗因分离而带来的痛苦。“人生难得一知己”，当亲密变成基准时，我们有可能失去与日新月异的事物建立关联的可能性，“我们的世界会收缩成一个逐渐消失的小点”。实际上我们需要坚持一个比亲密更具有包容性的标准，来证实人与自然、人与社会、人与人之间的广泛联系更具有意义。

---

① 奈杰尔·拉波特，等. 社会文化人类学的关键概念［M］. 鲍雯妍，等，译. 北京：华夏出版社，2005：9，87.

② 戴维·H. 乔纳森，主编. 学习环境的理论基础［M］. 郑太年，等，译. 上海：华东师范大学出版社，2002：35 - 37.

③ 帕克·帕尔默. 教学勇气［M］. 吴国珍，等，译. 上海：华东师范大学出版社，2005：90 - 95.

公民型。公民模式中不再是窄小的交往圈，而是在本来互不相识的人们之间建立起广泛的关系，形成健全的政治与健全的社会，一个大家不愿意也不能相互分享重要经验的共同体也需要共享共同的领土和共同的资源，解决互相的纷争和问题，追求共同的利益。公民型共同体，主要目标是为大多数人争取最大的利益，并且希望以得票多少来决定取舍，动机是高尚的，运作是民主的，但却无助于真理的寻求，同时，真理不是由民主的方法所决定的。假如哥白尼、伽利略都顺应大多数人的意见的话，他们就不会提出和坚持“太阳中心说”。

市场型。共同体内部按物质利益等价交换准则运作，成员之间形成一定的买卖关系。教育者把付出学费的学生和父母看成是消费者，为他们提供充足的机会去购买合适的教育服务产品。如此，学校也就变成了市场。然而学校旨在陶冶心灵的教育活动其价值无法用金钱来衡量，并且优质教育所重视的是过程，而非成品。

心理情感上的亲密、政治上的民主与市场运作上的等价交换法则等并不完全适用于教育的过程，更不足以构成教师研究共同体的主导理念。

既然称为“共同体”，那就不能没有共同的目标、价值观与信念系统。而作为“研究共同体”，还有不同于一般“实践共同体”的地方，这就是遵循基本的“研究纲领”（借用科学哲学家拉卡拉斯（Lakatos，I.）的提法）①，包括教师研究的本体论、认识论假设与价值取向②，若干基本的研究规范③，以

---

① 拉卡拉斯的科学研究纲领理论是一个有组织的、具有严格的内在结构的科学理论序列。他认为所谓“研究纲领”由相互联系的“硬核”“保护带”和“助发现法”组成。硬核就是科学研究纲领的最基本理论部分或核心部分，它是坚韧的、不许改变的、不容反驳的；如果改变了，整个研究纲领的大厦就发生了动摇。“保护带”是纲领的外围部分，是可以反驳的弹性地带，“助发现法”就是指发现的艺术。

② 关于教师研究的价值取向，我们已在“教师研究的旨趣”中作了说明。关于教师研究的主要的本体论与认识论假设是，坚持认为教师所面临的实在不是独立于教师的客观现实，而是经由教师行动参与而形成的世界，是教师主动建构出的现实。对它这个行动世界的认识不能仅从外部去观察，还必须经由内部来理解，离不开行动者即教师自身的体验、感悟与意义建构。比起他人的“客位研究”来说，教师自己所进行的“主位研究”能够更好地揭示或解释教育实在。教师研究的真理不是一个与某种“不变的参照物”、一个外在于行动者的客观事实的相符合，而是将其付诸实践，显现实际效果，最终实现之时才能成其为真理，所谓“真理即成事”。“行得通”意味着“真”；“行不通”往往意味着“假”，至少说它只是一种“假说”。

③ 关于教师研究的规范，可参见柳夕浪《教师研究的失范与规范》一文（发表于《当代教育科学》2004 年，第 10 期）。

及共同的问题域与普遍认可的话语方式①等。如果在“游戏规则”、问题指向、话语方式等方面缺乏起码的共识，那么共同体成员之间便无法进行正常的交流，也就谈不上什么“研究”了。如皮亚杰（Piaget，J.）所描述的处于“自我中心”时期的幼儿，自言自语，各自说个不停，彼此却根本不搭界。“共同体”是一个温暖而舒适的场所，一个温馨的“家”。在这个家中，大家彼此信任、相互依赖。要想成为共同体的一员，获得某种身份的认同，必须遵循共同的“研究纲领”，付出一定的代价。

在这里，我们所要重点关注的是共同中的差异。世界上没有两片完全相同的叶子。即使基因完全相同的同卵双生子，因其生活环境、生活经历不一样，生理上也会存在着这样或那样的差别，何况本来就是个人自主把握的思想情感呢？差异本是世界的原生态。面对差异，仅强调共同是不够的，更为重要的是确立“共生”的理念。

“共生”本是生物间的一种普遍现象，生物学用来泛指不同种类的生物生活在一起，结成相互有利的关系（亦称“互利共生”）。例如，真菌和藻类结成共生联合体：藻类通过光合作用制造有机物，提供给真菌；真菌吸收无机盐和水分，供给藻类，若相互分离，有些真菌就不能成活。互利共生也可能“恶化”为一方对另一方利益非平衡的剥削——寄生。“共生关系”在生物进化中，循着寄生──→单方受益（一方得益而另一方既不受益也不受害）──→相互受益共生的次序，不断加强互惠色彩。达尔文在《物种起源》中，念念不忘的是“生存斗争”概念，将不同物种间的生存竞争作为物种进化的主要因素。事实上不考虑异种生物个体间的相互受益，不关注彼此间的共生关系，是不能说明进化的整体状况的。即使是敌对性的物种之间，也存在间接性的共生关系，保持着一种生态平衡。“共生”这一用语，早就从生物界引进社会生活中，而成为现代流行词汇。围绕地球生态环境的破坏问题，人们谈论着“人与自然的共生”；冷战后深刻的民族纷争，使“异民族的共生”成为迫切的问题；全球经济一体化进程的加快，必然带来对多元文化的理解与接纳问

① “话语”从广义上讲，可以理解为特定社会环境中普遍采用的讲话方式，“社会交换的习惯性场合中的言语”。“话语”是福柯（Foucault，M.）哲学最核心的概念。福柯感兴趣的是各个不同历史时期中生产有意义的陈述和合规范的话语的各种规则和实践，所谓话语实践，它涉及的是通过语言对知识的生产。话语构成了话题，它界定和生产了知识的各种对象。福柯论证了在话语之外，事物没有任何意义（所谓“文外无一物”）。本来主体凌驾于语言之上，而在后现代那里，语言成了有巨大吸附力的陷阱式体系，主体被语言吞并，语言以其物质力量、完善的系统性，以及顽固的惰性，将主体卷入、收藏、刻写其中。

题，即“异文化的共生”问题。人类社会中的共生，“是向异质者开放的社会结合方式，它不限于内部的共存共荣，而是相互承认不同的生活方式的人们之间之自由活动和参与的机会，积极地建立起相互关系的一种社会结合”①。“共生”与“共同”是关于现代社会的相互补充的理念。“共同”意味着当事者共同具有某种价值、规范、目标；而“共生”则以差异为讨论的前提，当事人在价值、规范、目标方面存在着差异，但正是由于这些差异，才使相互间在生存过程中能够建立更加“相互依存”的关系。现代社会日趋激烈的生存竞争、不断出现的民族矛盾纠纷、文化冲突，“一方面产生出包含着从属性压抑的浓密的‘共同关系’（同居关系），另一方面包含着竞争性压抑的相互间漠不关心的‘共生关系’（疏远关系）正在蔓延”②。尾关周二在这里所提出的是这样两个相关的问题：共同体内强求相互间的同质、统一；共同体外则予以排斥，保持疏远的关系，由此带来严重的“富裕社会”中交往的异化问题。为此，“对于约束共同体内部的人际关系，必须用‘共生的共同’理念加以积极的解释，而对于不同共同体之间的人际关系，则有必要用‘共同的共生’理念加以解释”③。

共生的研究生态观倡导多样化的学术思想、流派以“灌木丛生”的方式发芽、生长，彼此或互补，或并存，或相互竞争，发生着这样或那样的重组、裂变，并伴随着创造性的不断涌现。或许在某一特定时代、特定的精神生活圈内，某种观念成为一个观念体系的内核，把若干个子系统组织起来，汇聚在一起，形成一种自我保护的免疫机制与防御体系。但是，任何观念系统的内核都有自己的盲区，总会被其他观念系统打开“逻辑缺口”，因而发生所谓的“范式革命”。这样一个共生的研究生态圈，乃是一个没有人声称自己已经拥有真理而每个人都有权利要求被理解的迷人的王国。

它主张人的生存是一种关系性的生存。生命的诞生是夫妻关系的结晶，一个人的成长、为人的过程实际上就是其与他人、他物建立、保持、发展、终止某种关系的过程。每个人在关系中敞亮自身，在交往中超越自我。存在意味着交际，意味着为他人也为自己存在，意味着被人看到和听到，同时也倾听自己的声音。我们都是生态系统中不可分割的一部分，这丝毫无损于我们的价值追

① 井上达夫. 走向共生的冒险［M］//尾关周二. 共生的理想. 卞崇道，等，译. 北京：中央编译出版社，1996：120.

② 尾关周二. 共生的理想［M］. 卞崇道，等，译. 北京：中央编译出版社，1996：133－134.

③ 同②，第133页。

求的独到之处。割裂关系，损及他人，其实也就是一种自我伤害。

它坚持本体论意义上的平等。物种因为多样而形成互惠共存的生态链，文化因为多元而构造着和谐共处的精神家园。每一种存在真正的价值在它自身占据的生态位，而不是它对某人有用。每一种人都有权利而且应该发出自己的声音，一定要是自己的声音，不是他人思想的盲从。每一种声音都应得到尊重。尽管有的声音是微弱的，没有获得大多数的拥护。必须对不同观点、不同的人保持一种开放的心态，而不是拒绝或者怀有敌意。

它强调站在他者的角度理解他人的心思，理解与自己不同的思想观点、思维方式。由于差异的存在，才使相互间的对话、交流成为一种必要和可能，而交流和对话并不是简单地消灭差异，而是要摆脱自我中心，从他者的角度看问题，拓宽自己的视域，化陌生为本己，真正为我所用。如此与他人结成彼此相互依存的互动关系，使各种不同的思维视域得以交融，保持着旺盛的生命活力和发展动力。

经济学家所关心的物质资源是有限的，人们为了获得更多的物质利益而不得不更多地展开彼此间的竞争。就知识的获得、价值寻求与审美享受这类重要的精神财富而言，彼此的利益却完全可以互补共享。每一种植物都为阳光而竞争，动物为栖息地而竞争，就物种而言，这是无可指责的，但就个体而言，无时无刻不存在着牺牲。从生态系统的相互依存性出发，“共生”理念倡导建立一种协同发展模式，世界的形象既不是一个有待挖掘的资源库，也不是一个避之不及的荒原，而是一个有待照料、关心、收获和爱护的大花园。

7.2 对话机制

我们是研究共同体

王 洁

长桥中学地处城郊结合部，2002年9月被列为徐汇区需要加强的12所薄弱初级中学之一。学校“薄弱”的主要原因有两方面：一方面是生源差，表现为和其他同类学校相比，学生的入学成绩普遍较低，相当比例的学生来自单亲家庭或贫困家庭，很大部分学生的家庭教育条件较差，其中借读生占全校学生数的21.7%；另一方面是师资队伍严重老化，在上海市区中小学教师普遍年龄较低的情况下，学校教师平均年龄竟然超过46岁，而且相当部分教师的教育观念相对陈旧，信息也相对闭塞。

改变学校的现状，扔掉“薄弱”的帽子，是长桥中学校长至管理层共同努力的目标。怎么改变？一段时间里，学校上下不约而同的认识是：搞教育科研。学校和上海市教育科学研究院普教所建立了合作关系。由校长以及三位老师组成的学校“科研小组”和我们两个普教所的研究人员亲密合作，分析校情，总结学校以往做过的点点滴滴，将“差生的转化”作为切入点，开始启动学校教育科研，还向老师们推荐了“案例研究”的方法。

“你讲得很好，但我还是不知道怎么做?”

在我们和学校“科研小组”三位老师的交谈中，了解了这样一个事实：长桥中学现有的42 名老师中，一半以上的老师都没有接触过教育科研，对案例研究只是听说过，但从没有做过。怎么办？我们商量的结果是：由我对全校老师做一次关于“教师怎样做案例研究”的讲座，为老师们进入研究领域提供一种专业引领。

星期五的下午，在全校老师集中时间，我以许多我们自己做过的、看过的老师们做的案例，来向他们解释什么是案例研究，教师为什么要做案例研究，在日常教学实践中应该怎样做案例研究。讲稿是我精心准备的，花了不少心思，因为我要在一个小时内将案例研究的意义、价值、怎么做都讲明白，同时还要向老师们介绍一些别人已经做过的案例研究。

讲座后，我怀着忐忑不安的心情问我们“科研小组”的三位老师，得到的答案是：“王老师你讲得很好，我们懂了案例研究对于教师成长的作用，但我还是不知道怎么做。”

我听了很伤心，伤心之余，我也想了很多，关于专业引领，关于教师教育。很多时候教师教育或者说专业引领还是停留在专家、研究者做一个报告，以为教师听了报告就会做研究了。其实，这可能只是研究者的一种错觉，学习不仅是听，还要做，所谓“听中学、做中学、听懂的东西做出来、做好的东西说出来”都是学习，可能教师学习做研究不能只是听听而已，还需要在实践、体验中进行。有了这样的认识，我们有了第二个行动。

有针对性有目的的“坐堂咨询”

“坐堂咨询”是我们预先定的一个行动，是在计划之中的，只是当时在定计划时，我们并没有真正想明白为什么要这么做、这样做的意义是什么。然而在第一次行动失利之后，第二次行动的目的就彰显了，或者说我们“坐堂咨询”的针对性更强了。

我们用了两整天的时间，坐在学校的会议室里，接受老师们“咨询”。两天里，陆陆续续有老师来问我们："我们说的是不是案例?""这样写出来的案例有没有意义?"……我们和老师们交谈、对话，试图在交流和沟通中，让老师们完善他们的"案例"，譬如说如何选择有意义的事件，如何凸显当时的背景、详述其中的细节，如何陈述作出决定之后的思考等，尽我们所能向老师们提供了我们的意见和专业方面的支持。

应该说，这次行动为教师提供了专业引领的"缆绳"，解决了专业引领中的个别化与具体化，但是并没有解决怎么让教师真正进入研究的问题。怎么办？这就有了我们的第三个行动。

交流、分享教学生涯中的成功与困惑

如果说前面两个行动中，作为研究者的我们"做"的和"想"的多了一点，那么导致这第三个行动产生的，绝对应该归于校长及学校管理层的睿智决定。在我做"教师怎样做案例研究"讲座之前，校长就在全校大会上宣布，以教师写的案例取代每学期末每位教师必须交的教育教学论文或读书笔记。校长的理由是：与其让教师挖空心思地抄一些编一些"理论"，倒不如让教师关注自己的学生、自己的经验和经历。不可否认的是，这也是教师们关注案例研究，关注怎样写案例的一个重要而直接的因素。

学校"科研小组"的老师和我们认真阅读了全校老师写的38篇案例，选出有"开发"潜质的案例，提出修改意见。同时，精心挑选了7位老师的案例，在教工大会上进行交流，并由我们对每位老师的案例进行导读。这里所谓有"开发"潜质的案例，是指案例所叙述的事件本身对其他老师有启发或能引起共鸣或能激发思考作用；而所谓的导读，是我们以教育理论工作者的角度来谈我们读了案例以后的所思和所想。

可能是老师们常常"固守"着自己的一块领地，鲜有机会敞开心扉，和同事们谈论、分享自己从教生涯以来经历的种种困惑、成功、经验、智慧等，7位老师在台上讲述他们的故事时，其他老师听得异常入神，按他们的说法是，这是他们学校有史以来最吸引人的一次学习。其实，也只有发展到这一步，教师才真正开始进入研究。

从"案例"回溯走向"案例研究"

在我们的思想框架中，老师们之前做的仅是案例回溯而非案例研究，因为老师们在案例中所呈现的事件是他们所经历过的，是对以前教育教学中经历的、体会的成功的或有困惑的事件，结合目前的所思所想呈现的，经由这些案例所展现的教师的教育教学决定基本上是无意识的，不针对某一个研究问题。案例研究则是老师们有目的地针对一个问题，有意识地观察一个或几个对象，自觉地做一些研究，经由这些案例所展示的教师的教育教学决定是有意识，有目的的，可以说是某种意义上的科学研究，或者说是一种能认同的案例研究。

案例为老师们的讨论、反思提供了一个交流、分享的平台，但叙事（写案例故事）本身并不是研究，或者换个角度说，讨论故事、反思故事、叙述故事是案例研究的必要前提，但不等同于研究。实践中，我们的感悟是：教师只有参与到实际问题的探索和分析中，他们的研究才起步。教师真正进入研究可能需要他们主动的行动和经常的反思，需要寻找与留意一个值得深究的问题或处境，依靠自己对现象的观察、思考与判断，来丰富自己对于研究的认识和体验。总而言之，教师需要在实践中探索，需要创造性解决实际问题，唯有如此他们才能主动地构建个人的专业内涵，发展他们的个人理论。

为了让老师们从“回溯案例”走向“案例研究”，学校“科研小组”的老师和我们一起，将全校老师按年级组分成三个小组。分组的目的：一方面是让更多的老师能在一定范围里介绍他们的案例故事，让大家分享各自的经验和智慧；另一方面，小范围的交流能够让他们就案例中的一个问题或一个方法或一个决定或一个什么，讨论、争议，大家启发大家，大家帮助大家，大家激发大家的思考；第三个目的是我们也是校长希望达成的，希望通过一群老师的交流与沟通，形成共同感兴趣的问题，从而在以后的日常教学中关注这些问题，思考这些问题，有意识地尝试着用一些方法解决问题，让他们开始案例研究。

当然，身在教育一线的老师从“回溯案例”走向“案例研究”，不是自觉的，是需要引导和推动的。我们和学校“科研小组”的老师们“幕后”进行了多次的讨论，讨论中的这样一件事给了我们很大的启发：

初二年级有一个老师写了这样一则案例《当学生犯了错误后，老师应怎样处理》。案例的大致内容是，一个看似聪明伶俐的男孩，在作文中用最恶毒的语言骂老师，教师看了以后大光其火，冷静之后，教师并没有当面批评，也没有告诉学校中的任何教师，而是同样在作文簿上写上了几句悄悄话，原谅他并告诉他以后怎么做会比较好。悄悄的行动之后，教师和学生之间似乎有了某种默契，虽然不能说学生有某种明显的进步，但起码语文课上他始终是认真的。但是，就是这位学生，前几个星期，刚刚因为在英语课上，公开辱骂老师而招致了学校的记过处分。

“悄悄话”和“处分”是两种截然不同的方法，哪一种方法好呢？不同的教师对不同的方法有各自的认同，认同之后又各有不同的想法。

我们讨论之后，感觉这是个有讨论价值、有研究价值的好话题，由以上话题折射出的东西很多，诸如对我们这个时代的孩子，处分或者说惩罚是不是最好的？针对这个年龄特点的孩子，用什么方法是最好的？在我们这样的学校环境中，处分还有用吗？等等。针对这个话题，我们可以在我们日常的教育教学中，有意识地关注一些学生，跟踪他们，试探用不同的方法，比较结果之间的不同，反思方法与结果间的联系。到这个时候，教师们写出的案例，不再是经验层面的，而是超越经验的一种研究。这时候的教师有一种专业自觉，真正成为研究者。

我们和“科研小组”的老师再一次认真研读了案例，发现教相同年级的老师所递交的案例中，对一些方面的问题都有某种共同的关注。于是，我们便“顺水推舟”，“科研小组”的三位老师分别进入三个以年级组为单位的讨论小组，在讨论中引导老师们将话题引入三个方面：好学生的标准是什么？学生犯错以后教师怎么办？怎样关注每一位孩子？在对三个研究的问题达成共识后，我们和老师们一起讨论决定观察对象、可以采取的方式等细节的问题。

我们想到的……

回头看我们一段时间内走过的路，我们的四项行动，我们想到了……

讲座可以拓展教师的思路，加深教师对研究的理解，但是对于很多教师来说，由于缺乏实际的指导，不容易导致行为的改变。“坐堂咨询”虽然强调了指导的个别与具体，专业引领作用大大加强，但是研究者花在时间上的代价也相应地增加，而且假如不能引入第三行动阶段，教师的研究可能并没有真正地启动。第三阶段作用的产生，关键在于学校管理者，管理者如果看不到其未来的价值，教师研究不容易启动。进入第三阶段后，指导者可以逐步引退，从前台走向后台。作为研究者，这也是我们所追求的。

从专业引领的角度看，行动一的代价最少但收获也最少，行动二花的代价最多，到了行动三教师起了质的变化，表面上是我们的付出少了，但是“幕后”的工作没有少，因为教师质的变化是无法自动发生的，当然学校领导的亲自推动是必不可少的，只有共同付出，才能转化为教师专业成长的收获。

——选自：郑慧琦，等，主编. 教师成为研究者［M］. 上海：上海教育出版社，2004：352－357.

上述研究共同体的形成，有一个从讲座到坐堂咨询再走向对话的过程。不能说讲座、坐堂咨询没有价值，但真正促成科研小组形成的，是指导者与教师之间的平等对话。在这一过程中，指导者逐步从前台走向后台，而教师成为平等对话中的首席。

形成共生的研究生态圈的机制在于对话。和谐的团队是交流的结果，它好比将团队成员组织结合在一起的神经细胞。

对话总是在一定的时间和空间里，与一定的人物，按照一定的角色关系与规范展开的。语境是被对话者主动感知和建构出来的；同时又反过来影响着对话过程，影响着彼此间交流的势态。常见的对话语境如“小范围互动”场合：两个或更多的人聚集到一起，共同关注单一的焦点。戈夫曼（Goffman，E.）指出，任何一种小范围相遇中，都会有一个稳定的“情景的限定”为参与者共有，其作用是对当前什么有关和什么无关作出限定。参与者的行动和话语被置于同一框架，这一框架决定了行动和话语意义的产生，也限制了所有可能产生的无关行动。① 对话总是发生在双方之间的（不局限于两个人之间）。在对话中，说者与听者、提问者与应答者不断地转换着，双方的言谈随着话题的改变而改变。它不可能依附于任何一方，不应受任何一方的控制，同时一方又不能完全与另一方不相干，而只能存在于双方之间，反映一种“主体间性”。对话的这种交互性、相倚性（彼此关联）、“双声性”，说明了两者之间蕴含着一种伙伴合作关系，一种相互尊重和理解的社会性关系，一种本体论意义上的平等关系。这同“单声道”式的告诉，权威式的压服、操纵等有着质的区别。仅仅将对话理解为一定语境中的提问者与应答者之间的言语互动行为还不够，应当进一步把它看做是意义的表达、释读、转换与创生的过程。巴赫金说：“实际上，我们任何时候都不是在说话和听话，而是在真实或虚假，善良或丑恶，重要与不重要，接受或不接受，等等。话语永远都充满着意识形态或生活的内容和意义。”② 对话仿佛是流淌于人们之间的意义溪流。主体之间对某些意义的体验与理解既有共识，又有差距，惟其如此，对话才能进行下去。在对话中，发生着对他人言语、行动的尊重，对意义的解读与有选择的接纳，同时伴随着对自身原有预设的批判、反思与改进，双方都有可能突破原有体验与理解的局限性，获得新的意义，达到新的境界。为此，意义被不断创生出来。意义的转换与创生又需要通过对话、通过交流活动表现出来。

关于教育意义的追寻、教学艺术的创造，不可能在单一个体意识层面上被提示出来，它无法纳入统一的意识形态之中，而只能在平等的意识对话中得以

① 亚当·肯顿. 行动互动［M］. 张凯，译. 北京：社会科学文献出版社，2001：255.

② 巴赫金. 周边集［M］. 李辉凡，等，译. 石家庄：河北教育出版社，1998：416.

逐步提示出来。意义创生是无止境的，对话也就没有终结。把握对话的特征，要注意它与“独白”的联系和区别。在语言分析中，“对话”和“独白”是相对而言的。在一段具有逻辑连贯性的“独白”中，表达的意义是确定的，非此即彼，不能前后不一，自相矛盾。而在“对话”结构中就不这样了。双方在持续性的对话中相互影响、渗透，都有可能发生视界的交换、观点的改变，带入新的境界。意义不是孤立的，只能与其他意义一起共存；亦不能僵化，而在与其他意义的碰撞中不断生成。对话的逻辑是开放的，敞开的对话过程是由问题引导的。问题提示着意义生成的方向，决定着求知之路，提问比应答更重要。“理解一个问题，就是对这个问题提出问题”，一旦问题没有了，被“消灭”了，对话就暂时终止，转入“独白”阶段。从认识的进程看，“独白”是片段性的、暂时的，“对话”是永恒的，不可完成的。每一“独白”都在一定的“对话”情境中诞生，受到“对话”结构的制约与影响。与此同时，还要注意对话不同于以“聊”为目的闲谈，不同于以“辩”为特征的争论，不同于以“商”为特点的妥协。对话并不试图赢得对方，也不是相互作出妥协，各自作出让步，其所关心的是意义的交流与分享，促进对思维过程及预设的反思与批判，使每个参与者都从中受益，这需要开放的聆听、谦卑的外推与自觉的反思。

7.2.1 开放的聆听

对话包括倾听与表达两个方面，两者构成一个不断生成新知的螺旋式上升的轮流与循环过程，其中的关键是倾听。我们倾听，是因为我们不能“看见”所有的东西。有倾听，才会有收益，有更加充分的言说。倾听中伴随着的提问、解析、意译等，乃是为了帮助对方澄清自己的想法，更多地收益。倾听远比表达更能够触及“接纳他人”的问题。言说行为有时免不了暗含着一种指导甚至教训对方的霸权，而倾听则意味着对“他者”的尊重，意味着对他人的视角、知识与信仰的积极关注。这是积极对话的起点，也是关键点。“他者和我”是相互定义的关系，他者是与我互为支援的思想资源，是我们研究生活的重要部分。一旦他人变成与己无关的“别人”，他者异样的心声可以忽略，而别人与我同样的声音才变得重要，则别人与我们思想交流也就被简化为是否同意我的观点，如此，交谈也就变成我的已有知识的“告诉”与“服从”，不能产生新知，形成所谓“互动知识”。教师研究的实践性质原本要求理论工作者与一线教师的合作。两者的社会角色分工、学术背景、知识准备等存在着诸多方面的差异，尤其需要相互的倾听，达成彼此的互补。对于中小学教师来讲，需要的是对教育理论的学习、吸纳，而不是排斥。对于专业理论工作者来讲，应当充分认识到，与中小学教师的合作，是解决教育教学实践问题的必要条件；同时，还应看到，教师对自身教育教学活动意义、方式、艺术的建构是自主性的，他人无法代替。对于教师的实践经验、“本土知识”，应该帮助其澄清、梳理，使之明确化，得以与他人分享。

7.2.2 谦卑的外推

每个人都基于自己的实践经验与认知结构，建构出不同的理论。无论是个人生活世界，还是专业学术领域，皆有其自身的独特性、有限性乃至封闭性，形成千差万别的“微世界”。所谓“外推”，也就是设法“走出自己”的小天地，尝试用他者能够理解的语言来表达自己所熟悉的“微世界”。① 外推离不开表达，又不同于一般的表达。它不是我已有“微世界”的简单复述、我为中心的言说，而是试图用他者能够接纳的方式进行表达。表达的过程，便是“走出自我”，获得“解放”的过程。它也不是为了说服别人（不论是争辩，还是诉诸感情）改变自己的主张，而只是谦卑地邀请他人分享自己所熟悉的实践经验或专业领域，期待着他人的理解。注意，这仅仅是一种尝试，一种期待，甚至是一种冒险。

在研讨活动中，研讨者下列不当表达，很容易造成彼此关系的疏远：第一，想方设法地求证，证明自己的主张正确，津津乐道于自己所建构的“微世界”。第二，听从内心的冲动，直陈自认为对方观点的错误所在，只关注那些在我们看来是错误的地方，这有时被认为是坦诚的表现，但通常情况下会令人不快，是不明智的。第三，笼统地肯定他人，含糊其辞，不发表任何批评，这可能会因为给人一种一切都好的印象而造成误导。明智的选择是：对所考虑的想法或举动做出澄清，以保证双方讨论的是同一问题；提出值得肯定的地方，以便让对方保留和发扬这些东西；表达自己的担心和建议，期待着对方作出改进。在这里，对与错不是最重要的，大家彼此接纳才是最要紧的。如果只考虑谁对谁错，就等于承认了有一个绝对的标准存在于对话之外，不管那个标准是在自然那里，还是在上帝那里，总之是凌驾在对话之上的标准。退一步说，如果有什么标准的话，那么这个判断正误的标准也应该在对话之中生成，并内化在对话过程之中，落实在人心与人心之间的互相期待中，心与心的和谐而不是知识与对象的一致变成了团队的绝对的准则。

---

① 黄光国．社会科学的理路［M］．台北：心理出版社股份有限公司，2001：431．

7.2.3 自觉的反思

谦卑的外推更进一步的目的是要透过别人的观点与世界来帮助我们更清楚地认识自己的无知、盲点，以及对社会与混沌世界的责任。“一个解释系统不能解释自身”，“一种说明性原则对其自身是盲目的”。[①] 任何一个概念系统或经验领域必然包含着一些只能在系统式经验之外才能给予回答的问题。严格意义上讲，对话式研讨很难直接导致真理的发现，而更多地促成对话参与者视界的敞亮，对自我研究、对自身教学所依赖的那些不言而喻的预设、前提的澄清、质疑与批判，进而导致已有研究过程与结论的解构（当然不是无原则的放弃），新的研究视角、空间的拓展。恰如苏格拉底（Socrates）自比的那样：自己并不生育，而只能是“助产婆”（按希腊的习俗，只有不生育的妇女才能作产婆）。这种自觉的反思使对话式研究常常不像“独白”那么轻松、自我陶醉，因为它需要转换视角，追问原先不太追问的东西，使原以为简单的东西变得复杂起来，原先“熟知”的东西变得有些陌生。但这却意味着获得新生、达到新的境界的开始！

7.3 学校教研组的重建

7.3.1 现有教研体制

1957 年 1 月，教育部为加强学校的教学工作，颁布了《关于中学教学研究组工作条例（草案）》，要求同一学科或相近学科教师组成各个教研组，如语文教研组、数学教研组、音乐美术教研组等；规定教研组的任务是：组织教师进行教学研究工作，总结交流教学经验，提高教师思想、业务水平，以提高教学质量；明确教研组工作的内容是：学习有关教育的方针、政策和指示，研究教学大纲、教材和教学方法，结合教学工作钻研教育理论和专业知识，总结、交流教学和指导课外活动的经验。《条例》对中小学建立统一的学科教学研究系统起到了决定性的作用。学科教研组发展至今，无论是组织层次、职能，还是活动方式都已自成一体。从组织层次上看，有备课组、学科教研组、教导处等，并且与市县中心教研组相衔接，一级接受一级的领导；从职能上讲，各教研组不仅承担教学研究的任务，还指导一线教师的教学，履行学科教学管理的职能，对学科教学质量具体负责；从活动形式上讲，有集体备课、说课、教学观摩评

---

① 埃德加·莫兰. 方法：思想观念［M］. 秦海鹰，译. 北京：北京大学出版社，2002：205.

课，教学常规检查，教学质量检测分析与研讨等。应当说，这套教研体制对于稳定教学秩序，促进教师专业成长，提高教学质量起到了一定的促进作用。但越来越多的人，不仅仅是教师，而且包括学校负责人，逐渐对上述教研组织体制感到不满。其有如学校运行中的“鸡肋”，食而无味，弃之可惜。老师们抱怨学科教研组织活动效益不高，收获不大，主要原因有这样两个方面。

第一，直线体制下的统一运作。教研组织中的直线体制具体表现为：

一条指挥的等级链。形式如同一个金字塔，处于最顶端的是学校负责人，他将自己的教学研究与管理任务分派给教导处，教导处又将每一学科的任务指派给学科教研组，教研组又进一步细分为备课组，这样沿着一根不间断的链条一直延伸至每一个教师。

专业化的分工。一般按文理不同、学科性质进行分工，每个成员在某一岗位上负责某一方面的管理或教学研究任务。

标准化的程序。一般按备课、上课、作业、个别辅导、考试等基本环节展开，每一环节都有明确统一的要求，学科教研组活动的主要内容之一便是统一教学内容、统一教学进度、统一练习与测试等。

量化为主的考核。备课、上课按基本格式要点，量化打分，教研活动有量化要求，如有无计划、总结，有无活动记载，有无成果交流或发表。最终还要依据考试成绩来检验教研组工作成效。

上述直线体制下的统一运作特别有赖于业务过硬的学科带头人，或者“首席教师”。所谓“火车跑得快，全靠车头带”，学校中一部分教师带领另一部分教师共同前行，彼此之间形成一种引领与被引领关系、“师徒关系”。一旦带头人不过硬，或调离，整个教研组就有可能处于瘫痪状态。在带头人或“首席教师”的包办代替或操纵下，一般教师成了教研活动中的“看客”，一旦失去“靠山”时，会感到无所适从。同时，统一运作，克服单干，对于完成以传承知识、技能为主的教学来讲，对于重复性劳动来说通常是有效的，但对于强调动态生成为主的课堂教学来讲，就暴露出明显的不足。这样的“教研组”，名为研究组织，实则为行政管理机构。

第二，教研组织形式的单一。

相同的学科背景，任教相同的学科，甚至使用同样的教材、教辅资料教学。大家组成教研组或备课组，彼此有共同的语言，易开启心扉，敞开各自的信息库大门，使信息互相印证，形成心心相印、和谐共振的心理氛围。但这种同型交往，易形成成员间的认同趋向，不利于求异创新。

同一学科教研组的教师，发展水平又是不一样的。面对同样的问题感受不同，围绕同一问题研讨时，有的可能感到有收获，有的可能会认为是浪费时间。一所学校，几十乃至上百个教师所面对的现实问题是多种多样的，单一的学科教研组，统一的教研活动内容、方式，所谓定时间、定地点、定内容、定中心发言人等，要想对各个层次的教师提供有针对性的帮助，使每一个人都从中受益，这是非常困难的，尤其是当教研组规模大至几十人时。

单一的学科教研组将教师集体分割开来，学科组内部统一运作，而学科组之间很少沟通，当职业生涯长时间地将教师限制在一个部门、一个学科内，当不同学科、不同领域之间的信息交流很困难且组内交流过于正规化、标准化时，创造活力就会被扼杀。

在单一的学科教研组的统一行动中，我们看到教师彼此间假协作，给自己留一手，不肯使出自己的“看家本领”；或者随声附和，宁可不要真理，也不伤害感情；或者大家坐在一起，七嘴八舌地谈论着不同的事情，形成学校教研活动中的“例行公事”与低水平重复。

7.3.2 高效团队建设要义

一支富有成效的团队，其成员及领袖必须经过严格的挑选。中小学教研组长是教学研究和教学工作的组织者，他们不仅要负责教学、教学策略的指导，还要有效地分配教师和资源。为此，有必要在一开始就提高选报的门槛，将竞争机制引入到选聘工作中，选拔优秀的、有领导能力、精通业务的骨干教师担当此职，使之具备一定的工作能力、学识威望和人格力量。英国对中小学教研组长的专业标准有着明确的规定。① 学校必须与教研组长签订“教研组长任职协议书”，明确其应尽的义务，享有的权利及工作成效的验收办法等。好的团队其成员在专业化的同时，还应当注意他们的多才多艺，彼此在年龄、性别、知识经验、工作经历乃至个性倾向上的各不相同，优势互补。彼此优势互补才能增强凝聚力，在团队中扮演各不相同的角色，并形成合力，发挥最佳效益。同一年龄层次，同是学科带头人或骨干，同样性别等，都很难组成和谐团队。

① 蒋海棠．论英国中小学教研组长的专业标准［J］．全球教育展望，2005（1）：76－80.

团队中的九种角色

角色与描述——团队角色贡献	可允许的缺点
楔子：有创造力，有想象力，不正统，解决困难问题	忽略细节，过于关注交流的效率
资源调研员：外向，充满活力，善交际，寻找机会，建立联系	过于乐观，一旦最初的激情消失，就会对工作失去兴趣
协作者：成熟，有信心，一位好董事，明确目标，促进决策，善于分派工作	喜欢控制别人，有时让别人干自己的私活
塑造者：乐于迎接挑战，有活力，能在压力下工作，有干劲也有勇气克服困难	能激怒别人，伤害别人的感情
监听评价者：头脑冷静，有策略，明辨是非，能看到所有的选择，判断准确	缺乏干劲，没有能力鼓舞他人，过于具有批判精神
团队工人：善于协作，性情温和，善于察言观色，有外交手腕，倾听别人，化解矛盾	在关键时刻缺乏果断决策的能力，容易受别人的影响
执行者：守纪律，可靠，保守，工作有效率，能将想法付诸实施	有点缺乏灵活性，出现新机遇的时候反应慢
完成者：努力工作，有良心，焦虑，寻找错误和遗漏，遵守时间	可能过于焦虑，不愿意给别人分派工作，可能是一个吹毛求疵的人
专家：做事专一，投入，能提供稀缺的知识和技能	只能在一个很小的范围内作贡献，依赖技术，忽略全局

任一角色都是既有优点又有缺点，但这些缺点都是可以接受的。很少有管理人员能够完全胜任以上九个团队角色。

——摘自：贝尔滨．未来的组织形式［M］．郑海涛，等，译．北京：机械工业出版社，2001：150.

好的团队成员彼此相互沟通，并能根据团队整体情况不断调整自己的行为。好的球队每名队员都密切关注其他队员的行为，而不只是自己的行为。当一名队员跑到一个自己不熟悉的位置，其他队员要马上作出调整，以使整个团队能发挥最佳水平，并非个人单独冒险，或假协作。真正的协作在人们共同追求一个目标的实现时才能产生。① 参与者共同工作、分享各自的想法，同时承担共同的责任。促进协作，需要将工作任务进行切块分工，大家有所侧重，共同完成（任务关联）；或者将小组成员的成绩捆在一起计算，根据整体成绩上升的幅度给以一定的奖励（成绩关联）；或者提供的资源单一，不足以完成任务，必须求助于他人（条件关联）。要在参与者之间促成一种信任文化和心理安全感。团队中的假协作，如“布朗运动”（大家围坐在一起，不是讨论一个议题，而是在七嘴八舌谈论着不同的事物）、“螺旋下降运动”（三个和尚没水吃）、“随声附和”，等等，在学校教研组中屡见不鲜，应注意加以克服。

作为一种研究组织，创新是至关重要的。而创新活动最有可能在下述组织中生长：“它们强调多样性的错综结构和文化，组织内外的多种结构联系，领域交叉，员工的集体荣誉和对人的信任，合作和团队工作等。能产生更多创新的组织，具有多种方式联结人们的复杂结构，这种结构在战略导向下鼓励人们去‘做你所需要做的’，而并不把他们限制在工作的范围之内。”② 有效地激发创新潜能，把教研组建设成为真正的研究共同体，至少要考虑以下几个问题。

专业发展取向

教师的在职研修离不开具体的现实的专业场境。教师实践知识的积累、教学智慧的增长，从一个新手变成教学能手，乃至专家，并不是在孤立状态下实现的，而总是在与他人的积极有效的互动中实现的。现实的专业场景是个体主动感知建构出来的，同时它又反作用于个人，制约着个人的成长，这是一种双向互动关系。教研组应当成为教师最基本的、现实的、主要的学习型组织。每个教师围绕共同的目标打造和谐的教研组，同时又不断从中汲取到智慧和力量，感受到相互支持、相互激励的氛围，感到这是自己的“家”。好教师形成的联合不在于他们的方法技巧，而在于他们的心灵，在于他们的心心相印。必须从建立合作、反思的教研文化激发教师的探究兴趣，从构建良好的教师专业学习的生态场的角度考虑学校教研组建立问题，而不是将其定位在处于最底层

---

① 斯诺（North, D. C.）曾明确地区分出制度与组织的不同。制度是规则，而组织是规则之外受约束的行动者，但同时通过反向作用又是规则的制定者。如网球队比赛规则是制度，球队是组织。组织与制度最大的不同在于组织具有目标，而制度没有。一个球队的目标是通过一定策略赢得比赛。参见：姚洋. 制度与效率［M］. 成都：四川人民出版社，2002：79.

② 保罗·S. 麦耶斯，主编. 知识管理与组织设计［M］. 蒋惠工，等，译. 珠海：珠海出版社，1998：142.

的一级教学管理组织，被动接受上级的指令与督查。教研组建设没有学校行政的支持是不行的，但完全按照行政管理的方式自上而下地运作也是不行的。

柔性组织

教研组必须有组织，有必要的角色、职能定位，否则会是一盘散沙；同时它又是灵活而富有弹性的，提供必要的自主选择的空间，而非将教师机械地安排在固定的等级位置上。有一定的集权，尤其在执行课程计划，制订教学研究的战略方向、重点，进行效绩考核等方面，组长有一定的决策权；同时又是分权的，一线教师可以根据教情、学情灵活决定教学策略，应对各种问题情境，形成多样性风格。它是正式的，借助各种磨课研讨、问题会诊、专题论坛等进行正式的接触与交流；同时又借助课间、茶馆内非正式的交谈，以及电子邮件、网络数据库，保持随机的、自由自在的联系与接触，特别是在非正规的网络关系中形成蒙太奇式的组合，并非局限于事先安排好的正式交流范围内。柔性组织减少了中间层次，学校负责人乃至外校专职教研人员直接深入至各教研组，参与小组教研活动，减少了决策与行动之间的时间延迟，提高了教学改革与教学现实问题的快速应变能力。

上海市北郊中学构造学校文化的三个世界

郑　杰

第一，构造一个求真的知识世界。有知识没有文化的学校不是一所真正的学校，有知识没文化的人是可怕的人。知识必须有目的才会显示知识的价值。我们眼中的知识世界应尽力减少外在的功利目的，对一所义务教育的学校而言，有时知识本身就是目的。因为知识即目的，人才可能主动探究知识，享受获取知识的乐趣，并平等地讨论知识问题。这个知识世界的目标是教人求真。为构造这个知识世界，我们主要做了以下几件事。

1. 我们大力倡导阅读

我们花30万元建设了教师读书场所，富有个性化的独特设计，吸引教师以各种姿态休闲式地阅读。我们成立了教师读书组织，指导激励教师阅读，这个读书组织每年有两万元活动经费。我们每学期都要组织全校性读书活动，学校设专项奖奖励教师个人、教师群体、教师家庭。每学期学校领导带队跑遍上海知名书店，采购符合我们心意的图书音像资料。2002 年 9 月，我们学校自己开了一家书店，为师生购书提供服务。在校内我们还流通学校“货币”——购书券，书券是对优秀师生的最佳奖赏。学校领导带头学习，每学期中层以上干部考核的第一项内容是你看了多少书。文明组室评选中把参加读书活动列入重点指标。2002 年是我校的“学习年”，每位教职员工都有学习计划，绝大多数教师计划中每天阅读时间在一小时以上。在电子读物、电视、电脑、卡通等快餐式文化越来越占据人们的生活时，我们牢牢地坚守学校读书这块净土，因为书中自有浓缩的文化。因此，我校成为上海读书先进集体，学生的读书活动也受到市读书指导委员会的表彰。我个人被评为上海市十大读书标兵。

2. 我们鼓励教师表达

首先是口头表达。我们鼓励教师为知识而争论，我们的教研组、备课组都成为教师自由表述的场所；我们设教师论坛，2003 年的主题是“新知识、新思想、新观念”，在一个半月里的每天中午，多媒体教室里人头攒动，教师在台上滔滔不绝，展示自己的风采；还有“咖啡时间”，让教师轻松地谈论一些他们感兴趣的话题；我们今年开始每次教工大会前 20 分钟让教师说，采用抽签的方式，抽到的当场上台公开演说。其次是书面表达。我们教师经常有写作任务，连组织旅游回来后都要写游记，学校领导认真对待教师的书面表达，每一次都认真批改，有时还要写评语。逼教师写文章，就是逼教师思考，写作就是条理化地思考问题的过程，这个过程一开始是痛苦的，坚持下去就成了一种生活方式，成为一种快乐。为让教师尝到写作的乐趣，我们非常淡化学术规范的限制，教师可以自由地写，写什么都可以，只要真实就是好文章。我们办了一本教师刊物《草根》，是教师发表高论和品味人生的场地。就为这本杂志，学校每年投入 2 万元。

3. 我们鼓励教师自主学习

被动地学习是对生命的不尊重，我们每一次校本培训活动，都有教师讨论、交流、自由评述的环节；每周一次升旗仪式前，学术与课程开发办公室都会发给每一位教师一份学习材料，学习材料很短小，留下很大空间给教师，教师可以赞同或批评材料上的内容，可以将自己的心得体会随意写上几句，也可以长篇大论，可以交办公室供大家交流，也可以不交。两年多来，我们将教师的片言只字汇编起来，已有三册，定名为《静思录》，我认为这就是学校文化积淀。《教育参考》的编辑访问我校，一眼相中《静思录》，2003 年 12 月，教师们带有泥土气息的智慧之言，首次出现在杂志上。2003 年第一期的《全球教育展望》杂志上，有我校教师专论“教育服务”的语录集和综述。可能这也是这些杂志首次破天荒地打破学术规范限制，而录用一线教师的“胡言乱语”。这些文字的价值正是在于真。

第二，构造一个向善的人际世界。人类社会是一个关系的社会，据调查，教师最大的焦虑来自于不良的人际关系，首先是干群关系，是管与被管的关系，而不是平等的民主的关系；同事之间可能也存在着文人相轻的不良风气，导致同事关系紧张；师生关系紧张更是传统学校的一大弊症。我们希望学校文化引领下的人际关系结构由复杂变为简单，由对立变为沟通。而要实现这些变化就要激发人心底里向善的潜质。我们主要做了以下一些事。

1. 强调合作胜于竞争

我们认为每个人是唯一的，每个人都是最珍贵的，我们希望每个人在学校里工作都能找到自己的位置，发挥自己的长处，实现自身的价值。因此，我们并不将一个教师和另一个教师作比较，或者让一名教师作为所有教师学习的榜样。我们相信每个教师都是优秀的，都会努力工作，如果他工作中发生问题，那一定是有理由的，学校领导的工作不是指责教师行为上的过失，而是去寻找这个行为背后的原因。建立了这样的思维方式，我们要求每个教师都能发挥自己的长处，发现别人的长处，我们禁止任何教师打小报告、背后议论别人，尤其是议论别人的隐私。真正的合作，只有在有差异的个体构成的群体中才有，不同特点的教师才可以更好地合作。为鼓励合作，我们希望教师显示自己的个性并宽容别人的个性，我们的考核评比大都以教师群体为单位，采取捆绑式的评价方式，将竞争扩展为组与组之间进行，用外力来促进合作。我们每学期都要收集各组室的成员间互帮互助的典型事例加以表彰。我们还对教师进行人际沟通的培训，在我校《质量管理手册中》，明确写明了人际沟通的18条建议。我校由三校合并而成，两年来，我们非常和谐。

2. 构建教师团队

我们学校教师的个人价值都要和集体价值一致，为达成一致性，我们加强教师团队的建设。教师团队不同于一般意义上的组室，而是要求团队成员有共同目标，形成一种特殊的团队共同信守的文化。在我校有三类教师团队：一是行政团队，如年级组、教研组；二是工作团队，主要是为某一工作而聚在一起的教师小组，如科研攻关小组在我校就有五个；三是非正式团队，主要是教师社团，我们共有教师社团15个，每月活动一次。每年年底全校性的评议活动中，各团队自我评估，展示自己的成果，由学校颁发星数，最高为五星，分别为团结星、学习星、质量星、服务星和创新星。团队展示是每个团队的节日，其气氛之紧张不亚于申奥。

3. 每个人都要成为服务者

领导作为教职工的服务者，就要首先接受教职工满意度评议。曾有一名中层干部未通过评议只能离职，按我校规定，如果校长未通过评议，则必须引咎辞职。正是在这种压力下，领导干部才能检点自己的行为，并尽力让群众满意。教师作为服务者，就要接受学生和家长的评议，每年由学生和家长为教师打分，促使教师善待学生，并不断改善自己的教学。目前，我校已初步构建了学校教育服务诚信体系和全面质量管理体系，这两个体系都在强调学校中每个人都是服务者的观念，都力图构建平等的干群关系、师生关系，形成学校人性化同心圆式的管理方式。我们要求每个服务者都知道自己的服务对象，知道自己服务对象的需求、特点和期望，要求每个人都尽力改善服务，每年提升一个百分点的满意率。

4. 大力推进民主管理

首先是信息沟通，我们是虹口区校务公开先进单位，因为我们不仅维护了教职工的知情权，保证校务信息48小时内传递到教职工，而且建立了以教职工为主体的质询制度。我们设了3万元的奖金，专门征集教师的意见和建议，每位教职工每人每年写六条，要求行政必须采纳其中的三分之一。第二是咨询和磋商，也就是校长室每出台一项重大举措，都要开听证会。第三是共同决策，我校10项重大举措内容必须保证校长、书记、教代会共同决策。第四是教师自治管理，在学术和职业道德两方面实施教师自治自律，目前学术委员会章程已经教代会通过，学术委员会是独立机构，并将成立教师职业道德自治组织，也是一个独立机构。第五是自主管理，就是提供更多的机会让教师选择自己的工作岗位，选择自己的工作方式，对自己的工作进行评价，对自己的工作负责。前几年，我们拿出50多个工作岗位进行竞聘上岗，逐渐地，每个学段的起始年级的工作岗位都实施了竞聘上岗。

第三，构造一个幽美的心灵世界。心灵的世界是美的，也是无限的，这个世界是靠艺术来滋养的。我们构造这世界主要做了以下几件事。

1. 用高雅艺术熏陶感染教师的心灵，使之更清澈，更灵动，更细腻，更高尚

我们每学期都有一个月每天中午的教师赏艺活动，让教师已近麻木的心灵盛开出美丽的花来。我们组织教师听音乐，朗读文学作品，从繁忙的工作中抽出身来，进入另一个美妙的世界里，去感受生命的华彩。教师合唱团、舞蹈团、摄影协会、旅行者协会、读书赏艺会等都是教师主动接受艺术美、自然美洗礼的群众组织，这样的组织在我校庞大的退休教师队伍中有六个。我们认为，只有关怀教师的心灵世界，才是真正地在关心教师的生命质量。

2. 注意学校形象的细节

学校文化的美体现在细节中，客人到我校参观，会感觉到不同于其他学校的独特环境，这种感觉是整体的，而这份美好的感觉其实是由许许多多的细节构成的，这些细节诉诸人们的眼睛、耳朵、鼻子，最终会综合在一起影响每个人的内心。近几年，在教育局的支持下，我校利用标准化建设的机会，独立设计了部分校舍的外部改造和内部装修，我们的建设并不豪华，但是有细节。我们拨款到每个组室，让教师布置自己的办公室，使每个办公室有了细节。我们学校所有的印刷品都有细节。学校教师语言和行为举止也有细节，细节到了句式和措辞、音量，到男士女士们的服装、仪表、胡子、耳环、西装、皮鞋等。人的高贵气质本身也是学校环境的一部分，表现为接电话，接待家长和访客，对学生的态度等细节上。而学校的精神气质通过每一张发给家长的通知书，每一本批改后的作业本，每一封校长的亲笔信，每一张学生奖状等细节，传递到校门之外，使学校形象在人们心目之中悄然地发生着变化。

3. 关怀并引导教职工的人生幸福，人的幸福来自需求的满足

我们花了很多精力满足教职工的物质层面的各种合理的需要。更重要的是，我们引导教职工向往更美好的心灵的需求。心灵需要理解、关怀、信任和尊重，我们建立人性化的管理方式，让教师体验并感染生命的赐予，用每一天的灿烂微笑来面对美好的生活，用微笑来感染身边的人。在我校，教职工在学校工作有幸福感的占98%。一个热爱生活，首先爱着自己的教师，才会爱工作，爱他所教的那些孩子们；只有教师建设并创造自己的美好未来，才会帮助孩子们去创造他们的美好未来。

——摘自：赵中建，主编. 学校文化［M］. 上海：华东师范大学出版社，2004：185－193.

北郊中学在建立柔性组织，建设团队文化上有不少值得借鉴的地方。求真的知识世界、向善的人际世界与幽美的心灵世界，三者构成学校特有的深厚的精神文化世界，以此来涵养教师专业发展组织。学校教师有行政团队、工作团队和教师社团，诸多团队有正式的，也有非正式的，没有严格的边界。彼此可以通过正式的渠道，如教师论坛、公开演说、《草根》园地、教代会等，也可以通过非正式的场合，如“咖啡时间”、网上互动等充分交流思想、自由表达自己的想法，发表自己的意见。长篇大论，自然可供大家交流，而教师的片言只字也会被辑录、为大家所珍重。在这样一个话语空间，教师享有充分的言论自由，同时也受到必要的约束，如禁止打小报告，背后议论别人，尤其是议论别人的隐私，克服文人相轻的不良风气等。生活在这样的柔性组织中，98%的教职工有幸福感就不足为怪了。

小规模互动

通常两个头脑胜过一个，但 7 个呢？17 个呢？27 个呢？经验告诉我们：让更多的人加入，通常不能使小组变得更加聪明，即使这些意思全部基于友善的立场。它有可能使事情人为地变得复杂起来。“小即美”。小组的优点在于它内在的灵活性，它的组建、重组、解散都十分容易，并且可以避开传统的等级制度。但不等于越小越好；过小，难以保证提供信息的丰富性以及成员反应的多样性。有研究者从群体动力学的角度指出：“大约 10～15 个学生组成的调查研究小组是理想的。这个数字足以保证反应的多样性和个人的参与。小组不但应当有足够价值的共性，以便于交流和形成相似的工作方式，而且还应当有足够的差异以便产生可供选择的反应。”① 美国 MCI 信息公司总监阿兰，保持每周一次信息交换论坛，参与人员数目有明确的限制。他说：“我每次不超过 10 个人。如果超过 10 个，人们不太愿意交谈。”② 学校教研组如果人数较多的话，适宜简化为人数较少的备课组。

积极互动并不见得就比消极互动复杂。譬如有效的反馈要求澄清事实，正面评价，具体表达你欣赏哪个想法或做法，同时表达疑虑和担心，如有可能，提出改进的建议。有效的组织领导通常以询问为中心，激发参与者自己回答怎样做和为什么这样做，一般不直接宣布做什么和为什么。有效的讨论常常由记录人在表格、白板上做记录、画图，或者通过投影仪进行演示，提供一个良好的会议内容记忆环境，使所有的发言为大家所共享，同时避免无效的重复发言等。“明确知识”可以用手册记录、在表格中统计，用清单做说明；而“默会知识”则更多地通过演示、观摩，从中感悟。小范围的简单方式的互动，会产生复杂的大范围的知识流动与重组。

多样化的联结

如何将教师个体发展的目标整合为教研组的目标，而教研组的目标又通过教师个性化的行动来实现，这是学校教研组重建的一个关键问题。在这里，既

---

① 丁证霖，等，编译. 当代西方教学模式［M］. 太原：山西教育出版社，1991：301.

② 麦耶斯，主编. 知识管理与组织识别［M］. 蒋惠工，等，译. 珠海：珠海出版社，1998：298.

不能强行用组织的目标（某些人的目标）去取代教师个人发展的目标，因为在这种情况下，教师便缺乏必要的个性生长的空间；又不能只是将教师个人发展的目标简单地加总为组织的目标，因为在通常情况下，教师发展的需求和层次又是各不相同的，组织者很难从中寻求到某些共同的目标。解决这一关键问题的出路在于专业发展组织的多样化，即基于教师的个人意愿及学校教育的愿景建构多样化的教研组，引导教师从中选择适合自己的教研组，由此产生用多种方式联结起来的复杂的、动态的组织结构，鼓励教师去“做你所需要做的”“研究你所需要研究的”，而不是把他们限制在某种单一组织范围内。他们可以某种教研组为主，同时又与这一组织之外的其他教研组甚至某些非正式的组织保持联系，不断从中汲取知识和力量，在松散的边界、跨学科的通道、灵活的任务分工与开放的信息系统中激发不断创造的活力。

7.3.3　学校教师专业发展组织

学科组

同一学科教师组成学科教研组，他们不仅有相同的学科知识背景，而且面临着同样的学科教学任务。因为是真正的同行，他们最容易走到一块儿，也最容易四分五裂。现行学校学科教研组彼此单干、文人相轻的现象是屡见不鲜的。有的表面合作，背后拆台。学科教研组要做到有共同的教研目标、内在的分工合作、若干相对固定的交流平台与教研活动，以及某些研究成果的共享（如教案与学案、课堂教学策略、练习与测验设计、教学反思笔记），等等，这并不十分困难。如果教研组长认真负责，学校负责人给予支持的话，是不难落实到位的。学科教研组建设所面临的困难之一，是如何将集体备课研讨活动引向深入，不是简单地统一教学内容、统一教学进度、统一测试等，而是要真正研究如何组织和指导学生的学习，真正进行学情分析，研究学习活动的设计与指导，探讨如何准确把握变化中的学生，强化教学过程中的动态生成；不是规定某个问题，由某个中心发言人包办代替，而是让大家都畅所欲言。

海陵中学的集体备课

海安县海陵中学数学备课组严格执行“三定”“三研究”“四环节”的备课制度。“三定”即定时间、定内容、定中心发言人；“三研究”即研究重点难点，研究双基能力，研究学情及教学方法；“四环节”指个体钻研，单独备课；集体交流、形成电子教案；修改完善、写成个性化教案；课后反思，写出教学后记。

在充满着学习、活力、反思的氛围中，数学组的老师们整日和各类课打交道：每天同办公室老师说课（课前温课，课后复课），周二备课组集体备课（着重二次备课，形成个性化教案），周五备课组内研讨课（每天敞开“后门”相互听课），一月教研组内公开课，比赛回校汇报课，外出学习归来记者招待课（会）。

——摘自：江苏省海安县教育局组织的“教师群体专业成长有效途径探析”研讨会交流资料，2006年2月

困难之二，是如何形成彼此间的心心相印，实现真正意义上的合作。学科组长必须具备一定的威信和人格魅力。同时要改变考核、评估办法，重在指向学科教研组进行捆绑式考评。对学科组长或备课组长的考核更不能只看其个人所教的班级，所写的文章，而要看其所带学科组的整体绩效。

年级组

同年级不同学科的教师，面临着同样的学生，肩负着同样的教育使命。学校教学是分科的，分科教学有利于学科知识体系的系统传授与学习，但也容易造成教学中的知识本位、智育第一，各门学科教学各自为战，争抢学生有限的学习时空，只见学科不见人的发展。这在学科门类较多的中学阶段表现得比较突出。各门学科的教学应当统一于学生的发展，共同为学生全面而有个性的发展打基础。当前的第八次课程改革特别强调以学生的发展为本。从教学研究乃至学校管理的角度看，这一新理念应当具体地落实在年级组建设上，否则，以学生发展为本很容易沦为一句空话。

目前绝大多数中学，乃至一些规模较大的小学，已从学科负责制走向年级组负责制，具体表现为以年级组为单位集中办公，而学科组则带有临时召集性质。这种以年级组为主、学科组为辅的集中办公制度，有利于落实以学生发展为主的思想，同时也有利于强化年级组责任制，但在实践中却存在着越来越强化年级组行政化的倾向，具体表现为：（1）其职能不断扩大，由原来的协调各学科教学延伸至教学管理与学生管理，年级组长不仅拥有教学管理权、财务权，在某些实施教师聘任制的学校，他们还拥有教师聘任权；（2）规模较大的中学，还以年级组为单位，建立了党、团、工会组织；（3）为树立年级组权威，年级组由学校校长直接指挥，各职能科室只是在业务范围内对年级组进

行指导。年级组是否应赋予更多的行政管理职能，这是值得讨论的事情。如果以行政化的年级组架空学科组，削弱教育教学研究，那势必会影响教学效益和教学质量，必须予以纠正。至少，年级组不能只是行政管理性质，同时还应该承担更多的研究任务，成为真正教师的专业发展小组。第一，不同学科背景的教师探头到自己所熟悉的专业之外，观摩其他学科的课堂教学，可以开阔视野，活跃思维，进行跨学科的思考，多了一面反思自身教学的镜子。第二，教师们不仅从自己的学科角度了解、研究学生，而且可以了解学生其他学科的学习情况，分析把握其发展的潜能所在，形成整体协调的施教方案，以促进学生的全面和谐发展。第三，不仅仅是从教学的角度，而且可以从整体发展的角度，分析探讨学生个性发展、班集体建设乃至整个年级学风建设中的问题，等等。这些都是学科组所难以代替的。

去种一次别人的田

——一位小学语文特级教师反串数学课

宋运来

我，一位年轻的小学语文特级教师，有一天心血来潮，决意去种一次别人的田——上一节数学公开课。为什么要去种别人的田？别人的田又是那么好种的么？话还得从开学初的听课说起。

我校是一所规模较大的学校，为活跃教研氛围，每周推出不同年级、不同学科的公开课。这些课都是经过年级教研组打磨过的。我连续听了四周16节数学公开课，低、中、高年级的都有。内容既有计算教学，也有图形、应用题与概念教学。仅撷其中三例剖析如下。

一、观邻人种田

现象一：“目中无人，也无书。”

一年级A老师执教《认识人民币》。尽管学生手里握有多种硬币，但他们还是通过投影仪才认识了“元、角、分”。接下来分小组合作去虚拟购买对方手中的物品，最后在嘈杂声中草草收场。直至下课铃声响起，课本也没摸一下。教师教学的起点建立在学生对元、角、分一无所知的“假设起点”之上，而没有关注学生的“现实起点”，更不要说去开发学生生活积累的资源。

现象二：“复习带新授，练习加巩固，一环扣一环，算理抓手中。”

三年级 B 老师执教《笔算两位数除法：例 3》。

求 1120 ÷ 80 等于多少。老师说：“列式 $80\overline{)1120}$，想：先看被除数的前两位，80 除 11 个百不够商一个百，再看被除数的前三位数，80 除 112 个十，商 1 个十。”

50 余位学生中有一两位佼佼者，居然能紧随教师的思维一步一步地说出了算理。我真佩服这两位学生的聪慧。而在我听来却是云山雾罩。随后，教师还将此段算理用小黑板挂出来，让学生集体记诵，直至会背为止。

现象三：“语言简洁，滴水不漏。学生在黑板与作业纸上走了个来回。”

六年级 C 老师执教《成正、反比例量的应用题：例 1》。

老师挂小黑板：一台抽水机 5 小时抽水 40 立方米，照这样计算，9 小时可抽水多少立方米?

师：用以前的方法计算。

生：$40 \div 5 \times 9$。

师：$40 \div 5$ 表示什么意思?

（生答略。）

师：以前还有哪些方法?

生：$40 \times \frac{9}{5}$

师：还可以怎么做?

生：$40 \div \frac{5}{9}$

师：今天我们用新的方法来研究（师边说边在文题中“照这样计算”几个字下画线），这道题有哪两种相关联的量，大家讨论一下。

然后列出：$\frac{40}{5} = \frac{x}{9}$。

教师抓住“题眼”明示，学生照这样子计算，难点便迎刃而解。练习巩固环节，C 老师给学生 2 分钟读书时间，当众生响亮地齐答“没有不懂的问题”后，教师便挂出一道道练习题开始扎实地训练解题技巧与能力。课末教师带领学生对该类型题的解法进行小结。整堂课可谓滴水不漏，给人一气呵成之感。

随着听课次数的增多，心情越发沉重起来，从心底里升腾起一股要上数学公开课的欲望。梳理一下思考过程，觉得理想的数学课不应该是这样的。

“有问题的课才是好课，无问题的课不是好课。”这句话在一定教学情境下是对的。然而综观这一节节所谓的“好课”，存在的共性问题是不容忽视的。

1. 课堂上，教师不应该那么像“教师”，学生不应该那么像“学生”。课堂上也不应该没有争执的声音，没有师生、生生之间冲突的波澜。

2. 数学不应只是从黑板上、多媒体上学来的，学生还应该知道去看书、会看书，把书读懂、读出问题、读出数学课文背后所表达的意思。

我眼里一堂理想的数学课应是：师生之间“师亦生来生亦师”；教学应返璞归真，让学生与教材直接“对话”，去感悟数学。

决意利用自己身上的“光环”，去打破数学教学惯例，引领研究新方向。

二、去种邻人田

1. 选种

农人在种田之前首先要考虑这一季庄稼种什么。我决意去上数学公开课，也要思考教什么，怎么教。因听三年级 B 老师教学《笔算两位数除法：例 3》，感觉问题较多，于是我在听课札记上写下了几个关注的话题：①数学真的要老师一步一步地去教吗？②错误是最可宝贵的教学资源；③保护孩子的自信心不是一句空话；④淡化算理要求和形式化的表述；⑤课堂上怎样追问才是有效的。我决定去上三年级的课。学生告诉我“笔算两位数除法”单元中例 9 还没上，要到下周才学。又听三年级的数学老师介绍，例 9“商中间有零”的除法是本单元中最难的教学内容，这更增强了我挑战的欲望。

2. 了解播种要求

种子选好后，还要了解一下播种要求。干啥吆喝啥，教数学你得学会使用数学语言。我首先去读“教材”，从“笔算除法”这一单元的第 31 页读到了第 52 页，又把课本第 48 页与练习十的所有题目做了一遍，掌握了每道题所需的时间，并在做错的题目上做了记号。接着读《数学课程标准（实验稿）》，因为它是编写教材、教学、评估和考试命题的依据，不能不读。

在总体目标具体阐述“情感与态度”栏，画下了：

- 形成实事求是的态度以及进行质疑和独立思考的习惯。

在学段目标（1~3 年级）“解决问题”一栏，画下了：

- 了解同一问题可以有不同的解决办法。
- 有与同伴合作解决问题的体验。
- 初步学会表达解决问题的大致过程和结果。

在学段目标（1~3 年级）“情感与态度”一栏，再次画下了：

• 经历观察、操作、归纳等学习数学的过程，感受数学思考过程的合理性。

• 在他人的指导下，能够发现数学活动中的错误并及时改正。

在内容标准章节第一学段“数与代数”部分画下了：

• 应重视口算，加强估算，提倡算法多样化；应减少单纯的技能性训练，避免繁杂计算和程式化地叙述“算理”。

研究揣摩这些“依据”，心里仿佛有了底。接着就课堂中的数学语言表述问题请教三年级组的数学老师们。如“例 9”（见右式）算式中，商“2”是指 2 个百，“12”（69 - 68）表示得 1 个百，落下来“2”个十。有些不是问题的问题对于我来说倒成了“问题”，有的竟然在后来的课堂实施中“生成”了精彩的“对话”。最后没忘记参阅一下教参，教参里居然与我分析教材的观点不谋而合，心中窃喜！

$$\begin{array}{r} 2 \\ 34\overline{)6924} \\ 68 \\ \hline 12 \end{array}$$

3. 播种安排

播种愿望：角色互换，搭建师生平等对话的平台；感悟算理，自学文本教材，探究笔算两位数除法“商中间有零”的计算奥秘。

播种安排：

（1）师生课前交流，角色互换。

（2）给第 48 页课文分节、分段。

【导】老实说，我对第 48 页的数学课文看不懂。谁能告诉我课文共有几小节？

【导】哪几节可以合成一段？

（3）学生做第 1 节的三道准备题，提示“商有零”这一特点。

【导】语文课文是靠大家读懂的，我想数学课文可能要靠大家算一算才能读懂。现在就请大家算一算第 1 节三道算式，想一想讲了件什么事。

【导】请同学们观察，这三道不会说话的算式，从它们的商里看出什么共同点来。

（4）师生同做“例 9”，感悟第 1 小节与第 2 小节的关系。

教师故意做错算式。

【导】老师为什么做错了，这位同学为什么做对了呢？谁说的有理，谁就做我的老师。（学生向老师讲理。）

【导】这三个算式与“例 9”有什么关系？“例 9”告诉我们一件什么事？（学生修改板书。）

(5) 第三小节“练一练”的目的是什么?

【导】不算一算就能知道每道算式的商是几位数吗?谁能告诉我是不是有什么秘诀?

(6) 选择学习内容。

【预设1】课文学到这里,还有第二段没学,咱们是继续学,还是下节课接着学。(举手表决。)看来同学们都同意接着学。

运用第一段的学法,自学第二段第4至第7小节。

【预设2】做第49页练习十,分组做1、2、4题,反馈校正。

(教案变成了预案,它是教师教学的一种思路,是非线性的。)

4. 种田

经历了双休日的思考、周一的请教后,周二上午第一节课我径直来到三(2)班上数学公开课。只见教室里人满为患,连讲台边、窗户外都挤满了老师。各科老师都来凑热闹了。课堂实录如下(由刘娟老师整理)。

(1) 谈话。

(老师板书自己的名字。)

师:你知道我是教什么的?

生:你是教语文的,我听妈妈说过你。

师:我是教语文的,我不会教数学,今天你们当老师,我当学生,那你们该怎么称呼我?

(学生争先恐后地发言。)

生:宋老师。

(老师摇头。)

生:宋徒弟。(听课的老师大笑。)

生:宋同学。(学生开始大胆起来。)

生:冬瓜同学。

师:我咋成了冬瓜同学?

生:你的头长得像冬瓜。(众生大笑。)

师:你叫什么名字?

生:我叫冯子晨。

师:噢,冯老师。今天请你多帮助哟。

生:您别客气,有什么不懂的尽管说。

师:谢谢。

(2) 学文。

①整体阅读课文，分节后学习第 1 节。

师：请同学们把课本翻到第 48 页，像学语文那样给它标上小节。

生：第 1 节“复习”，第 2 节“例 9”，第 3 节“练一练”。

师：我们先看第 1 节，谁敢做，试试看？

师：看 3 个不会说话的算式，告诉我们什么事？

$$8\overline{)1656}\quad 5\overline{)530}\quad 4\overline{)1232}$$

生：商中间都有 0。

生：没有余数，商都是 3 位数。

师：它们的除数有什么特点？

生：除数都是一位数。

师：谁来把这个意思写下来。

（指名一个学生到黑板上写：“除数都是一位数，商中间有一个 0。”因个矮，老师抱起该生板书，其余学生在座位上写。）

师：为什么商中间都有 0？

生：因为除到十位都不够商“1”，就用“0”占位。

生：不够商 1，用“0”占位。

师：出现什么情况时商“0”。

生：除到被除数十位，不够商 1 用“0”占位，再把后面的数落下来。（师板书。）

师：现在我们把第 1 节意思弄明白了。

②学习第 2 节。

师：第 2 节“例 9”是什么意思？“例 9”与“复习”有什么关系？

生：第 1 节是复习以前学过的内容。

生：第 1 节复习是为第 2 节“例 9”服务的。

师：咱们比一比，看谁做得又对又快。（学生摩拳擦掌。）

（出示师生所做题目，教师做：6924 ÷ 34 = 2　3……22。学生一起嚷道：宋同学弄错了。）

$$\begin{array}{r} 2\ 3 \\ 34\overline{)6924} \\ \underline{68} \\ 124 \\ \underline{102} \\ 22 \end{array}$$

师：谁能说服我谁就做我的老师。

生：不够商 1，就用 0 占位（气氛高涨）。

师：（争辩）我可以不用“0”占位，为什么要用“0”占位？

生：商数 2 写在百位上，商就是 3 位数。

师：这就是三位数，2 空（闭嘴点头）3 余 22。

生：没有你这样读数的和写数的。

生：你这样写，验算就不对。

……

师：我这个笨学生终于学会了，谢谢你们！

生：不用谢！（学生们满意地笑了。）

③学习第 3 小节。

师：你们还有什么问题?

生：（盛气凌人）再跟我们赛一道，还必须验算。

师：好。

```
师做：     302          生做：     302
       14)4228                 14)4228
          42                      42
          ———                     ———
          028                       28
           28                       28
          ———                     ———
            0                        0
```

生：老师你又做错了。

师：（手指“028”）为什么这地方不能写0?

生：后面还有数，这地方不可写 0，再说一个数的开头不可写 0，这是习惯。

（争辩。）

(3) 小结（略）。

三、收获了什么

1. 品课

当日下午晚办公时间，由教科室主持的评课开始了。这在我校还是第一次。参加评课的老师只有那么十几位，与听课的老师相比少多了。

董琳（教四年级数学）：听了这节课，我觉得语文课与数学课有很多相通的地方。数学课上出了语文味，数学课不再枯燥，挺有趣的。我们数学老师应该多去听听语文课，肯定会有收获的。

程金凤（教六年级数学）：引导学生给数学课文分节，体会复习题与例题之间的关系，注重了对数学文本教材的感悟与亲近，培养了学生的自学能力。想一想，我在课堂教学中留给学生看书的时间少之又少，往往流于形式，至于怎么去看，怎么思考、质疑，从来没有引导学生去想过。

刘三荣（教三年级数学）：在探讨例 9“商中间有 0”环节，学生参与面不大，为什么呢？力求学生推出“算理”的目标，有些拔高了。商中间有0有两种情况：不够商1商0；0除以除数，商用0占位。

薛利（教六年级语文）：创设宽松、民主的课堂学习氛围，是学生发挥创造力的前提条件。平日教学中我们教师主导性太强，没有什么“民主”。长此以往，学生主体性发挥不足，被动性有余。本节课教师真正把自己置于与学生平等的地位，与学生一起交流、争辩。学生敢想、敢说、敢质疑，敢于批判他人，哪怕是老师的错误。如此，何愁学生的“批判精神”得不到培养？何愁学生没有学习自信心？

黄正威（教五年级数学）：让学生走上讲台，师生角色互换，“谁能说服我，谁就做我的老师”等“装傻”求教的话语，为教学创设了平等的对话平台。教学过程中，教师提供错误的资源，学生敢给老师纠错，在相互争论中理解了算理，解决了要研究的问题。这争论无疑会给学生留下永久的印记。看来教材中的难点问题是可以让学生通过自学课文解决的。

刘娟（教三年级数学）：不能把数学本质的东西丢掉。该节课在复习环节花费了很长时间，过多地在“商”中间有“0”处纠缠、悟道。其实说一说就可以了，不必让学生在黑板上板书出来。在后来的练习巩固环节里没有时间去做练习十的任何一道题。计算课不多练就不能熟练掌握计算技能，更谈不上方法的迁移，那拿什么去考试呀。

杜义超（教导处副主任）：我们的教学有意无意地落入了模式化教学的窠臼，受传统习惯以及定式的影响很难走出来。这节课给我们以引领和示范。我们要勤于反思，勇于改变习以为常的教学行为方式。

宋运来（教一年级语文）：（就为什么去上这节课作了简单介绍后）这节课的指导思想是“注重情感，求‘本’务实”。数学教学既不能偏“左”，也不能偏“右”，而要走“中间地带”。这节课仅作抛砖引玉，以期大家对我校数学教学的现状有所关注。

我想就这节课的预设问题谈谈个人看法。我们一般的教学设计是“线性”的，而在实际教学场景下，往往为“非线性”的。在这一思想指导下，新知“例9”学完后，是接着学新知“例10”进行学法的迁移，还是做“练习十”进行巩固，作了非线性设计。其前提条件是要遵循学生内在的意愿。看似美好的“两手”设计，到了课堂上却没有发生，因为时间没有了。时间用在了哪里？刚才刘娟老师已指出，用在“商”中间有“0”处的悟道上。此处是预设的，不过我没想到会用那么长时间。另一着力时间较多的环节是“28”前该不该有“0”的争论上，这点是预设之外的“生成”，是否只注重了情感培养，而忽略了教学目标的达成？在数学课文分节与分段的理解上，预设与实际教学也是有出入的，这些都有待大家与我共同探讨。

2. 风波

一石激起千层浪。原本简单的数学课，因为身份的特殊，竟在校内掀起了不小的波澜。

有的人戏谑：最好的数学课却在我们语文教师里；有的人不满：我校奥赛连连夺金拿银，是众多学校学习的榜样，能有什么问题？要你语文老师来搅和；有的人尖刻相讥：标新立异，出风头；有的人联想：有政治目的，想捞取个人资本……

针对流言飞语，我在校行政办公会议上呼吁：要单纯地做事，少些复杂的联想，给教研留有一个自由的空间。希望各学科之间打破壁垒，不要把自己分管的那一亩三分地视作神圣不可侵犯的领地。否则，容易产生话语霸权，不利于课程改革的深入开展。

这一颗石子投向水面泛起的涟漪，渐渐恢复了平静。过了几天，在往返学校的路上，蓦然间有学生冲我喊："冬瓜老师好！""宋同学好！"原来是三(2)班的学生。我笑了，学生没忘记我们上课交流的那一幕。"反串上课"这件事仿佛还在眼前挥之不去。两周后的一天，一个新的研究命题涌向笔端：《要能听到校本教研批评的声音》或《校本学术文化批评的构建》，这可能是我意外的收获。

——选自：宋运来. 去种一次别人的田［J］. 人民教育，2005（20）：25－28.

宋老师作为一个语文特级教师，不仅连续听了多节数学课，而且去种了一次别人的田，上数学课。上数学课，是因为在听课中发现了不少问题，试图现身说法，感悟数学，解决问题。在打破学科壁垒上宋老师迈出了坚定的步伐。宋老师的数学课不能说没有问题，正如有的教师所批评的，复习环节花费了很长时间，过多地在"商"中间有"0"处纠缠、悟道，以致后来没有时间做巩固练习等，但其注重数学教材的阅读与指导，力图让学生读懂教材，"上出了语文味"；注重了对教材的感悟与亲近，培养了学生的自学能力，这对于打破长期以来形成的数学教学惯例，无疑是有益的。从评课活动中我们看到，不少数学教师已开始由宋老师的有"语文味"的数学课，反思自己的日常数学课堂。当然大家的议论绝非仅局限于业务，"反串上课"竟然在较长时间内"挥之不去"，由此引发了关于建设学校教研文化的思考。这是"种别人的田"的意外收获。

课题组

课题组，亦可称为项目小组，这里的课题并不限于“国家级”“省市级”下达的项目（这些下达或争取的课题不乏有“贴标签”式的包装制作），更主要是学校教师基于某种教育教学实践的困惑或某种期待而提出的“微型课题”。课题组一般有这样一些特点：①基于课题研究的需要，围绕某一课题而组建；②基于教师的意愿、兴趣，教师个人自主参加，有学者称之为“教育研究自愿者结合”[①]；③可以是限于某一学科内部，也可以是跨学科性的项目团队，因课题研究的内容范围而定；④可以吸引校外同行、专家的参与，吸引不同专长的成员参加，在不断变化中保持优势；⑤因课题研究任务的完成而解散，因新的课题研究的需要而重组，具有较大的灵活性。

课题组的规模可大可小。如果比较大，可按子课题组建研究小组。课题组核心成员不宜过多，在运作过程中可以根据成员学科背景、研究能力的不同而作一定的分工，形成相互依赖的子课题组，避免一两个人的包办代替。成员分工不应过多地考虑其行政职务、资历，而应充分尊重各自的意愿，彼此间的角色也不是一成不变的。将大家联结在一起的是共同的探究兴趣、研究指向，而不是其他什么，这是课题组的生命所在。

青年教师专业发展小组

刚参加工作的新教师，面临着共同的专业学习、岗位适应的问题，面临着尽快从新手到合格到教学能手的专业发展问题。在工作之初，有个良好的开端，对其终身发展都将产生深刻的影响。青年教师在学科组、年级组、课题组内往往更多地充当配角，在所谓“青蓝工程”中充当的是“徒弟”，在通常的教学研讨活动中充分表达自己的主张、展示自己的才能、唱主角机会不多。青年教师彼此间互相讨论交流的机会也有限。这对于他们养成对自身教育教学实践进行总结反思的习惯是不利的。为此，在青年教师比较多的学校，有必要组建“青年教师专业发展小组”。上海市打虎山路第一小学便成立了“青年教师专业发展小组”，该小组制订了如下活动章程。

（一）活动目的

学会自我反思、自我改进，给青年教师更多成长的空间。

（二）活动内容

---

① 陈桂生，等.“教育研究自愿者组合”的建构［J］. 华东师范大学学报：教育科学版，1999（4）：14－25.

以自己在教育教学中遇到的问题为主。

（三）活动小组

以5年教龄以内的青年教师为主，并邀请部分学科代表和骨干教师参加。

（四）活动时间

每月第一周的周五下午，将这一时间命名为“青年教师教育实践行为诊断日”。

（五）活动制度

1. 每次活动前准备中心发言，每次有若干个中心发言者。

2. 带着自己教育教学上的实际问题走进小组，针对问题作中心发言，在研讨中寻求解决问题的方法，制订并实施方案，带着体验再一次走进小组反馈交流。

3. 学期末以行动计划或个案作为活动成果，行动效果作为期末教师考评内容之一。①

专业发展小组强调对实践问题的“诊断”，采用“计划—实施—反馈—再计划—再实施—再反馈”的活动流程。在活动中可邀请学有专长的教师参加，围绕特定的问题作专题发言或提供行动帮助。

“教育茶馆”

中国自古以来就有自己的茶文化，处处有茶馆。不同职业阶层的人相聚在茶馆，喝茶聊天，既是一种休闲，也是一种交流。

设立“教育茶馆”，旨在营造轻松交流的氛围。教师日常工作生活紧张，教室、办公室总是面临这样或那样的压力。到茶馆喝茶聊天，可以选择自己喜爱的姿态，或坐，或躺，不必受太多的拘束，自然是一种放松。既然是名为“教育茶馆”，也就区别于一般的闲聊，还是要围绕“教育”话题。“教育：我们有话要说”，“到茶馆去说”。“教育茶馆”因其固定的交流场所、轻松的交流环境，将大家聚集在一起。英国剑桥大学的各学院（college）都拥有一个相当大而气派的食堂（师生同餐是中古书院生活的遗意），有几条长长的厢房（同宿共息是书院生活之根本），有一个美轮美奂的院士休息室，这是剑桥老师饮酒、喝咖啡、较量“嘴上功夫”的地方。我们的学校建筑也应当设若干不同于办公室、教室的教师较量“嘴上功夫”的地方。至于较量的具体内容，不必作过多的限定。

① 胡惠闵. 教师专业发展背景下的学校教研组［J］. 全球教育展望，2005（7）：21－25.

学校教师或因同学科，或因同年级，或因共同的研究课题，或因处于相近年龄层次、发展水平，或因在同一场所办公、聊天，等等，大家聚集在一起，交流、研讨、分享知识，分享实践智慧，形成组织智能。

8. 体验流淌

——教师研究成果的表达

参与者的表达必须直面自我，保持文化人应有的真诚与坦率，再现教育教学过程原有的动态复杂性，不宜偏执、迷恋某一两种表达方式。它是内在体验的自然流淌，是消除盲目、分辨意见、获得洞见的过程。

中国禅师慧能不识字却能“悟道”，他的主要教义之一便是“不立文字”，即不在思辨推理中去作“知解宗徒”，而只凭个体自身的亲身感受、领悟去把握本体，把握“最本己”的那个东西，获得异常淡远的心境。他认为文字是人为的枷锁，是外在的、僵化的东西，人执著于语言文字与思辨，反而阻碍了对本真的领悟。慧能的“不立文字”，不等于不表达，因为表达不仅有“语言文字的表达”，还有“生命的表达”和“行为的表达”。[①] 语言表达是重要的，但其有可能是完全没有人格的，语言表达的缺憾当由“生命的表达”“行为的表达”来弥补。在狄尔泰（Dilthey，W.）那里，“生命的表达”是指表情、姿势、声调乃至耸肩、微笑、眨眼等自发的生命活力的显现，源自内心深处，包含着更多的个人体验。而“行为的表达”乃是有目的的，它反映出精神生活的重要内容。或许慧能已经意识到文字对思想的束缚。数字、符号、模型、文本等这些人所创造出来的东西，越来越不可思议地成为决定性的东西。现实，那个被视作具体实在的生活本身，正是符号和模型操纵的结果。德里达（Derrida，J.）断言：“文外无物”。他提醒我们现实是由措辞构成的，我们不能超越文字符号描述而获得什么实质性的研究成果，甚至我们也不能生活在脱离语言文字交流的真空中。言语弥漫在整个生活世界之中，文本占据了我们的

---

① 狄尔泰在《精神科学导论》中把表达分为语言的表达、生命的表达和行为的表达三种类型。参见：谢地坤. 走向精神科学之路［M］. 南京：江苏人民出版社，2003：69.

心灵世界，人成了“符号化的动物”。① 今天的教师已经不能像慧能那样幻想着生活在一个没有文字符号的世界，而恰恰需要立言，不仅要做自己的事，而且要说自己的话，讲述自己的故事，这样才能创造真正属于自己的生活世界。

8.1 视角

写作首先面临的是视角的选择。

教室里的小广播在教唱歌曲。语文老师兼班主任董老师在课间就已经进了教室，她让学生发了批改好的作业本。“练习本先叠起来，放桌上。”她一边吩咐，一边督促着学生好好学歌。小广播教唱歌曲结束了，教师快速走上讲台。

董：上课！

班长：起立！（全体学生都站起身来，稍离座位站在行间。）

董：动作不太整齐。手不要扶桌面，再来一次。上课！

班长：起立！ （所有学生又站起来，动作已明显整齐了，小手都放在腿侧。）

董：同学们好！（老师向学生一鞠躬。）

全体学生：老师好！（学生还礼。）

董：请坐！开始上课了，刚刚看到最有礼貌的同学向老师鞠躬问好，老师特别高兴！

——唐芬芬. 教师言语行为的课堂透视：一项质的研究 [J] //丁钢，主编. 中国教育：研究与评论　第3辑. 北京：教育科学出版社，2002：182－183.

这是旁观者对一线教师的生活故事所作的描述。教育故事的叙述者是一位旁观者，她在对故事过程描述的同时，也不时地充当对事情意义、价值、前因后果的解说者，即使不评说，而只是所谓的客观如实的记录，其对生活场景的剪裁、取舍，或浓或淡的泼墨则已经表明了她的判断与价值取向。教育研究者借鉴人类学方法，倡导“人种志研究”，走进学校教师的日常生活世界，对师生日常生活方式、教学方式进行描述，阐明如何行动，剖析其信仰、价值等如何随时间、情境的变化而变化，逐渐打开学校的“黑匣子”，诞生出一系列的

① 符号化的思维和符号化的行动是人类生活中最富有代表性的特征。参见：卡西尔. 人论 [M]. 甘阳，译. 上海：上海译文出版社，1985：35.

优秀研究成果，如刘云杉的《学校生活社会学》[①]，唐娜·伊·玛茜(Muncey, D. E.)等人的《学校和课堂中的改革与抗拒》[②] 等，都是这方面的佳作。

我们再看下面一段叙述。

护送学生放学的路上，袁润又一次走出队伍，伸手将同伴摔倒在马路上。我怒气冲冲地走过去。他倒装出一副冤屈的样子，抽泣起来。我喝道："快把嘴巴闭起来！"没有用，他反而转成号啕大哭，引来校长、同学、家长的注意。我不得不压住心中的怒火，可也不可能一下子变得和蔼可亲，帮他擦泪，骑虎难下。而就在这时，袁润的妈妈赶过来。我仿佛得到救星似的，说："袁润，你自己跟你妈说去吧。"我连忙摆脱了这个烦人的家伙，继续护送。对于袁润，我感到无能为力。通常的哄骗、威吓、利诱，等等，转换了几次后，很快就失败了，而他还是那副老样子，该怎么着就怎么着，全凭自己高兴，不断惹是生非。找家长，家长说：在家更不听话，还拜托老师多管教。天哪，我的头都大了。何况你只有一个，而我要对66个负责呢？

——江苏省海安县实验小学组织的"教师教育故事交流会"材料，2004年1月

这是一位新教师叙述自身初带66个学生的班级的一段遭遇，是参与者关于教育教学行动的体验与困惑。教师在自身研究中，并非充当旁观者，无需由外到内的"现场进入"。他本来就是当事人，把自己摆了进去。他的叙事自然是叙述自身的困惑、遭遇、想法以及尝试行动。

旁观者和参与者视角的不同表现在写作上，绝不仅仅是人称的差别，而是涉及一个十分艰难的如何对待自我的问题。旁观者在叙述中可以"在场"，也可以"隐匿"。在场的叙述更多地表现为夹叙夹议，直接显现出自己的理论视角与立场；隐匿的叙述则把所听到的、看到的故事视作"社会真相"，力求通过描述客观地再现实事本身，尽可能不直接透出研究者本人的价值判断。反正不伤及自我，如果怕损及他人，还可作匿名处理。参与者则完全不同，他无法回避自我，不好作什么匿名处理，而必须直面自我，直面自己的教育教学生活世界。"每个人都是一个深渊，当人们往下看的时候，会觉得头晕目眩。"[③] 直

---

① 南京师范大学出版社2000年出版。

② 该书由白芸等人翻译，华东师范大学出版社2005年出版。

③ 刘小枫. 沉重的肉身［M］. 上海：上海人民出版社，1997：4.

面自我，也就是敞开自我，不仅仅将自己的自信、豪言、成功，而且将自己的卑微、私语、失语等展现出来，避免公认的话语装扮、华丽的辞藻美化，保持文化人应有的真诚与坦率，达到言行一致、表里无违的境地，这就需要有直面自我的勇气与胆识。唯其如此，教师的表达才可能展示出具体的、真实的、独特的、个人化的生活世界，而不至于使用公众话语，叙述"常人"经历，生产出"标准化"的文本。读卢梭的《忏悔录》，从中可以了解到这样一个思想巨人，也是近代教育史上伟大的教育家，在日常生活中的平民形象。他说过谎，行过骗，调戏过妇女，偷过东西，甚至有偷窃的习惯。他以沉重的心情忏悔自己在一次偷窃后把罪过转嫁到女仆玛丽永的头上，造成了女仆的不幸，忏悔自己在关键时刻卑劣地抛弃了最需要他的朋友勒·麦特尔，忏悔自己为了混一口饭吃而背叛了自己的新教信仰，改奉了天主教。"当时我是什么样的人，我就写成什么样的人；当时我是卑鄙龌龊，就写我的卑鄙龌龊；当时我是善良忠厚、道德高尚的，就写我的善良忠厚和道德高尚"，"大自然塑造了我，然后把模子打碎了，打碎了模子究竟好不好"，读了之后，你自己去"评定"，①这便是我们所需要的直面自我时的坦率、真诚、自然的态度。

用不着将自己乔装打扮一番，名为自述，实为自诩；不要把坦露自己，包括坦露自己的缺点过错视为一种苦刑，自然的流淌比矫饰的文字更为正常合理，也更为亲切，容易被他人所接纳。对自我保持一种清晰的反省意识，总比生活在"惯习"状态好。通常，我们对自我的如实描述中，总渗透着对"已成的我"的不满足，以及对"新的我"的期待。我们便是在对"新的我"的期待中开始新的生活，从而造就了一个"新我"。故而，参与者的写作，直面自我的表达，所写出的不仅仅是文章，而且是作者自我，一个"新我"。

8.2 叙事

叙事无所不在。它的身影可以出现在神话、传说、寓言、小说、史诗、历史记录、戏剧、电影、图片以及人们的谈话之中。人可以说是在叙事中生活，通过叙事去信仰、质疑、交谈、调整、记忆、期待、学习、建构、批判、恨以及爱。这里的叙事，简单地讲，就是教师讲述自己亲身经历的事件，讲述在日常生活、课堂教学、教改实践活动中曾经发生或正在发生的事件。这些"故事"样式的实践记录，是具体的、情境性的，活灵活现地描绘出教师自己的经验世界，记录教师心灵成长的轨迹，道出的是教师在教育教学活动中的真情

① 卢梭. 忏悔录［M］. 黎星，译. 北京：人民文学出版社，1980：1－2.

实感。

教师在日常的教育教学实践中创造和积累起来的大量的教育经验是十分可贵的。迈克尔·康纳利（Connely，F. M.）等人将经验视作“教育的首要因素”，所谓课程即“诸情境中的经验”。① 一个庞大的教育系统，如果没有一大批拥有丰富教育经验的教育工作者，包括教师、教育管理人员和研究人员来支撑，将是无法想象的。而众多的标准化的研究在量化过程中，忽视人们经历过什么，忽视实践者的独特的经验，也就难以获得对教育情境、对教师工作的真正的理解。教育领域本身就是一个人性灵动的领域，很多东西，尤其是人们常说的教育智慧，难以用明晰的理论和严谨的思辨说清楚。教师叙事以自我叙述的方式来反思自身的教育教学行为，通过对“能够感觉到的东西”的挖掘，对内心深处体验的描述，让这些“能够感受到的东西”自己站出来说话，即“让事实本身说话”，可以促使默会知识的外显，促进实践经验的交流与分享。如果我们将教学的专业知识看做是建立在默会知识、实践知识的基础之上的话，那么，教师的叙事，讲述自己的教育教学经历就显得尤为重要了。②

教师叙事，有诸多要求。比如，它的真实性，是已经发生或正在发生的事件。报告的内容是实际发生的，而非教师的主观臆想，非无中生有的虚妄。做到这一点，教师必须重视日常的教学观察与原始记录，做“教育日志”，搜集相关活动图片、录音、录像等。再如，它的情境性，即对与事件相关的时间、地点、具体人物、前因后果、重要细节等，作必要的交代，以便使读者能够置身于特定的情境中，获得必要的理解与感悟。还有，它的意象性。人生故事应展现一种特有的意象模式，具体体现在人物和情节中特有的比喻、象征和图片中。众多的意象常常聚焦于特定的主题，整合成一个完整的故事。这里需要特别强调的是叙事必须具有一定的情节，有着起始、中间过程和终结等完整的结构，有着必要的波折、起伏、跌宕，再现教育教学过程原本具有的动态复杂性，而不能想当然地作简化处理：一次活动转化了一个班的班风、一次谈心化解了一对积怨已久的矛盾、一次课堂发言改变了一个学生的自卑心态、一句话改变某人的一生，等等。在这些过程中，教师都扮演着妙手回春、救苦救难的使者，而结局都是一样的，学生被转化，教育技巧获得了成功。

---

① 康纳利，等. 教师成为课程研究者［M］. 刘良华，等，译. 杭州：浙江教育出版社，2004：6.

② 有学者曾对科学家的发明创造过程进行过专门研究，认为科学家的创造性工作至少有 50% 归功于默会知识。详见：郭秀艳. 内隐学习和默会知识［J］. 教育研究，2003（12）：31－35.

我班有一个学生是整个年级有名的调皮大王，上课好动，不专心听讲。大家对他已无可奈何了。有一次做眼保健操，全班只剩他一人没做。我说："我们班的小朋友都特别乖，全班每个人都做得很认真。"待我说完再看他时，他已自觉地做起来。这一节课上，我发现他听得特别专注。课堂提问时，我微笑着走到他面前。结果他的回答令大家感到惊喜，我立即表扬了他。以后，每当看到有一点进步，我就抓住机会表扬他。现在他比以前自信多了，不但专心听讲，而且积极举手发言。这次班干部竞选活动中，大家还推选他做班上的文娱委员呢！

这件事给了我很大的震撼，只有承认学生是独立的人，才能更好地发现他们的长处，认可他们的特点，才能真正地尊重他们、平等地对待他们。

——江苏省海安县实验小学组织的"教师教育故事交流会"材料，2004 年 1 月

说是"给了我很大的震撼"，但从文章中看不到具体的心灵波动，无法从中获得应有的共鸣，有的只是简化的"问题处理"。也许在作者看来事件过程并不重要，它只是用来证明"尊重学生、平等地对待他们"的"大道理"（其实这个"大道理"无需证明），而这恰恰是教师叙事的大忌。再看下面一段教师的讲述。

小龙是我们班的一个学生，初见他的人都会觉得这个孩子长得机灵可爱，学习上也一定十分聪明。可教过他的老师都知道他的聪明没有用在正道上。上课时，老师在上面讲，他就会在下面做小动作，一下课就没了影儿，直到上课他才满头大汗地奔进教室；每天的作业除非是在老师身边完成的，否则回家是一个字也不会写的——凡是教过他的老师看到他没有不头疼的。

就是这样一个孩子，我想要转变他，就一定要先了解他，和他交朋友。俗话说："江山易改，本性难移。"不过"难移"只是"难"而已，并不是不可"移"。精诚所至，金石为开。任何一个人总会有一个能使他转化的渠道，教师应努力、充满信心地寻找这个渠道。

我利用课余和休息时间，找他谈心。慢慢地我了解到他的父亲下岗在家，整天打麻将；母亲是营业员，上班路比较远，天天早出晚归，也没空管他，常常给他些钱让他自己吃饭，渐渐他就养成了一些坏习惯。在与小龙的接触中，我发现他不是一个无药可救的孩子，在他身上也有优点。

根据他的特点，我决定从作业着手，帮助他改掉不做作业的坏习惯。起先几天，每天的家庭作业我都是看着他做完，才让他回家，后几天的作业他能自已在学校里做完。现在他已经能自觉地在家里完成家庭作业了。虽然这对一般的孩子来说是一件很普通的事情，但对他来讲已经是不小的进步了。每当他能按时完成作业，我就适时地表扬他，鼓励他。渐渐地，他变得要上进了，变得懂事了，他已不再让老师们头疼，与以前的他也大不一样了。

一天早晨，我刚进办公室，数学课代表就捧着一叠数学作业本轻声地对我说："施老师，少了一本作业本。我怎么查也查不出是谁没交。"

"小龙交了吗?"我随口问了一句。

"他说他交了。"

"哦?那会是谁呢?你是不是数错了?"我有点不放心，还怀疑是课代表粗心。

"不会的，我数了好几遍了，就是少了一本。"课代表辩解道。

我听了有点生气，跟着课代表走进了教室。到教室后我再一次问了一遍课代表："作业本少了一本，到底是谁没有交?"教室里没有人回答。我提高声音又问了一遍，教室里鸦雀无声，同学们都你看看我，我看看你，还是没有人承认。我想可能是我的声音太响了，于是换了个口吻温和地说："是谁忘了交作业?施老师知道他一定是做好了，只是刚才收本子的时候他忘了，对吗?没关系，只要现在交出来，施老师一样不会怪他的。"满以为我说完一番话，总会有人把作业本交出来了吧，可没想到他们照样坐着谁也不肯承认，我真的生气了。

"现在有谁愿意帮别人找一找?"同学们纷纷举手表示愿意。"那谁又愿意让其他同学帮助他找一找呢?"全班又一次齐刷刷地举起了手。"那我们就同桌之间相互找一找吧。"教室里顿时就忙开了，没过多久大家都汇报说没有找到。

我还是不相信，走到小龙身边问："小龙，你交作业了吗?"

"我交了，我来就交了。"他理直气壮地回答。

"真的吗?"我追问道。

"施老师，我没有骗你，我真的交了。"

望着小龙，我将信将疑。"那你要不要施老师帮你找一找?""好的。"我没想到他回答得如此干脆。小龙把书包放在课桌上，把里面的书和文具都拿出来让我找，我开始怀疑是不是我错怪他了。我和小龙一起把书一本一本地放进书包。当我拿到一本英语书的时候，感到包书纸好像特别厚。我禁不住看了一眼，小龙显得有点不自然。我掂量着这本英语书，望着小龙，我越不做声，他就越紧张，我就越觉得有问题。我轻轻地把包书纸打开，数学作业本就静静地躺在包书纸和封面的中间。“小龙，你有什么要解释的吗?”小龙保持沉默。

我不能容忍一个学生说谎，再也控制不住自己了，说话的声音也高了起来，批评的话倾泻而出，连过去的“老账”也翻了出来。最后还狠狠地训斥道:“你真是一块石头，顽固不化!”他听了我的训斥，起先低着头，后来脸色顿变，扭身冲出了教室。

之后的几天，在我上课时，他不愿和我对视；课间休息也一直远远地躲着我；作业也有好几天不交了。显然，我们师生间已经产生了深深的隔阂。为此，我的心久久不能平静。这样劈头盖脸的批评有效果吗？能让他心服口服吗？我置他于难堪的境地，难道就能显示出教师的高明和威严吗？

我陷入了沉思：小龙这一阶段的学习应该还算认真，为什么会不做作业呢？背后的原因是什么？我这样的批评是不是过分了一些？若我是学生会不会接受老师这种疾风暴雨的批评呢？不，我是不会的。

其实，每个人都有很强的自尊心。特别是学生，当他们有了缺点或犯了错误时，一般害怕老师批评，尤其是当众批评。当众批评既达不到教育目的，也会使师生关系产生不和谐。我为自己的做法而深深内疚。

一天放学后，我找小龙单独谈话。先向他承认我批评方法的不妥，向他道歉，同时也指出他不做作业是错误的。“你已经能按时完成作业了，这次可能有特殊的原因，但也不要轻易原谅自己。希望你能理解和明白施老师的一番良苦用心。一个同学偶尔有过失，只要承认了，改了就好。知错就改还是一个好学生。”听了我发自内心的话，他低声说：“施老师，我懂了，我知道自己错了。”第二天我再见到小龙时，他不仅把前几天的作业都补齐了，而且比以前也开朗多了。我在他的周记上看到这样一句话：“施老师，谢谢您。上次的谈话使我从内心感到善意和温暖，您在我心目中是可亲、可近又可敬的。我一定不会让您失望。”

从这件事的处理过程中我意识到理解和尊重学生更能体现教师的人格力量，也更能达到预期的教育效果。教师一不留神伤害学生是容易的，但不容易的是挽回学生对你的信任。教师最细致、最艰巨的工作恐怕就是爱护和发展学生的自尊心、自信心。因此，现在一般当学生犯错误时，我总是先思考学生为什么会犯错误，做一做学生的学生，听他们诉说他们犯错误的原因。任何事、任何问题只要找到根源，找到问题的关键所在，所有的困难也就有可能最终得到解决。设身处地地从学生的角度想一想，从学生的立场思考问题，对我们教师来说是有百益而无一害的。在学生犯错误时，要先做学生的学生，再做学生的老师。

我想，要让小龙一下子完全转变过来，那是不可能的，只有给他时间，让他在自己取得的点滴进步中体会成功的喜悦，那才是对他真正的帮助，才是他真正的朋友。

许许多多像小龙一样的孩子其实都不是笨孩子，而是一群潜在能力未被开发、未被发现，很容易被忽略、被冷落的孩子。这些学生的智商都很正常，他们渴望得到老师的重视和关心，哪怕只是一句简单的表扬、一个关切的眼神，有时也会给他们带来很大的影响，起到意想不到的作用。每个学生都有获得成功的愿望和要求，他们也不例外，他们比其他学生对成功的渴望更强烈，只有让他们尝到成功的快感，才能使他们有争取新成功的动力。在教育教学中，教师要为他们创设成功的机会，适当地为他们着想，有意识地为他们创造一些机会，这些对教师来说"易如反掌"的事情，能让学生体会到教师在注意他、重视他，能使他通过自己的努力一步步走向成功。

"天生我材必有用""人无完人"这些话应运用到实际教育教学之中，不要让它成为一句空话，教师要让阳光普照到每一棵小苗上，让每棵小苗都能健康地成长，即使这棵小苗是弱的，即使这棵小苗生长在贫瘠的土地上。

——上海市凤城新村小学施慧珍老师撰写

同样写学生的转化过程，这位老师先写自己如何了解小龙，和他交朋友；然后写帮助小龙改掉不做作业的习惯。开始倒也顺利，后来出现了反复。小龙不但不做作业，而且说谎，师生彼此间发生了激烈的冲突。为了化解矛盾，老师还是先承认自己批评方式的不妥，向小龙道歉，同时郑重指出不做作业的错误。小龙也认识到自己的错误，从内心里感激老师，彼此间的心理距离又缩短了。这位老师的叙事让我们具体感受到教育过程的艰辛，师生互动中心灵的碰撞，以及教师在化解矛盾中表现出的智慧。这便是我们所要求的通过叙事再现教育教学过程原本具有的动态复杂性。如果不关注具体的教育情境的复杂性、心灵体验的独特性，那还要叙事干什么?

教师的叙事要特别注意这样几点。

关注自己的生活篇章。把自己的生活想象成一本书，每一段就是本书的一章。当然了，生活没有完结，这本书也就没有写完。

关注教学中的关键事件。这类事件包括那些感到特别兴奋的"高峰体验"，艰难、沮丧的"低谷体验"，使生活发生重大改变，尽管事发时不一定意识到的"转折点"，最重要的童年记忆、青年记忆以及成年记忆，不论是积极的还是消极的，等等。

关注专业生活的压力和问题。陈述日常教学生活中感到棘手的问题，由此而带来的矛盾、冲突和挑战，以及自己解决的尝试。

关注未来的打算，叙述自己对未来的构想、行动目标、计划等。

关注自己的思想意识。自身专业生活乃至整个人生的主旋律是什么，感到最重要的是什么。

8.3 深描

成功的叙事总是具有内在的“邀请性”。“凉水邀请我们去喝，海岸邀请孩子去玩，一把舒适的椅子邀请我们疲惫的躯体陷入其中”；同样，生动、丰富而深刻的文本“邀请我们与之对话”。① 这种叙事使作者，也使读者或听者获得对生活体验的理解，帮助人恢复人（包括作者、读者或听者）与世界的联结，不断编织“意义之网”。这就离不开“深描”。

克利福德·格尔茨（Geertz，C.）在《深描：迈向文化的解释理论》中，借用哲学家吉尔伯特·赖尔（Rule，G.）的一个概念——“深描”，建立了自己的文化解释理论。② 赖尔在一篇论文中以不随意的眨眼与挤眉弄眼为例，来区别现象学的观照与浅显的描述。表面看来，不随意的眨眼与挤眉弄眼之间没有什么不同，都只是一只眼睛的眼睑突然闭合了一下而已。然而一个是不经意的动作，而另一个（可能）是密谋结盟的信号，它们所表达的意义差别却很大。格尔茨建议，民族志的目标便是要深入到行为的表面之下去寻找积累的推论、暗示的层次，在特色的社会文化生态中赋予描述事件一定的意义，促进意义的分享。格尔茨在《深层游戏：关于巴厘岛斗鸡的记述》中提供了“深描”的范例。③ 他对巴厘岛斗鸡的描述，绝不仅仅是细致入微的，而且对一名巴厘人来讲，斗鸡到底意味着什么提供了重要的洞察。巴厘人眼中的雄鸡被隐喻地用来表示“英雄”“勇士”“冠军”“有才干的人”等，雄鸡成了男人的象征性表达或放大（“动物性表达”）。在斗鸡中，人与兽、善与恶、自我与本我、激昂的男性创造力和放纵的兽性毁灭力融合成一幕憎恶、残暴和死亡的血的戏剧。它是对构成村落和场景的社会母体和社会紧张的表述，是对地位竞争、获得和失去尊严、荣誉和敬意的庆典。格尔茨的描述，将斗鸡从浅层的“金钱赌博”步步推向深层次的“地位赌博”“宗族较量”。看来，浅度描述与深度

① 范梅南．生活体验研究［M］．宋广文，等，译．北京：教育科学出版社，2003：25.

② 详见：格尔茨．文化的解释［M］．韩莉，译．南京：译林出版社，1999：3－39.

③ 同②，第484—534页。

描述的实质差别并不在于描述是否详尽，而在于是否将行为背后的意图、意义揭示出来。如果说浅度描述只是说明事件的过程的话，那么深度描述关注的却是意义的生成、行为背后意图的揭示；如果说浅度描述只是一种欲望的呢喃，一种对欲望之物的呼唤，或者是一种工具的介绍、媒介的说明的话，那么深度描述则是一种智慧的语言，启人悟道。

我们对教育故事的关注绝不仅仅因为它真实，事情好像发生在我们身边，也不仅仅因为它的"情节"起伏跌宕，而是因为"有意义"，因为其对读者有所意谓，因为其带来某种意义的召唤，召唤读者进入故事情境，与叙述者一起感悟细节中的精神，展开意义的探询，理解事情发生、发展的缘由所在，进而获得真切的体验。当我们观察孩子的行为并对之感到迷惑不解时，我们会体验到一种"寻求意义的渴望"；当我们设身处地感受儿童的内在生活，走进儿童的心灵世界时，我们就会体验到一种"意义的理解"；当我们将儿童的所言、所做与其所处的情境联系在一起，对其行动意旨获得某种解释时，我们便会体验到一种"意义的创生"。教师表达、讲故事，绝不能止于客观事实的描写，更为重要的是着力描述个人的教育教学生活际遇，陈述作为当事人的内在体验感受，在对有关行动的描述中有机融进与行为相关的背景介绍（这是读者理解某一特定事件、仪式、习俗、观念等所不可缺少的知识），并不断叩问自身的教育教学行动对儿童的成长意味着什么，从曾经怎样与可能怎样的生命感受中探索生命的应然。

我正忙着手中的活儿，眼角的余光注意到6岁的儿子托尼正在将什么东西藏到碗橱的后面。"你在干什么，托尼?"我问道，"我们不把东西放在碗橱的后面。为什么不放在抽屉里?"托尼停了下来。他显得有些尴尬，甚至有点犯了错的感觉，结结巴巴地说："噢，没有，没干什么。……爸爸，没有什么。"我紧逼不放："你刚才在碗橱后面干什么？托尼，能给我看看吗?"托尼温顺地拿出来一把小刀。"这是杰夫的小刀。他借给我今天玩儿。我连刀刃都拔不出来。我只是想等到明天再还给他。杰夫的妈妈准许他玩儿。"托尼的脸上有点涨红和紧张。他知道我不准许他玩小刀。我说："你把小刀还给杰夫，好吗?"

托尼离开房间后，我感到有点不平静了。他为什么要这样做呢？当我逼问儿子的时候，已经对自己的做法感到不舒服了。后来，我将此事告诉妻子，我对妻子说："你知道吗？让我感到非常恼火的不是托尼拿了刀玩，而是他想对我隐瞒什么。我觉得他在偷偷摸摸地做事，而且，撇开了我，好像我和他之间有了隔阂。托尼和我一直都是非常坦诚和相互信任的。现在，我感到这把小刀就像一个秘密，在我们之间造成了距离。我从他脸上看到他很尴尬，好像他有了这个面罩，而没有通常的那样坦诚了。”

第二天，我把托尼叫到一旁，我说:“我不知道拥有一把小刀对你那么重要。我想，你长大了，可以拥有一把小刀了。”然后，递给他一把小刀，“让我来告诉你怎样拿这把小刀，这样就不会伤着。这样打开，这样切割！对了，你做得很好……注意总是要这样拿，不要对着自己的身体方向来切东西。”

——摘自：范梅南. 教学机智——教育智慧的意蕴 [M]. 李树英，译. 北京：教育科学出版社，2001：151－152.

“我”从儿子尴尬的神态举止中感受到有些不舒服，思索着儿子为什么这么做，将自己的感受和想法如实地告诉妻子。“我”体验到由于小刀隔开的父子间的距离，体验到提供一把小刀的责任，富有教育意义地处理了“小刀事件”。“小刀事件”的叙述很平实，提供给读者一段亲子交往的经历和感受，如此而已。而“深描”所需关注的便是日常生活体验本身，强调在朴素平凡的情景中采取平易可亲的形式，在日常生活图景中昭示常态，获得某种意义关联（这并不等于接纳）。

如果要对“深描”提出几点建议的话，那么，下面几点想法值得参考。

第一，描述你正在经历的或者已经经历过的，尽可能地避免抽象、概括、简单说明。

第二，按其本来面目，对内在体验进行描述，突出尤为生动鲜明的经验，避免使用华丽的辞藻来美化经历。

第三，再现相关的背景，让读者走进所描述的情境，走进行动者的内心世界，身临其境地体会其中的意蕴。

8.4 洞见

强调原初体验的描述，乃是为了获取事物的本真意义，增强敏感性、反思力与洞察力。这既不复杂，又相当困难。之所以简单，是因为所要真正面对的，乃是日常教育教学行为、司空见惯的教育教学现象，并不像人类学家那样，置身于“异文化”之中。说困难，是因为当我们追问若干司空见惯的现象究竟意味着什么，我们却一时很难说清楚、说明白。比如，生活在学校里，天天与学生、与老师见面，对众多的老师与学生烂熟于心，而当我们试图追问教师是谁、学生是谁，对他们该有什么样的期待时，却又不知如何作答。

强调“有意义”，对读者有所意谓，它就是要表达某种思想、理念。有人将思想比喻为一种内在的“看”的行为，具有“当下”的、“直接”的特点。而“看”可以分为盲目、意见、洞见等。盲目是没有看的能力，或者是遮蔽了看的视野，于是眼睛什么也没有看到，这便是无知。意见指虽然能看并且看到了事物，但是它只是看到了事物的周边，而没有看到事物自身，同时它以自己的臆想为见，因此会产生很多意见，似是而非，似非而是，这便是通常所说的想法。洞见是真正的看，它不仅看到了事物，而且看到了事物自身的本性，看到事物如其所是显现出来的本来面目，这便是真知，是事物的本真意义。表达一方面在书写文字符号；另一方面也是一种内在的“看”，是消除盲目，分辨意见，达到洞见的过程。“盲目”的写作只能显现一种自我遮蔽状态，凭某种“意见”写作，表达某种偏见，可能会扰乱视听，混淆是非；有了“洞见”的写作，有了“灵魂”，才能“去蔽”，走向澄明之境。

一年级时，我说“狗咬吕洞宾，不识好人心”，吕海东咧开豁了牙的嘴巴，笑成一团，笑得眼睛也没了。他并不是觉得歇后语有多好笑，而是因为吕洞宾和他一样姓吕，好笑。更为好笑的是，这个姓吕的本家竟然被狗咬了，真是太好笑了。我被他的笑传染了，也笑。吕海东因此笑得越发不可收拾，笑波荡漾了几分钟才渐渐平息。对于我说这句歇后语的意图，自始至终他都没有明白。

这就是吕海东。我们觉得没什么好笑的事，他可以笑上几分钟。除了爱笑，他还时常制造一些供大家笑的材料。他的眼睛很小，却会在写话时说自己有一双明亮的大眼睛。做眼保健操的时候，他会未成曲调先有情，抢在音乐之前哼着旋律，手拼命揉着眼睛。大概是乐感不太好的缘故，他哼的调总与广播里的音乐旋律大相径庭，惹来一片笑声。这并不影响吕海东唱歌的热情，他会常为大家演唱自己的保留曲目《柳树姑娘》，风格颇似周杰伦。

考试，在一年级的吕海东看来，也是可笑的。第一次语文考试，吕海东悠闲地坐着，面对满卷子的空格，不为所动。我催他快做，他茫然地睁着小眼睛，说：“我不知道怎样填。”卷子改好发放时，我发现他竟然连姓名都写丢了一个字。“吕海！”我喊着。哄堂大笑。在笑声中，吕海东乐不可支地跑到前面拿卷子，至于自己离一百分有多远，不在他考虑的范围之内。

经过几场考试的磨炼，吕海东已经明白卷子上的空格要想方设法填满。又是一场考试，第一学期期末考试。考场上，吕海东是举手次数最多的考生。“老师，这一题怎样做？”这就是吕海东的问题，他已经牢记我们的教导，不懂的就要问老师。监考老师强调，卷子不清楚才可以问老师，不会做的题目不可以问老师。安静了一会儿，吕海东又问："老师，'升起'的'起'怎么写?"

渐渐地，吕海东学会考试了。他不会在卷子上留白，更不会问"这道题怎么做"之类的对于考试来说很可笑的事。

这是一场很普通的考试，二年级的单元测试。考试结束时，我让组长收卷子，整个教室井然有序。"老师，吕海东不交卷子!"一个孩子报告，宛如平静的湖面坠入一块石头，立即激起层层波浪。孩子们都围过去，毕竟，爱看热闹是我们的本性，孩子们也不例外，何况被围观的主角是吕海东，可能又有什么好笑的事情要发生了，大家都在等待着。"吕海东，快交卷子!"我严肃地命令。考试是严肃的事情，我要给孩子们培养这样的意识。"我……我……还有一道题。"吕海东很紧张。"快交!""老师都让你交!"围观的孩子七嘴八舌。"我马上就做好!"吕海东说着，语气里带着乞求。"不行!"我很果断，顺手抓住卷子的一边，想收过来。然而，卷子的那一边被一双小手紧紧按着，卷子怎么扯都扯不动。我想拨开他的手，出乎我的意料，就是那一双小手，此刻却有了巨大的能量，我无法拨开。"不!"一声近似于声嘶力竭的呐喊，我震惊了，孩子们也震惊了，吕海东也震惊了，教室里有了顷刻间的平静。二年级的孩子还不会反抗老师，这一声"不"给了我和他们太多的惊讶。"嘿，还敢跟老师争!"周围又是一片议论声。"老师求求你，我马上就交。"吕海东的声音里带着哭腔。在强大的老师——我面前，在强大的围观者同学面前，吕海东就像屠格涅夫笔下的老麻雀，卷子在他眼里就像小麻雀一样重要。我心里最深处的弦被触动了，强硬的态度像遇热的松香逐渐软化下来，抓住卷子的手慢慢地松开。吕海东腾出一只手来，哆哆嗦嗦地写着，也许是因为紧张，也许是因为恐惧，他的笔尖划破了卷子。

改卷子时，我在他补填的答案下画了一条横线，我想到了他慌张的眼神、声嘶力竭的呐喊、带着哭腔的乞求，没有扣分。我突然意识到，吕海东已经很久没唱《柳树姑娘》了，做眼保健操时，那不和谐的旋律也很久没听到了。吕海东的童年结束了。童年，是在明白考试的重要时结束的。

丰子恺先生在女儿阿宝告别童年时，写下了《送阿宝出黄金时代》，为父的复杂心情渗透在每个文字里。少年时，读这篇文章，我是以阿宝的视角，去感受父爱的浓厚。而今，重读此文，我找到与子恺先生同样的感觉。在送吕海东出黄金时代时，我的心情像子恺先生一样，无法用简单的词语概括。

——江苏省海安县实验小学戴树琴老师撰写

吕海东从“好笑”到“哭腔”的童声演变唤起了我们对童年命运的关注。吕海东的童年“是在明白考试的重要时结束的”，这或者就是作者的“洞见”。童年经历中的考试给吕海东带来的体验是苦涩的、灰暗的，这对于吕海东的一生意味着什么？我们对童年意义的追问也是苦涩的。

内在的“看”，不同于感知意义上的看，而是一种精神的或观念性的“看”，它同人的视域相关联，同人的立场态度有关。立场态度给人以特定的视角或视点，此视角拥有相关的视野，有着开阔与狭小之分。它规定了什么将被看到。每个人只能相应于视角而敞开自身。

最惯常的立场是日常的态度。思考一个事物的时候，许多人是从日常的态度出发，运用那些普通的、平常的但又持久起作用的知识即“常识”来解释事物。众多的“常识”当然不是与生俱来的，而是在日常生活世界中形成的，本质上是一个僵化的、凝固的世界图像。它只愿看到自己所愿看到的，而看不到自己所不愿看到的，如学生成绩差是先天注定的，“智力差”（言外之意不是教师的教学造成的），“生源是学校的生命线”，等等；同时，它只看到自己所能看到的小范围，看不到自己不能看到的地方，如同哲学家卡西尔（Cassirer，E.）所说的：“人总是倾向于把他生活的小圈子看成是世界的中心，并且把他的特殊的个人生活作为宇宙的标准。”① 因而可以讲，日常态度遮蔽了对事物的思考，难以形成洞见。

与日常态度不同，理论态度超出日常生活世界的经验。如果说日常的态度较为粗糙的话，那么，理论态度则是精致的，它甚至以文本的形态，如经书和经典表现出来。在一切理论当中，哲学无疑有着无可比拟的特殊地位，因为它是关于思想的思想，是世界观、方法论。各种哲学都宣称自己是真理。它们成了人们思想的基础、反思的视角。多学一种理论，便多了一面反思的镜子。

一位专业理论工作者到某小学三年级听语文课。课文《居里夫人和她的老师》讲的是居里夫人在成为世界名人后仍然尊重和热爱自己的小学教师欧班的故事。课文中讲，欧班老师收到居里夫人的来信（请他去做客），“泪水涌出了眼眶”。研究者认为在“涌出”这一修辞背后，隐藏的是一高一低、一贵一贱的不平等关系，对权威的屈从、对位高者的感恩戴德，就如同臣子得到君王恩宠一样的受宠若惊。只是在科技取向的现代社会，科学家取代了皇帝。研究者记录了教师的课堂语言：“我们今天就来看看这样一个举世闻名的科学

① 卡西尔. 人论［M］. 甘阳，译. 上海：上海译文出版社，1985：20.

家与一个普普通通的小学教师之间，会发生什么样的故事。”研究者照录了教师的课堂板书——这是对课堂事件的客观描述，并对此作了评析，认为在“教材的误导”下，“无批判力的教师在教学中”“将课本中隐藏的不平等关系放大”，“一左一右”，“犹如两军对垒，赫然在目，似乎不强调欧班老师的卑微，便不足以突出居里夫人的伟大”。由此呼吁小学语文教育要关注课堂精神生活的品质，尤其是关注那些潜伏在教育心理过程中人们习以为常的无意识的东西。在这里，意义解读及效应评估两个层次的分析交织在一起。

居里夫人和她的老师	
世界名人	小学老师
举世闻名	普普通通

——节选自：张玲. 小学语文批判［J］. 全球教育展望，2002（5）：57－59.

与日常态度相比，理论态度是经过反思的。但这并不意味着任何一种理论态度都能够通达事情本身，相反，也许它会阻碍了对事物本身的思考。因为人们以某种理论作为既定的立场去思考时，事物就会在理论的视野中扭曲、变形，从而失去自身的本性。现象学倡导“面向事情本身”，将一切关于某种东西“已经在那儿”的存在预设“悬置起来”，“放入括弧中”，使之失效，使事物活生生地出现在我们的视野之中，从而只看他的视域当场构成的东西，而不是看那些由日常惯性作用的东西或某种理论构造出来的东西，从而获取原初的生活体验，然后再来反思。这样做，并不是否认实在世界的存在，而是为了更深刻地对它加以观照；也不是不要理论，其所反对的是从理论出发去思考事物，倡导从具体事情出发去悟“道”，去建构理论，由此生成洞见。譬如，从科学上来研究，壶不过是由泥土制成的器皿而已，其物理性质与化学成分均可以精确测定。但现象学大师海德格尔没有这样从已有科学概念出发，去把握壶的物性。壶之为壶，缘何？它作为容器的存在，壶底与壶壁“承纳并容纳”，而那“有容纳作用的东西”乃是壶的“虚空”。壶其实便是“空无”。陶匠所塑造的是“虚空”。然而壶果真为“空”吗？壶中充满了空气。“把酒注壶中，就只是排出了充满壶的空气，代之以一种液体”，“把壶充满也就是把一种充满状态换成另一种充满状态”。空洞的壶的容纳为了倒出什么，也就是有所馈赠。“倾注之赠品”为壶之本性。壶馈赠饮料、水、酒。这些天地之造化，既可解渴、欢饮，又可敬神、献祭。“故在壶之本原中，总是栖留着天地与大地。”① 现象学所提供给我们的并不是一套按部就班思考的程序方法，而是精神审视态度的转向：直面现实，把握活生生的生命现象本身，留神关注曾在的和即将来的存在之天命。这是一条田间小路，穿越它，需要亲历，付出劳作，并学会放弃，放弃原有的常识视野，放弃那了解事实之前的预设、不得要领的评判标准，转而关注“存在之被遗忘的状态”，直观或体验到那些原本隐而不显的东西，即“特殊事实的王国”。

8.5 建模

教师在教改实践中积累的经验不仅可以采取叙事的方法加以表述，而且可以尝试着从复杂和繁乱中寻找简单，建立起秩序，以规范和指导后继的教改实践。建模便是教师对教育经验作简化处理的重要方式之一。

我们广泛谈论的“模式”为舶来品，英语为model，大致有“模型”或“范型”之意。在自然科学中一般译为“模型”，在社会科学中多译为“模式”。在汉语中，“模式”乃是某种事物的标准形式或使人可以照着做的标准样式。西方一般把模式理解为经验与理论之间的一种知识系统，是再现现实的理论性、简约化的表达方式。模式既不等同于现实（经验），而是对现实（经验）的概括化、简约化的描述；也不同于理论，它须提供具体的结构要素与运作方式，让人们可以“照着做”。教师教学的心智模式与行为模式是客观存在的，无法取消。对复杂多样的问题情境作快捷简化的处理，以简驭繁，乃是人类普遍具有的生存智慧与适应策略。乐于思辨者，倾向于将简单的东西变成复杂的，以开启智慧；从实践的角度看，还要进一步将复杂的东西变得简单些，以指导行动。对于教学模式，不是要不要的问题，而是建构什么样的模式的问题，是如何反思、重构新的教学模式的问题。仅有“案例启发”“故事启迪”“理念引导”，没有模式迁移与演变，就不足以进入日常工作层面，推而广之。模式与模型化是现代科技创新普遍采取的一种思想方法，教师研究可以学习与借鉴之。

建模要着重抓住以下几个环节。

① 孙周兴，选编. 海德格尔选集：下［M］. 上海：上海三联书店，1996：1168－1174.

8.5.1 提炼核心概念

对大量的革新经验、事实材料加以理论概括，提炼出能够揭示经验实质的核心概念，作为该模式的主题、灵魂。这一过程就是毛泽东同志所说的对感性经验材料所进行的去粗取精、去伪存真、由此及彼、由表及里的理性加工，从而形成一定的富有个性特色的思路、观念、原理，把教育革新的最高旨意、思想的闪光点揭示出来。具体概括时，可以从学校教育改革的内容、方法、措施、效果和实践者具体的想法、体会等方面分别归类，寻找它们内部带有实质性的共同点，捕捉经验中最本质的、最具有自己特色的内容，从而使主题明朗化、概括术语化。

以上海市闸北八中为例，他们起初针对该校学生基础差、学生习惯没有很好地养成、学习积极性不高的特点，从语、数、外三门学科教学抓起，改进教法，逐步探索出一套“低起点、小步子、多活动、快反馈”的教法改革经验。在教学内容上，他们适当降低了现行大纲教材中某些过深过难的要求，增加了实际生活中必需的知识和能力的教学内容。同时，他们在实践中发现，由于有些学生学习基础太差，按统一标准统一考试、评分，很难达到及格水平。以往，正是由于这种单一的评价模式，使一部分学生屡遭挫折和失败，以致逐渐丧失了学习的信心和动力，于是他们尝试了多层次评价、鼓励性评价的做法。此外，他们在对学生调查中和在有关理论的启示下，认识到学习困难学生与学习优良学生在非智力因素上的差异比智力因素大得多，于是，他们加强思想品德教育，帮助学生端正学习动机，培养良好的学习习惯，并开展了心理辅导，以提高学生的自我认识和自我调控能力。他们的改革，是从教育中实际存在的问题出发，采取了针对性的革新措施，并取得了良好的效果。但是，改革的主题一开始并不十分明确。总结时，他们逐步理出一条贯穿在整个改革过程、联系多项改革措施的共同的主导思想和基本原则，这就是对长期以来在学业上屡遭失败与挫折，因而丧失自信心、自尊心和学习动力的学生，应该从各方面创造条件，使他们在学习上获得成功，改变失败者的心态，形成学业成就与心理动力系统的良性循环，使他们今后以一个成功者的身份步入社会，并且将上述主导思想凝聚在“成功教育”这一核心概念之中。

8.5.2 界定功能目标

功能目标是人们对教育改革模式能在实践中产生“什么样的”和“有多大的”效能所作的预先估计。特定的教育教学模式的运作会带来特定的教育教学效果。“成功教育”期望那些长期以来在学习上屡遭失败和挫折的学生获得成功的体验，改变失败者的心态，形成学业成就与心理动力系统的良性循环；“主体性教育”旨在促进和培养学生的主体意识、主体能力与主体人格，改变学习上的被动应付状态，促使学生积极主动地获得发展，这两者的教育教学效果是不一样的。一种教育教学模式只能在某些方面产生明显的效果，而在另一方面则效果一般，不明显，甚至没有效果。模式不是万能的。

功能目标的确立，取决于模式设计者的教育价值取向，取决于他对素质教育理念的把握，对素质教育重要战略意义的认识、内容实质与重点难点的分析。一些研究者认为，素质教育应以主体性教育为核心，培养有主体性的人；主体性教育是素质教育的典型形态，是素质教育的最高表现，为此，他们构建“主体性教育”模式，将改革目标定位在弘扬学生的主体性、教育的主体性上。① 功能目标一旦确立，它也成了人们确立模式意义、设计模式结构、选择策略方法的重要依据。

8.5.3 揭示结构关系

从影响功能目标实现的诸多要素中，过滤出对该模式起支撑作用的基本要素（主要变量），并揭示它们之间的相互作用关系。这一过程也就是核心概念的分化展开，并将彼此间主要的相对稳定的关系用各种符号（含线条、箭头、矢量符号、文字……）直观地揭示出来，形成理论框架或实践范型。

例如，建立在斯金纳（Skinner，B. F.）“操作性条件反射”原理基础上的程序教学结构可作如下概括：

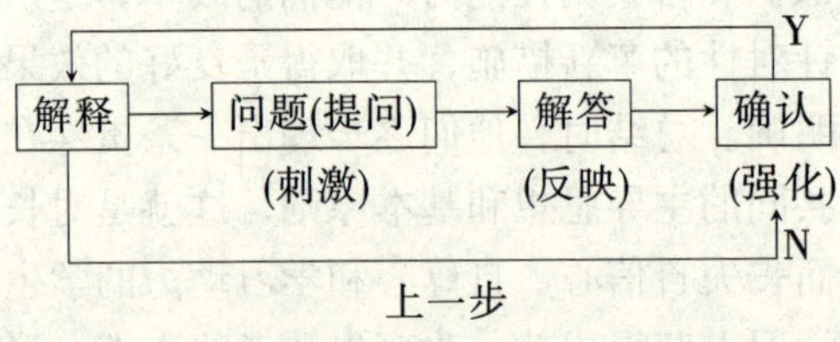

这一教学结构表明，程序教学把学习内容分成许多小步子并系统地排列起来，从而使学生便于学习。通过编好程序的教材或通过特制的教学机器逐步提出问题（刺激），学生选择答案（反应），如果反应正确，便加以确认（强

① 参见：黄崴. 主体性教育论［M］. 贵阳：贵州人民出版社，1997：277.；裴娣娜，等. 发展性教学论［M］. 沈阳：辽宁人民出版社，1998：7.

化），学生再进入下一步学习，这样一步步地积累而达到学习目标。由此而形成的教学空间结构如下。

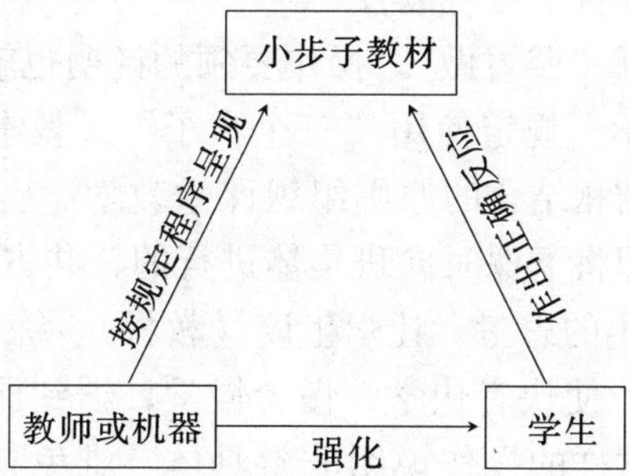

布鲁纳（Bruner，J.）在《教育过程》一书中指出，学习任何一门学科，掌握其基本结构，都要涉及知识的获得、转换、评价这三个过程。获得的结果是形成结构，转换的结果是要有所发现，其基本教育过程是：获得⟶结构⟶转换⟶发现⟶评价。他所倡导的发现教学结构如下。

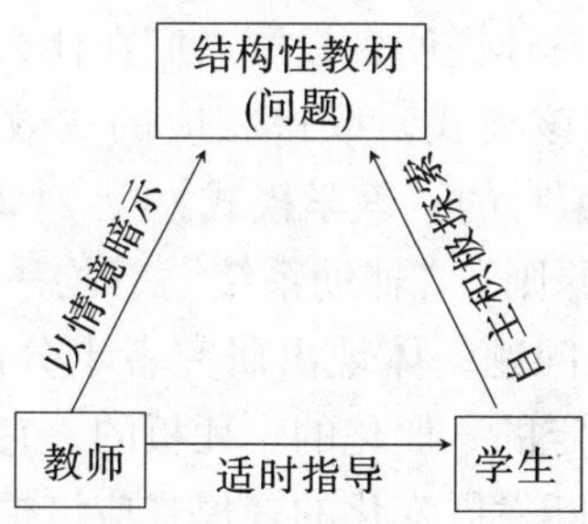

从上述两者的比较中可以看出，程序教学与发现教学模式中起着支撑作用的主要变量基本相同（都含有教材、学生、教师等），但各自对教学过程的把握不同，所构成的关系式有着显著的区别，不能混为一谈。模式的建构必须着眼于基本要素及其相互间关系的揭示，借以表明该模式特有的运作方式。

8.5.4 介绍操作要领

在上述整体结构构建的基础上，展开具体的操作程序、方法、要领的介绍，如斯金纳为程序教学模式规定的执行要领有：①小步子原则。达到学习目标的系列是由许多小步子组成的，目的是要使学生不费力气、少犯错误地达到连续正确解答的程度。②即时确认原则。为了迅速、准确地进行学习，在学生作出正确解答后立即提供关于结果的知识，使他们确认自己反应的正误。③积极反应原则。学生在作出积极的明显反应时学习就有效。④自定步调原则。学生用适合自己的速度进行学习时最有效。

模式要让人们可以"照着做"，操作要领的说明也就不是可有可无的。像中学数学自学辅导教学，规定使用"三个本子"（教本、练习本、答案本），按启、读、练、知、结相结合的原则组织课堂教学。启（发）和（小）结是由教师在开始上课和即将下课时向班集体进行的，共占 10～15 分钟。中间的 30～35 分钟不打断学生的思考，让学生读（教材）、练（做练习）、知（当时知道结果）交替进行，使快者快学，慢者慢学，学到课本中指定练习处就做练习，并核对答案。这样的操作说明非常具体，难免有机械的痕迹，但不这样，何以让人们可以"照着做"？何以充当理论与实践之间的中介？

8.5.5 说明辅助条件

模式应因时、因地、因人而异。每一种教育教学模式的实施都对教师素质、班级及学校管理、教学设施等提出了特定的要求。建构模式必须对该模式的实施所依赖的条件作出具体说明，提醒人们在什么样的条件下，或者必须创造什么样的条件才能运用该模式，取得相应的成效。乔伊斯和韦尔（Joyce, B. and Weill, M.）合作编写的《教学模式》①，对 20 多种教学模式各自应建立的"社会系统""反应原则""辅助系统"等均一一说明，并结合实例分析模式的"应用"应注意的问题，体现出研究者十分严谨的科学态度，值得我们效法。模式不应该是固定的、僵化的、死板的，它应该从实际情况出发，从现实问题出发；现实是不断发展变化的，模式应该根据变化了的实际不断加以修改、调整。模式的应用是有条件的，别人的模式只能借鉴，不能完全照搬。构建模式，应用教育模式，最终是为了超越教育模式。"教育有模，但无定模，贵在得模；无模之模，乃为至模。"② 在建模问题上要防止出现这样三种偏差：③

其一，不认清原型，过分简化；不抓住实质，过分表面化；不理解内容，过分形式化，这样运用模式方法不可能是成功的。

其二，不认识问题，过分单一化；不了解条件，过分片面化；不分清原型，过分复杂化，这样运用模式方法不可能是合理的。

---

① 丁证霖，等，编译. 当代西方教学模式［M］. 太原：山西教育出版社，1991.

②③ 查有梁. 教育建模［M］. 桂林：广西教育出版社，1998：21.

其三，不检验，盲目地使用；不变化，僵化地使用；不组合，孤立地使用，这样运用模式方法不可能是有效的。

8.6 多声道

以上谈了教师研究成果表达的几个主要环节。行文至此，有必要对这一问题作一小结。

8.6.1 关于规范要求

通常所说的“科研成果”，主要指学术论著，其撰写有着严格的、通用的撰写格式、要求。比如，学术论文的常用格式包括这样几个部分：前言部分，包括封面、题名页、摘要、关键词、分类号等；主体部分，包括引言、正文、结论、致谢和参考文献；附录部分；结尾部分，包括索引等。每一部分又有若干具体的要求，它十分讲究行文的专业性，用专业术语和专业性图表符号来表达；缜密性，方法可靠，结构清晰，层次分明，逻辑性强；创新性，在观点、见解、资料、论证、角度、方法等方面应具有创新、独到之处，并注意尊重他人的劳动成果，等等。教师研究可以从学术论著的撰写中学习专家学者治学的严谨态度与务实作风，但不必局限于具体的格式要求。因为教师研究本来就不同于正规的科学研究。在教师研究问题上，真正要做的也许是搭建研究平台，促进教师创造潜能的释放，让教育教学成为更富有生命价值的创造性劳动，而不是先用严谨的科研标准、学术规范去窒息教师的灵性。

这么讲，不等于教师研究没有规范，不用规范，而只是说它的规范、样式更多的是内生的，是教师研究组织在自主性的研究活动中建构起来的，它有一个随着原来意义上的教师研究活动而逐步生成和完善的过程，不能期待马上就做到建立一套硬性的研究范式、标准，更不能简单地套用专门教育科学研究所形成的“严格的学科规训制度”。从教师研究的旨趣出发，我们更强调教师面对自我的坦诚态度，应着力反映作为参与者，在同学生共同建构课堂生活所体验到的“真实”状态；所构建的教育教学活动的理念、方式、艺术的“真切”程度；自我观察、自我质疑、自我批判与改进的“坦率”程度。必须专注于高度的内在自觉与深层体验，保持一种“教学自我”建构上的高度神入、领悟，而不至于为过多的外在功利目的与偶像所困扰，这样逐步感悟、体验并自觉内化比那种外在的格式要求要严肃得多的精神生活准则。

坦诚的表述要求教师看到什么，想到什么，做了什么，就说什么，写什么。“看到什么”侧重于说“实然”，说事实，将观察到的现象准确描述出来，并力求作合理的解释，不无中生有，不夸大或缩小，不强加因果，更不胡编乱造什么“事实”。“想到什么”侧重于说“应然”，表达自己关于教育教学活动的种种愿望、期待、信念、准则。“做了什么”侧重于谈自己的教育行动，谈自己如何发现问题、分析问题与解决问题的。教师研究不能不去行动，“做了什么”自然成了说与写的主要内容。但“做”不是盲动，而是自觉的行动，有规划的行动，是基于“实然”，开发向“应然”逼近的方案、技艺、策略。离开了“实然”的把握和“应然”的追求的行动是盲目的，不能称为研究性实践。“看到什么”与“想到什么”，对教师研究成果的总体来讲，同样是重要的。失去了“教育事实”考察的根基，我们必然说“假话”；一味地探讨所谓“教育理想”“教育价值”，会让人感到尽说“大话”；脱离教育行动的写作，我们只能说些“空话”。

8.6.2 关于表达方式

教师研究成果可以用多种方式表达出来。

行动显现：公开教学、活动展示，或者将行动过程、场景摄影、录像，制成光盘等，让行动本身说话，表现为一种“实践产品”。

叙事性表达：讲述自己亲身经历的事情，一则故事、一则案例、一段经历，等等。可以口述历史，也可以采取书面形式。有教学叙事，也有学校生活叙事和教师自传叙事。

概念化表达：对鲜活的经验加以提炼，形成核心概念及概念系列，并对概念的内涵与外延作界定，揭示概念之间的关系，形成教学模式和论文。

不要过于偏执、迷恋某一种方式。有可说的，还有暂时不可说的，如相当多的默会知识、与教育问题密切相关的“生命意义问题”，等等。凡是能说的，把它说清楚；凡是不能说的，就应当保持沉默，不要急于建构什么理论。保持沉默不等于不交流传承，而是要强化行动体认，用行动方式来“说”更好些。学校教科研活动中注重学徒制、公开教学等是有缘由的，那些高度情境化、个人化的知识，依附于教师个体的经验、直觉的洞察力，深深植根于行动本身，要求在行动体认中达到一种完全直觉的理会。一种文本形式无法言表的体验可以用另一种文本形式表达出来。譬如爱的体验，用科学概念难以清楚地加以阐述，却可以用诗歌、故事形式呈现出来。人们常常谈论的某种教育智慧、教学艺术也很难作标准化处理，写成可供培训的操作手册（一旦转化成操作手册，可以大面积“照着做”，那只能称之为“模式”，而谈不上什么“智慧”“艺术”了），而应更多地采取案例启发、故事启迪的方式进行交流。

柏拉图制造了肉体与灵魂、“可感世界”与“理念世界”的分离，主张摒弃感觉经验，转向灵魂，建构“理念世界”，成为感性与理性分野的开山鼻祖。不过柏拉图的对话录，尤其是其早期的，还在一定程度上描摹出历史上苏格拉底对话的过程，带有很强的故事性、戏剧性，让后人切切实实地感觉到苏格拉底对话的风格和惊人的智慧；同时，我们也从中看到柏拉图既巧妙隐蔽自我，又曲折表达自我的方式。其后的学术界越来越赋予理性的尊严，制造了一系列时空的隔阂：到教堂去照顾你的灵魂，在家里看护你的身体，再把头脑留给图书馆或实验室，而真理只能到数量里去寻找。教师的叙事无法量化，似乎也就与“真理”无缘，与“研究”搭不上界了。不过，我们不能把握那绝对的“理念”，却也能体验着价值，体验着过程，在“有限”之中开启着“无限”。应当允许教师以不同于“理念人”的方式，从“洞穴”里走出来。

8.6.3 关于措辞

促使意义的生成、流动离不开措辞。语言把具体的事物置换成空洞的、约定俗成的符号，从而取代了现实，召唤着意义的生成与流动。

英国分析教育哲学家谢弗勒（Scheffler，I.）指出：教育语言主要有三种构成形式：教育口号、教育隐喻与教育术语。口号，英语 slogan，原始意义为“军中喊叫”和“战争号令”，它包含着教育要求、建议或者说服人们根据某种教育视角，以某种特定的方式去思考和行动。如，“不是让儿童适应学校，而是让学校适应儿童”“以法治校，科研兴教”“一切为了儿童，为了儿童的一切，为了一切的儿童”，等等。它们是简化的，带有情绪色彩的表述，不仅表述一种思想立场，而且也维护着一种思想立场。很多教育口号与一定时期的教育政策联系在一起，如“均衡教育”“教育机会均等”等，代表着一种主流价值导向。教育隐喻是一种形象化的表述，隐含一种类比思维。最常见的将人比喻为植物、动物、机器，将人视为“物”。如“儿童有如植物，学校有如花园，教师有如园丁”。这类比喻不仅为教育写作者和研究者所创造和使用，而且得到社会大众认可，隐喻在教育文献中的确司空见惯，只是我们自己对这种形象化的内容并不十分在意罢了。口号的含义是不清晰的，而隐喻也可能导致我们错误的认识。教育术语则不同，它是人工语言，不管从别的学科引进，还是教育学科创造的概念，都必须做到内涵与外延明确，至少有自己的界定；对客观事物准确加以描述，接受通用标准的检验，不能因人而异；有序分化、展开，形成概念系列，借以揭示事物间相互联系、相互作用的方式。

三种形式的教育语言不是截然分开的。不少科学术语源于自然语言（日常生活用语）。

诺贝尔经济学奖获得者舒尔茨（Schultz，T.）曾花了一个学期访问阿拉巴马州的农民。他见到一对既老又穷的农场夫妇安贫乐道，甚是诧异，就问道："为什么这样贫苦，你们还怡然自得?"夫妻二人答道："教授，您错了，我们不穷！我们把农场耗尽，供四个孩子上大学，把肥沃良田和围栏内贮存良多的家畜变成了法律和拉丁文等知识。受教育的孩子身上有了这些不同的财富，我们从中得到快乐。我们其实很富裕。"这对夫妻其实告诉了舒尔茨：实物资本在某种意义上来说，正像教育的人力资本，如今已经变成存放在孩子们脑海里和父母心坎上的人力资本。经济学家接受了这样一个既简单而深刻的新发现。这个论证就是比喻的运用。而"人力资本"的比喻也演变为科学术语，成为教育经济学的重要范畴。

——摘自：麦克洛斯基，等. 社会科学的措辞［M］. 许宝强，等，译. 北京：生活·读书·新知三联书店，2000：151.

如果我们不是硬逼着教师为了职评而"杜撰"论文的话，那么，他们研究成果的表述就不仅仅诉诸理性，而更多地诉诸感性，更多地对体验过程作情绪化、动态性的"深描"，巧用比喻，甚至更多地带有日常生活语言色彩。教师中能运用抽象程度颇高的科学语言思考与表达的很少。对此，要保持话语空间的宽容性，倡导表达方式的多样化，关注语言的"本土可读性"，让教师"土生土长"的言说逐渐汇成中华教育语言的声音。麦克洛斯基（Mclhoskey，D. N.）在论及经济学专业的措辞时指出："事实和逻辑，加上比喻和故事，可以堪称为措辞四纲要。如其他专家，经济学家要想其理论合情合理，这四纲要便缺一不可。""措辞四纲要"的每一部分均会制约着其他部分，使其不至于过分。"如果你热衷于单纯的故事或比喻（或者只是逻辑或事实），就会在其他部分说出愚蠢和危险的话来。最好能适当合理地忠于观察的事实，依循正确的逻辑，讲述真实的故事，建构正确的比喻，这样能相互检查对方的滥用。"① 这提醒教师的措辞：注重叙事、比喻，却不能不尊重事实，合乎逻辑。

① 麦克洛斯基，等. 社会科学的措辞［M］. 许宝强，等，译. 北京：生活·读书·新知三联书店，2000：151.

9. 尊重多样性

——教师研究成果的评价

教师研究成果乃是“转化过程中的生成物”，有着充分的实践创造性和表达方式的多样性特征。它的评价应当更多地采取对话式评估方式，在教师专业组织内部展开。

评价问题始终是人们关注的焦点之一。目前，教师研究成果的评价，一看是否堪称“论文”，如果是职称评审，还要进一步认定是否为所属学科的教学论文，教学设计、教辅材料、教育随笔、反思笔记等一律不认可，至少不得列为“优秀成果”；二看是否公开发表，如果是发表的，还要看在哪一级、哪一类报刊上发表，不同级别、不同性质的期刊排序赋分是不一样的；三看篇幅长短，有的评审规定不足1 500字的“豆腐块”，不得通过。有的还要看是否为上级科研管理部门下达的课题成果，如果是，则优先评奖。可以讲，上述流行的做法，每一条都有可能产生误导，将教师研究活动引向歧途。故而很有必要对教师研究成果评价问题作初步的澄清。

评价活动包含着评价对象、评价标准、评价主体与评价方式等几个基本要素。下文对此逐一分述。

9.1 转化中的生成

恰当的评价总是建立在对评价对象的正确认识与把握的基础之上。

教师研究最基本的内涵是一个创造性地转化与生成的过程，即将教育理想、培养目标、课程标准、教科书等转化为具体的、个性化的教育教学活动方案、实践艺术，并在持续的转化中，不断生成新的体验、新的方案与设计、新的理念（生成寓于转化之中，而不是在转化之外无端地创生）。所谓教师研究成果，具体表现为两种状况的转换：理想状况转化为现实状况、文本形态转化为实践形态、公共知识转化个人知识，或者反过来。其中要点有二：一是实实在在地发生某种状态的转换。既不是从文本到文本，进行纯文本的“复制”，也不是从实践到实践，无反思、无理论介入的“模仿”；既不是从理想到理想，最后陷入“空想”，近乎痴人说“梦”，也不是从现实到现实，缺乏“必要的乌托邦”；既不是从公共知识到公共知识，充当某种不变知识的传声筒，也不是从“个人知识”到“个人知识”的沉默不语，不能进入公共批判领域。二是始终伴随着新的体验与发现，新的理念、方法、艺术不断生成，而非无生命活力、缺乏灵性的机械“刻写”。由于这种转换是持续性的，评价者所要面对的就不是一个既定的“物”，而是不断展开的创造性劳动，是不断转化和生成中的“活的世界”。这种教师研究成果的未完结性，给其价值判断带来了相当的难度。

从成果的表达形式看，教师研究成果有实践形态的，也有文本形态的。前者如教师的好课。如同作家有自己的代表性作品一样，教师也有若干有代表性的课，这些课例是教师教育理念探寻、教学艺术修炼的结晶，非一般论文所能代替。就文本形态的成果来讲，也绝不只是局限于所谓的“论文”，而更多地表现为教育叙事、教学案例、反思笔记、教育建模等。实践形态与文本形态两者相互印证、互为补充，且融为一体，评价时不应该将其割裂开来。所谓文本主要是对自身实践体验过程的记录、描述、提炼与意义解读，而不是无实际教育教学经历、体验的空洞文本；所谓实践乃是与文本互动的产物，是在若干文本启发下诞生的。可称得上“教师研究成果”的，不应该是脱离教育教学实践的纯文字游戏。将“教师研究成果”限定为“学术论文”（论著），引入学术计量方法来评价，也许用心良苦，却与教师研究的基本旨趣、基本准则相背离。

从内容构成来看，一项主题相对集中、内容比较充实，材料相对完整的教师研究成果一般包含这样几个方面的要素：一是大量鲜活的教育故事、教学课例、具体的操作材料；二是从具体的案例、操作细则中提炼出来的若干实践活动样式、教学模式；三是统摄着整个教育教学活动过程的主导理念。故事、案例好比血肉，样式、模式好比骨架，主导理念好比灵魂。有独特而深刻的理念，研究才有亮色、有创意；理念借助若干操作模式、活动样式得以贯彻；操作模式借助丰富多样的故事、个案得以饱满、充实，三者构成一个连贯的整体。当然，正在形成中的教师研究成果呈现给我们的可能只是其中的某一两个方面，有些美中不足，对此，我们大可不必求全责备。《小学低段字族文字教学法研究》作为一项综合性的研究成果，有一定的代表性。

小学低段字族文字教学法研究

承研单位：乐山市井研县教育局

协研单位：乐山市井研县教研室

研究人员：鄢文俊　杨　健　吴乙颜　卢正体　谢辅元
肖治平　曾金祥　刘晗然　但茂荣　吴荣华

课题来源：省教委普教科研资助金项目

研究的意义及概况

该课题系小学单科（语文）探索性验证，也属软科学成果——字族文识字教学法的形成性实验，在解决识字教学科学化、民族化、现代化和趣味化，提高识字教学效率，加快读写，促进儿童智力开发和成人扫盲，提高全民族文化科技素质方面具有意义。

该课题酝酿于20世纪60年代。尽管在长达30年的时间里，广大语文教育工作者进行过卓有成效的探索，但是，字量、字序、字用等基本问题也未能科学地解决，尤其是字量过小和识字无序的问题长期困扰着小语教学界。识字教学少慢差费现象严重，压抑了儿童的智力开发。面对这一现实，以鄢文俊同志为首的一批语文教育工作者提出：如果按汉字的构字规律编成一套能够体现儿童学习本民族语言规律的、能够系统有序地容纳2 200个~2 500个常用汉字的语文课本——《字族文识字读本》，同时采用相应的科学教法——字族文识字教学法，那么，通过两年教学，学生可以轻松愉快地完成小学6年的识字任务，基本过好识字关，进而加快提高读写能力的进程。

1991年7月实验研究进入实施阶段。继而，该课题先后列为乐山市教委普教科研课题、乐山市科委软科学课题和省教委普教科研资助金项目。接着进行了6轮研究。每轮实验均以全县23个乡镇4 500名左右小学一年级新生为研究对象，以《字族文识字读本》的编排体例和字族文教学法及其理论根据为研究内容。为了寻求和验证《字族文识字读本》及其教学方法的广泛适应性，课题组先后在北起黑龙江，南至广州，西起新疆，东到吉林的23个省市的100多个教学点进行实验研究，取得了成果。

主要成果

一、完善了字族文识字的教学课文新体式

课题组通过大量调查研究，认识并论证了汉字构字规律、人们认识事物的规律和儿童学习语文的规律，找到了三种规律的契合点；从而变“字从文”的教材选编模式为“文从字”“文统字”的创编原则，首创以字归族、以族为文、字文相生的教学课文新体式——字族文。字族文包括“三体六式”，即韵文体、散文体、韵散结合体；母体字穿珠式——常用母体字三字文，拼形会意式——拼形会意三字文、四字文、五字文，辨形辨义式——辨形辨义三字文，偏旁归类式——常用偏旁三字文、字族文，情景交融式——叙事写景、状物抒情的诗文，联语合璧式——字族对子歌。这些课文，形式新颖，语言活泼，内容丰富，机智雅趣，熔三种规律于一炉，集教法学法于一身，易通、易识、易解、易记。从而为短时高效地识字奠定了良好的物质基础。

二、构建了字族文小语教材体系

实验用书《字族文识字读本》1～4册及其配套用书（如《教学参考书》），是一个完整的教材体系。这一体系以学生为主体，字族文为主干，训练课型为单元，培养能力为目标，环环相扣，稳步推进。根据儿童的认识规律，教材确定了先母体字后子体字的教学次序，让学生在特设的书面语境中，生趣品趣，用拼形会意、辨形辨义、联想、类推、应用记忆等方法，化单个识字为成串识字，让学生在具有民族性、时代性、科学性、规律性和实用性的阅读与练习中察字形、辨字音、明字义、悟字用，从而科学地解决了识字教学的起点、顺序、方法和归宿四大基本问题，为获得高效优质的识字教学效果开辟了一条崭新的途径。

三、确立了独特的识字教学理论——字、族、文识字学说

母体字——字族——字族文，是字族文识字教学法的三个逻辑层次。“母体字是汉字派生的本源。”这一概念的提出与界定，为确定识字教学的逻辑起点提供理论依据。“母体字加偏旁产生子体字”，是母体字组字说的基本理论。这一理论，把汉字的分合现象概括成以母体字为核心，按汉字派生顺序显示组合过程的理论，从而为提示汉字的内部组合规律，用拼形会意、辨形辨义方式动态掌握汉字提供逻辑方法。字族是由一个母体字发端，分代派生繁衍形成的一个字类“家族”。它反映汉字的发展脉络，反映人们认识事物由浅入深、由粗到精的认识规律，体现“两化三类”——即逻辑化、结构化和字形类联、字音类聚、字义类推——的特点，为确定识字教学的逻辑顺序和用联想、类推方法，快速识字提供科学依据。字族文是指包含一个字族中若干常用汉字的教学课文，不仅承载字量、字序、字形、字音、字义、字用等显性信息，而且承载了识字方法、识字程序等隐形信息，提示了识字与读书、读书与明事（理）互补互促的规律，利用字族和字族文的特点转化为识字、记字和用字的能力。它展示了“字本源”、“族本体”、“篇本位”，重阅读、重领悟、重写作的语文教学观，正确处理了识、读、写三者之间的辩证关系，形成了识字教学新流派。其中，读写问题即字用问题的科学解决，是识字教学的逻辑归宿。

四、形成了学文识字教学法体系

字族文识字教学体系包括理论体系、教材体系、课堂教法体系、学法体系和大样本教学实验的管理体系。这一体系的系统性、整体性、包容性和可操作性，都显示出学习汉字汉语的集约简捷、快速高效的科学价值。其中课堂教学法体系是关键性组成部分。这个部分的结构特点是教法和学法相生，字法、族法和文法相连。因而课堂教学的基本流程为：(1) 初读课文，感知字族；(2) 细读课文，认识字族；(3) 熟读课文，掌握字族。这一流程具有如下优势。

1. 扩展性：根据字族“两化三类”特点，联想生发，引申扩展，集约化识字，快速高效。

2. 简洁性：教学内容和教学程序的内在关联简化了儿童认知心理过程，克服了选文识字的随意性和字形分析的繁难性，以一学十，举一反三，具有明显的简捷性。

3. 鉴别性：要求在具体的书面语境中进行“四辨”，即辨音、辨形、辨义、辨用，在快速中求精细，在高效中保优质，从而有效地克服读“半边字”、混淆同音字、形近字的弊病。

4. 整体性：在整篇文章中识字，符合“字不离词、词不离句、句不离篇”等整体感知原则，既利于语、修、逻、文综合训练，又有助于学生思想品德、审美情趣等诸方面素质的整体优化。

5. 趣味性：字族文识字教学法的趣味性，主要表现为教学内容的情趣、教学形式的多趣、练习设计的乐趣（如跳皮筋、猜字谜等）、揭示汉字奥秘的智趣等方面，通过“有趣——显趣——品趣”的有序教学过程，显示“生趣——兴趣——志趣”的兴趣链过程，使学生永保高昂的学习积极性，轻松愉快地完成学习任务。

五、总结出汉字汉语教学的“四三要诀”

通过六轮实验研究，课题组总结出了汉字汉语教学的“四三要诀”，即一是三本——字本源、族本体、篇本位；二是三类——字音类聚、字形类联、字义类推；三是三重——重诵读、重语感培养、重思维培养；四是三读——初读、细读、熟读。通过几年在祖国南北东西各地实践证明：字族文识字教学法总结和提倡的“四三要诀”对培养和提高学生阅读和自学能力十分有效。

六、对大样本教学实验的实施管理进行探索，积累了宝贵经验

概括起来，主要有4条：(1) 行政参与，建立教育局直接领导的课题组；(2) 定期举行实验教师培训班；(3) 实验经费专款专用；(4) 聘请从中央到地方的知名学者、专家担任顾问指导。

发表的主要论文、论著

该项研究共产生论文300余篇，大多收藏于四川人民出版社公开出版的《字族文教学法研究文选》1—6辑中。其中的主要论文有：

《字族文识字教学实验的由来和发展》，载《教育者》1994年第1期。《字族文识字教学实验研究》，载《教育研究》1994年第5期。《字族与快速识字》，载《小学语文教学》1994年第3期。《试论母体字组字》，载《乐山教育学院学报》1994年第2期。《论〈字族文识字读本〉的字量字序》，载四川人民出版社《字族文教学法研究文选》第2辑。《字族文识字读本的特点》，载四川人民出版社《字族文教学法研究文选》第2辑。《字族文识字教学法体系简论》，载《全国中小学语文教学新成果全书》。《思想·原则·模式——字族文识字教学法的三条要领》，载四川人民出版社《字族文教学法研究文选》第3辑。《字族文识字教学实验的原理与效果》，载四川人民出版社《字族文研究文选》第3辑。《字族文识字教学法与其它识字教学法的比较》，载《字族文教学法研究文选》第3辑。

字族文识字教学实验深化研究的主要技术成果有：

1.《字族文识字读本》第1—4册（四川人民出版社出版）。2.《字族文识字读本教学参考书》1—4册（四川人民出版社出版）。3.《字族文识字读本同步练习册》1—4册（内印）。4.《字族字帖》1—4册（中央党校出版社出版）。5.《字族文成人读本》（中央党校出版社出版）。6.《字族文幼儿读本》（中央党校出版社出版）。7.《字族对子歌》（中央党校出版社、海燕出版社联合出版）。8. 设计的方长格习字本已获得国家专利。

教学效果

这些成果在全国各地推广应用，都收到了良好的教学效益和社会效益，具有广泛的适应性。据各地实验报告统计，他们进行第一轮实验，两年人均识字

2 300 个左右，识字正确率为 99.6%；听写正确率为 97.5%；基本达到小学 6 年的识字水平；阅读和写作水平达到小学中段标准，不但没有增加学生过重负担，反而促进了相关学科和整体素质的全面提高，引起了社会各界的普遍关注。

在四川井研，课题组在第一轮实验学生读小学六年级第一学期结束时（即 1997 年 1 月），用初中一年级语文试题进行跟踪检测，其结果显示，实验班人均 81.12 分，对比班人均 67.42 分，实验班比对比班人均高 14.7 分。这一数据表明，《字族文识字读本》能与人教社中高段教材衔接，后效作用好。

拟进一步研讨的问题

显然，字族文识字教学研究，还有许多工作要做，例如，理论建设工作需要进一步加强，应用领域需要进一步拓展。但是，该项目仍然受到广大专家学者厚爱，被来自中央和省市的专家教授赞誉为“全国首创”。《光明日报》《人民日报》（海外版）、中央电视台等 50 多家新闻单位相继报道了该项研究成果，受到海内外人士的热情关注与欢迎。1997 年 1 月，字族文识字教学深化研究被正式列入国家教委“九五”重点科研项目。

撰稿　鄢文俊　卢正体　　审核　任德华

——选自：四川省教育委员会．四川教学成果［G］．成都：四川教育出版社，1998：114－120.

9.2　内生性标准

评价问题说到底，是一个价值判断与选择问题。面对教师研究成果，我们如何做出必要的价值判断呢？对此，我们应当强调的基本观点是，这衡量的尺子不应是外来的、照搬他人的，而应该是内生的，是从普遍受欢迎的教师研究成果中归纳出来的，能充分体现教师研究的情境特点、主体特征与内在要求。合适的才是最好的，套用他人强加的“好”的标准常有削足适履之痛。将欧美学术界流行的“文献计量学”方法引进来进行学术评价，已经滋生出不少弊端，用来评价教师研究成果更加不适合。教师研究成果的内容构成、表达方式各不相同，其具体的评价标准也应因此而有所不同。譬如，教师的主要实践创作——课堂教学有它自己的标准。好的课应当是有效的，它使学生学到了新知，在学习新知的过程中锻炼了能力，体验到积极的情感，产生了进一步学习的愿望；有学生的积极参与，学生在课堂上真正“动”起来，既动脑又动手；有动态生成，不完全是事先预设的；是有待完善的，真实的课堂常有缺憾，需要课后的反思与改进。而教师叙事则有另外的要求。“叙事家大致有三种：只能感受生活的表征层面中滚动的嘈杂、大众化地运用语言的，是流俗的叙事作家，他们绝不缺乏讲故事的才能；能够在生活的隐喻层面感受生活，运用个体化的语言把感受编织成故事叙述出来，是叙事艺术家；不仅在生活的隐喻层面感受生活，并在其中思想，用寓意的语言把感受的思想表达出来的，是叙事思想家。”① 教师的课案开发、教学反思、教育建模等，要求也各不相同，不可同一而语。

多样化的教师研究成果似乎也应有些共同的特征。作为综合的、内容充实的教师研究成果，也应逐步建立起自己的通用的准则。1994 年，国务院颁布的《教学成果奖励条例》，将“教学成果”规定为“反映教育教学规律，具有独创性、新颖性、实用性，对提高教学水平和教育质量，实现培养目标产生明显效果的教育教学方案”，强调申请国家级教学成果奖，需具备下列三个条件：“（一）国内首创的；（二）经过 2 年以上教育教学实践检验的；（三）在全国产生一定影响的。”三条标准归结为一条，即实践创造性。具备“首创性”的教学成果必然是在开创性的研究活动中取得的，是“研究成果”，只不过它是需经过两年以上“教育教学实践检验”，且产生“明显效果的教育教学方案”，而非那些未经实践检验的理论假设，缺乏实践根基的宏篇巨著（这里并不否认这些论文、论著的价值）。该条例奖励的对象显然不限于中小学、幼儿园教师，但其特别强调“教学成果”的实践性与创新价值，强调必须根植于实践土壤之中，被实践证明是有效的，归根结底，是“做”出来的，尽管它离不开文本形态的表征；它不应该仅仅是一种理想、一种观望、一种期待，而更多的是对实践经验的提炼，对实践意义的感悟，对实践性知识的梳理。而真正扎根于实践之中，在一定的教育生态环境中诞生的研究成果，必然带有具体的教育生态特征、本土特色和教师个人特质，是高度个性化的产物，富有一定的创造性。也就是说，实践之中有创造，创造之源头在于实践。实践创造性比较准确集中地概括了教师研究成果的共性要求，给教师研究成果的评价以直接的启发，乃至直接规范指导作用。

作为国家级教研成果，要求“国内首创”（原创），“在全国范围内产生一定影响”，这对于一所学校、一个地区教师研究成果的评比来讲，通常不适用。同时，国务院颁布的《教学成果奖励条例》比较多地注重考察教学成果的社会效益，要求在一定范围内产生影响，实际上也就是考察其面向社会的辐

① 刘小枫．沉重的肉身［M］．上海：上海人民出版社，1999：223.

射作用。而教师研究成果的评价仅考评成果的社会效果是不够的，还要关注其教师自身的发展价值。一项研究成果在实践中产生的效应有直接的，也有间接的；有短期的，也有长期的；有实质性的，也有社会象征性的（某项成果的取得可能标志着名誉、社会地位的提升）；有社会效果，也有教师个人发展价值。通常研究的过程就是教师专业能力提升、专业态度转变的过程。教师做了些什么，做的时候是怎么样的，不把它说出来，记下来，也就平平淡淡地过去了，而一旦写了出来，就成了可供批判和反思的材料，即便没有与他人交流，未公开发表，只是自己看看，也会从中发现一些问题，可作为后续行动的参考。平平常常的反思笔记孕育着“非常”的意义，不宜轻易否定其价值。

9.3 专业自治

谁来评价，这是评价问题的另一个重要方面。国际惯例是同行评价，即区别行政评价和公众评价的一种专业组织内部的评价，通常要建立值得信任的专家系统，并赋予该系统相当的自主权，要求专家仅以自己的专业眼光来评价，不可掺杂专业之外的因素，确保专业知识生产的高度自治、自我调控。尽管同行评价还可能存在着若干不足之处，如可能会形成一个“熟人关系网”，难以做到匿名评议；难免出现马太效应，越是在专业领域有名气的人越有资格参评，越有资格推荐他人参评，越能占些便宜，等等，但是，就同行评议的公正性调查表明，绝大多数专家认为同行评议较其他评价主体而言，还是公正或比较公正的。①

就我国目前的情况而言，大多数研究成果评价还没有达到真正意义上的同行评价要求。主要问题有，所建立的专家库，并非完全是真正意义上的专家，一些“专家型领导”介入，更多地从某些政治组织需要出发，难以实现专业自治要求；有些人参与多个学科的评议而冒充为“全科专家”；评议程序也不太严密，有的成果评审甚至出现评价者与被评者一身二任的情况，背离了起码的回避准则；专家评价的结果只是初步的，还要拿到行政会议上复议和审定，等等。上海市北郊学校郑杰校长认为，校长为首的行政力量应当退出学术领域，由教师专业组织自治。该校成立一个教师自治的学术性机构，由九名资深教师组成，他们由校长室提名，教代会批准，其主要职能便是对教师作出独立的学术方面的评价。为保障他们在校内的生存不受行政力量的干预，从制度上

① 刘明．学术评价制度批判［M］．武汉：长江文艺出版社，2006：71.

保证九名学术委员享受终身职务。① 这在国内是不多见的，是难能可贵的。

就教师研究成果评价而言，其专家系统应当由相应的学科专家、特级教师组成，行政领导不宜既当组织者，又做评价者，主导具体的评审过程，让评价者时刻感受到行政的权威甚至不当干预。专业研究人员、理论工作者可以对评审过程作些间接指导，提出建议，但也不宜直接参与有关评审活动，充当"法官"角色。因为作为旁观者，很难以参与者的视角解读行动意义，理解特定的话语方式，容易产生误读。深受中小学教师欢迎的公开课展示活动，就曾遭到一些理论工作者严厉的批评，这与广大中小学教师存在着相当的认识鸿沟。当然，那些经常走进中小学的理论工作者可能要另当别论。在强调同行评价的同时，有必要引入自我评价。可让教师先就自己的研究成果作自我介绍、自我分析，并接受同行的质疑；听取同行评议之后，再进行自我评价。如此，可以有效地建立教师研究的自我纠错机制，促进优秀教研成果的不间断涌现，充分发挥评价的诊断、引导与激励作用。

9.4 对话式评估

我们参加过一所学校的评课活动，大约有7节课。我们发现，评课的时候被评人几乎都不在场，他们或在门外坐着，或在评课现场的边缘地带和学生一起干着无关紧要的事情，但心里却非常关注评课的内容……当我们问道，为什么不让被评的教师参加评课时，学校的校长和教师才恍然大悟……在我们通常的评课中，评课人是最厉害的，它对于被评课人的发展具有很大的利害关系。评课人常常具有很强的权威性，评课人的发言具有评判性质。如果被评课人随意插话，可能会被认为不虚心。所以，被评课人往往没有发言的权力。久而久之，他们也就成了评课的局外人了。这就是长期以来形成的评课文化。

——摘自：季苹，主编．学校文化自我诊断［M］．北京：教育科学出版社，2005：7.

评价既要促进作为研究者的教师形成基本的研究品质与研究能力，又要为管理者、决策者或其他"评估委托人"提供他们所需的比较可靠的信息，形成有效的教师研究成果的交流筛选机制。某一次评价活动的目的可能会有所侧重，但就评价活动的整体而言，这两方面功能作用缺一不可。从理论上讲，任何价值认识者都只能从特定的视野出发，从"给定的窗户"看世界，存在着这样或那样的"盲点"；一个群体或个人永远无法仅依靠自身的力量来准确无

① 郑杰．改造学校待何时［M］．上海：华东师范大学出版社，2006：267.

误地评估自己职责范围以内的工作和别人职责范围以内的工作。对于评价而言，“他”或“他们”都只能提供有限的信息。依据有限的信息来理解教师研究的复杂性，达成上述研究成果评价的基本目的，乃是十分困难的。通常，在评价质量的改进上，人们强调匿名评审，“背靠背打分”，但在这里，我们却更多地主张内外结合，面对面地交流，对话式评估。所谓内部评价即教师本人的自我评价，而外部评价主要是上文所说的同行评价，而非公众评价或行政的直接干预。内外结合，旨在促进彼此互补，消除各自的偏见与局限，提供更为准确有效的信息，而不能只是单一的外部评价。

首先是要建立促进教师参与的、相互理解的、双向互动关系。评价双方所扮演的社会角色不同，但都要对评价结果负责。作为被评价者的教师不能只是被动接受评价者的“暗箱操作”，承受评价的结果，听凭他人主宰，他还应该是信息的搜集者和提供者，并有权了解评估的全过程，对评价结果进行质询。让教师参与评价工作，了解评价过程的进展情况，他们就有可能充分地从评价活动中接受更多的教益，形成对评估活动的积极合作态度。作为评价者的专家小组或评审委员会，应当充分认识到一线教师作为独特个人的存在，有着不同于自己的学科视野、教学经验、成长需求、个人知识与话语方式等，这与其独特的成长经历、知识经验积淀以及所处的社会位置、学校生态环境密切相关，免不了带有片面性、狭隘性，往往偏执于一方，但这并不一定就是“错误”的，毫无任何积极意义的。对于多样化的教师研究成果不宜简单地判定是非，而应当重视他们的不同声音，并尝试理解之；更进一步的目的是透过教师的知识经验、他人眼中的世界，来帮助我们更清楚地认识自己，纠正自己在教育研究中个体认知的偏差。抱着这种谦卑的心态扮演评价者的角色，才有可能与教师建立一种良性互动关系。试图让教师服从自己的权威、判断，有可能导致教师以虚假的自我来迎合评价者的需要，或者表面服从，虚心接受他人的裁决，而实质上紧紧关闭心灵的窗口，最终难以获得有效信息，导致评价中的误读。

其次，动态生成评价的内容、准则与方法。教师研究成果是多样的，一次评价不能没有重点，没有关注的焦点。但评价者预先确定的重点不一定是教师关注的问题，而教师真正关心的问题得不到应有的关照，得不到评价者切实的帮助和指导，也就不能从评价活动中受益。如此外部评价的重点内容与教师研究的内在需要脱节问题，必须通过评价者与教师之间的相互协商来解决。对话式评价项目内容是双方协商出来的，是建立在教师专业发展的需求基础上的。对话式评价不可无评价标准、没有一定的规则，但关于教师研究成果的评价有一个结合具体的研究项目、具体的学校情境作出适当的变通、调整问题。将某种标准、规则绝对化，用某种固定不变的尺度去衡量千差万别的教师研究成果，极有可能导致对教师个人知识的压抑和创造性的扼杀。标准也好，规则也罢，不能是个人“私下”遵守的，它们本来就是指向关系协调，涉及评价者与被评者以及“评价委托人”多方面的关系调整。可能评价者认定的教师不一定认同，而教师认同的，评价者不一定接纳。评价细则同样有一个协调产生的过程，也不完全是事先设定好的。与评价内容、评价细则的动态生成过程相适应，搜集、分析关于教师研究成果的资料信息的方法也不是一成不变的。在不少情况下，可能不仅仅是文本阅读，更多地需要现场考察，需要评价者与被评者之间不断的质疑与答辩。整个评价活动表现出明显的动态生成特点。评价者与教师在诉说与聆听、质疑与答辩之中，不断敞开自我，消除原有偏见、傲慢与封闭，获得内心世界的敞亮。

最后是要提升双方的自我反思意识与能力。从简单的是非、优劣判断走向对话式评价，要求评价双方都要反对任何一种预先给定的立场和根据，悬搁任何一种标准观念的权威。我有我的视野，你有你的视野；立场是多样的，为了纠偏，有时需强调某种价值取向，如上文所说的教师研究成果需经过“两年以上教学实践的检验”，便是为纠正研究与教学的脱节。但不可说“我”的立场就比别人的立场深刻、正确，只能说，“我”的立场只是诸多立场中的一种，并且它同样有可能出现差错。要对自己的立场、观点保持清醒的批判反思态度。评估的作用在于培养对“他者”及“差异”的敏感，意识到“他者”就在“我们”之中，而不是盲目排斥“他者”，同时激发“自我觉悟与反省”，发现自己思维的盲点和无形的视窗的限制，自己想办法跳出来。这不仅是针对教师而言，同样也是针对作为评价者的“专家”。自我是贫乏的，我们不能只关注自我那一点点小天地，而要想办法从狭隘的自我中走出来。

建立良好互动关系是对话式评价得以顺利进行的前提，评价的动态生成过程是对话式评价的本质特征，而提升自我反思的意识和能力，则是对话式评价的落脚点，也是整个教师研究成果评价的归宿。

附　录

研 究 报 告

1. 学科规训制度下教师的“知识生产”

——一项省级课题研究的始末

柳夕浪

知识生产的专门化，产生了一批以“学术为业”的专业理论工作者，他们通过澄清学科边界、组建研究机构与学术团体、严格评审程序、规范研究行为、推动语体变革等措施，建立了一套严格的“学科规训制度”。按照一般的说法，从夸美纽斯（Comenius，J. A.）的《大教学论》问世算起，教育学已走过了三百余年的发展历程。但直到今天，它的许多概念、判断、命题等仍不符合“理念的守门人”所认定的那套科学规范，尚未建立起属于自己统一的话语方式及体系。在严谨的学术同侪眼中，它顶多是一种“次等学科”①。如此背景下，建立一套关于教学知识生产的规训制度的意义也就凸现出来。于是有了各级教育科研机构与学会组织，有了各类课题的规划、论证与评审，有了这样一所农村初中的项目研究始末。

“攀　枝”

事情说起来也简单。一所农村初中易地重建，创建省级示范性实验初中，对照上级评估打分细则，尚缺学校独立承担的地市级以上的科研课题，李校长为此犯愁。其时，该校副校长杨某正参加某大学本科函授学习。面授期间，与任教心理学的伍教授谈及此事，得知伍教授正承担一项省级哲学社会科学基金项目。杨某提出能否挂靠伍教授的课题组，伍教授欣然应允。一个星期后，杨某从省城归来，带来了课题研究委托书：委托某乡镇初中进行省级项目子课题“创新素质培养的情绪基础研究”，主持人李校长。

在人才、资金都相当缺乏的农村乡镇创建省级示范性实验初中困难重重。李校长等一班人成功地争取到乡镇党委、政府及社区群众的支持，按省级示范

① 华勒斯坦，等. 学科·知识·权力［M］. 刘健芝，等，译. 北京：生活·读书·新知三联书店，1999：43.

学校的规格重建学校，乃是有胆识和远见的，是要造福一方百姓。在教育科研是教育改革与发展的“第一生产力”的感召下，学校升级评估自然要增加“教育科研”的权重，何况又是“实验学校”的评估（教育科研在实验学校验收评估中享有“一票否决权”）。伍教授委托学生所在的学校参与自己的项目研究，这同样是件好事：参与研究对学生来讲，是学习、研修；对导师来讲，是一种极为重要的培育人才的方式。“存在的就是合理的”，黑格尔的这句名言在这里似乎得到了验证。在这样一个科研场域，每个角色行为都可以找到合法性的依据：课题申请者挂靠高等院校，获得必要的智力资本与名分（成为省级项目研究基地），借外脑发展自我，推动“创建”工作；委托者抓住与中小学教师合作研究的机会，开垦更多的理论生长的实践土壤，培植和壮大教育科研的力量；组织者没有直接露面，但实实在在地存在着，不可忽视，他们借助一定的评估机制促进了“行动者”与“研究者”的联姻。如此科研院校项目下嫁至中小学，乃是当前教育研究界常见的一种研究模式，它该结出怎样的果实呢?

“催　化”

课题委托书经李校长之手，很快转交至学校教科室主任丁某的手中，摆在丁主任面前的重要任务便是赶在伍教授来学校之前把研究计划拿出来。任教多年初中语文的丁主任在这之前从未有过课题研究的经历，对于什么是课题研究知之不多，只是在报刊杂志上读过一些有关创新教育的文章，初步了解到创新素质培养是素质教育研究与实践的热点，一旦坐下来，炮制一份关于“创新素质培养的情绪基础研究”方案，实属不易。什么是创新素质？何谓“创新教学”?“创新教学”的“情绪基础”又是什么？这些对于学校老师们来说，都一时说不清、道不明。但教科室主任毕竟是搞教育科研的，到底还是找来若干关于创新素质培养的文章，查阅了几本函授教材，抄抄摘摘凑凑，分指导思想、研究目标、研究措施与实施步骤四大块，草拟了一份 1 500 字左右的研究计划。如指导思想有：

1. 邓小平建设有中国特色的社会主义教育思想。其核心是“三个面向”，培养创新素质是紧随时代潮流、服务经济全局、面向 21 世纪的重要举措，重视情绪因素的研究是贯彻这一方针的具体体现。

2. 江泽民关于创新精神的讲话及全教会精神。江泽民总书记指出：“创新是一个民族的灵魂，是一个国家发展的不竭动力。”第三次全教会明确提出了培养学生创新精神的要求，本课题的研究，正是为落实总书记的讲话和全教会精神。

研究目标有：

1. 在理论上初步探索情绪因素在创新素质培养中的基础性作用。

2. 构建体现激发情绪因素，培养创新素质的课堂教学模式和课外活动模式。

3. 使全校学生的创新素质有明显的提高。

研究计划如何，李校长、杨校长、丁主任等心中无数，盼望着伍教授前来指点。一个星期后，伍教授来到乡村小镇讲学。乡镇教育负责人希望受益的不仅是中心初中，而是全乡镇教师。全镇大约两百多人参加听课，两个多小时的报告，内容是一些心理学的基本原理。伍教授举出若干例子，讲得比较透彻，颇能吸引教师，只是对课题涉及的“创新素质”“情绪基础”等只字未提。授课后又未与课题组成员单独接触，当天就返回了省城。可能教授第二天又有新的安排，他实在太忙。其后两年多的时间，属于课题的运作阶段，伍教授没有光顾过乡村小镇。学校领导班子忙于搬迁，抓基建工程质量与进度，全校教职工除了完成正常的教学工作外，还要整理各种文档，迎接示范性学校的评估，无暇顾及“创新素质培养的情绪基础”。这研究的任务也就落到教科室丁主任的肩上。丁主任真想在课题研究上能做出点什么，买了有关情绪研究的专著作参考。开始几页还能看得懂，越往后看，就越感到如看天书。书中也有心理测验问卷，可是与“创新素质”“情绪基础”等基本扯不上，不好借鉴。所见的心理学书籍涉及情绪时只是定义加分类，篇幅有限，将“创新素质”与“情绪”两者联系起来的文章没有见过，在教学过程中如何操作，更是闻所未闻，对什么是“创新素质培养的情绪基础”似懂非懂，初步的理解便是把学生的兴趣和积极性充分调动起来，至于体现学生创新素质培养的成果，不外乎就是学习成绩、竞赛获奖、习作发表，教师有一定创意的课堂教学与论文发表。于是在整个课题运作期间组织了几次相互听课活动，与往常不同的是通知教师上“研究课”，试图“体现课题研究精神”，本学科所有教师都要去听，业务学习时评课。尽管校长没空组织专门的课题研究活动，几个科研骨干私下非正式场合还是议论过几次。当然，后来学校接受省级评估时，有关课题研究活动补上了若干“记录表”。

伍教授有没有将那 1 500 字左右的研究计划认真审阅过，至今我们不得而知。丁主任设定的课题研究指导思想、目标是否恰当，伍教授本人最有发言权。因为是他委托学校研究的，委托者满意了，别人大可不必说三道四。项目研究启动之初，伍教授莅临乡村学校讲学，不仅带来了学识，更重要的带来了期望。课题组成员聆听大学教授的讲学，无疑等于注入了一剂难得的“生长激素”。至于没有直接告知什么是“创新素质培养的情绪基础”，这或许是教授指导的一种艺术、一种“开而弗答”的艺术。教授把话说白了，要求提高了，可能会与农村初中教师的实际不相吻合。丁主任将课题内涵解读为“把学生学习的兴趣和积极性充分调动起来”，农村老师反而容易接受。

“仿 生”

两年多的课题也该做个总结。结题报告撰写的任务又一次落到教科室丁主任的肩上，因为报告要送交省市级专家审阅，他深感责任重大。好在伍教授雪中送炭，请人捎来教育科研先进地区学校的两份结题报告（一份是实验研究报告，另一份为该课题研究工作报告，两份报告至今收藏在学校档案室）。这可是伍教授推荐的，自然成了丁主任的“掌中宝”。丁主任系统阅读了那份关于“学科课程现代化”的实验研究报告，并且以句号为标志，以句群为单位，对每一句群的内容、结构、作用及字数进行了认真的分析，每一部分都作了详细批注。如“课题研究的背景”部分作了这样的批注：

从国外到国内再到所在地区，最后落脚于本校，从宏观到微观……要言不烦……本校情况从硬件到软件写得比较具体。

“课题研究的意义”部分批注：

先总述后分述，从理论与实践，就总述而言，是以现代化为基点，层层剥笋加以论述……500 字。

“课题的界定”部分批注：

从大到小，依课题的限制性定语而定，先解释主语，再解释定语，然后解释偏正词组式的课题……

有了对“典范性”的研究报告详细分析作基础，结合自身对课题的粗略思考，依样画瓢，明确哪些内容可以直接借鉴；哪些要在人家的基础上作变通；哪些内容要结合本校的实践、本人的思考及老师们已发表的文章进行创造性提升，在头脑中初步打了一个框，丁主任写起来也就不十分困难了。正好赶在“五一”节休假期间，他每天写 1 500 字左右，五六天时间，结题报告得以完成。初稿完成后即交给课题组其他老师及李校长审阅，他们只对个别文字作了微调。这份结题报告篇幅约 1 万字，分“课题研究的背景”“本课题研究的意义”“本课题的理论设计和目标”“课题研究的指导思想及理论基础”“课题研究内容及做法”“研究的方法和手段”“课题研究的结果与分析”“展望”八个部分。其结构与伍教授提供的那份实验研究报告完全相同，有些部分内容也相像。譬如“学科课程现代化实验报告”的“展望”：

“九五”期间，我校课题研究中的课程改革力度之大、范围之广、科学性之强、探索性之巨是前所未有的。在上级关心支持下，在省市专家指导下，在全校师生的共同努力下，取得了有目共睹的成绩。但在小学科方面的改革力度还不够，与活动课程的整合尚待加强，所以，我校“十五”期间申报“……”，这是“九五”课题的滚动发展，我校将在“九五”课题成功结题的基础上，向课程的进一步改革再迈大步。

到了“情绪基础研究报告”的“展望”发展为：

“路漫漫其修远兮，吾将上下而求索。”作为一所已通过省级示范性实验学校验收的农村初中，我们的科研工作虽然已经走过了十年的风风雨雨，但是与先进的兄弟学校相比，前方的路还很漫长。下一步我们将以进一步深化对学生的情绪因素的研究为基础，申请省级“十五”课题“……”，以此总揽学校工作全局，以教科研工作带动我校的办学水平再上一层楼。

费尔克拉夫（Fairclough，N.）在《话语与社会变迁》中讨论了当代社会话语的三种主要趋势：话语的“民主化”“商品化”与“技术化”。① “情绪基础研究报告”主要显现出话语的技术化走向：“通过有意识的设计而引起话语变化”，出于“话语实践之策略的工具目的而进行模仿”，以达到“某些预期效果”。写作者除了在报告格式上作了刻意模仿外，又转引了“情绪主体图”“创新教育理论”等他人相关研究成果，还将该校的初步实践概括为“两线相融、内外结合、由点及面”的模式②，力求正规化、术语化、理性化，以期通过专家的评审，获得他们的认可。报告还提及《决定》条文、小平理论、江总书记的讲话等，有着明显的“秘书式”语体的痕迹。

为了迎接专家的验收，学校教师还全员出动，分计划总结、教案评课、研究活动三类“做”档案资料，进行了若干技术处理。如年度研究计划直接从结题报告中寻找语言、样式；年度总结则把计划变换语气，改头换面；教案则由教师自由提供，评课录则由提供教案的老师请其他教师根据教案内容作三言两语的评点。又选择了在这期间几位教科研骨干的五篇文章，作为“理论研究成果”，内容涉及如何调动学生学习的积极性、如何激发学生的学习兴趣、

---

① 诺曼·费尔克拉夫. 话语与社会变迁［M］. 殷晓蓉，译. 北京：华夏出版社，2003：186.

② “两线相融”指“以认知因素为教学过程中的明线，把情绪因素作为暗线”，使两者相互促进。“内外结合”指把“课外阅读作为课堂教学的有益补充”。“由点及面”是指课题展开方式，边研究边推广。

语文课堂教学“一主三环”模式、数学教学中的“问题情境”模式等。同时将学生竞赛获奖、考试成绩、发表的习作等分别统计归类，算作课题研究的“实践研究成果”。这样一共整理了二十几册课题档案。那一段时间，教师平均每天要上三四节课，余下的时间就是改作业，“做资料”，“生产文本”，白天干不完，晚上带回家继续干。李校长带头吃苦，大家也无话可说。

“果 实”

2001年6月的一天，对于某农村初中来讲，是一个不平凡的日子，省市教科研专家及大学教授一行6人来到这里，进行结题鉴定活动，这可是破天荒第一次。

鉴定会上，首先是李校长代表课题组作了课题研究情况的汇报。他的发言提要制作了电子演示文稿。在这之前，他很认真地从头到尾进行了演练，汇报还算流利。接着鉴定组专家们翻阅了课题档案资料，就其中的一些问题进行了质询。如课题内涵如何界定，课题报告中关于“把课堂教学分成认知和情感一明一暗两条线”的提法是否妥当等。课题组成员只能根据自己的理解略加阐述，举出事例。专家们对课题本身的价值及教师们参与研究的勇气，给以充分的肯定。唯有总课题主持人伍教授一针见血地指出：从过程资料中他发现，研究过程存在着比较严重的不切题的现象；所列的研究成果有不少与本课题并不直接相干。最后，鉴定组通过了下列“结题鉴定意见”，并一一签名。

××初中承担的××省人文社科“九五”规划课题之子课题“创新素质培养的情绪基础研究”，于某年某月某日，由总课题组所在的单位组织的专家组在听取了课题组研究报告、查阅了相关资料以及质疑答辩、认真评议后，形成以下鉴定意见：

该课题针对当前素质教育过程中，学生情绪活动能力的缺乏，以及情绪能力的发展与认知能力发展的不平衡等问题，把情绪作为创新素质培养的重要基础，通过设置适当的情境，进行相关的引导，激发学生积极的情绪，使其迸发出创新的火花，并唤醒学生的创新潜能。

该课题在研究过程中采取了“两线相融、内外结合、由点及面”的研究模式，从优化教学目标、优化教学手段、优化师生交往等角度充分发挥情绪的投射作用，展示教学内容的魅力，使学生产生浓厚的学习兴趣，产生强烈的创新欲望。

本课题设计合理，方法得当，研究扎实，成果丰硕，不仅形成了语文、数学、思想品德课堂教学模式和课外阅读活动模式，提升了学生的创新素质，而且造就了一支素质较高的教师队伍。

鉴定组成员一致认为，本课题做了开创性探索，其研究成果为创新教育的深入研究提供了富有意义的启示和一种可供选择的范型。鉴定组同志同意该课题如期结题。希望今后学校加强推广性研究，努力形成情感教育的特色。

这样的鉴定程序没有什么特别。需要补充说明的是，上述“鉴定意见”是学校教科室丁主任起草的。

事后，我们对课题组成员进行了访谈。学校领导认为：

该课题研究虽然没有搞出什么名堂来，但对于学校的教科研工作具有奠基性意义。因为有了这项研究，才使老师们对教科研工作，特别是课题研究的基本要求、方式有了了解，才有之后的省级课题的成功申报与立项。

教科室主任觉得：

这个课题实实在在的事也没有做，结题材料是编造出来的。为了准备结题报告，花了大工夫，在这一过程中，获得了与专家直接对话的机会，也学会了如何进行课题研究。对自身素质的提高是有益的，提高了教育科研在学校的地位。

老师却感到：

目前的这种课题研究方式与自身的日常教育教学工作没什么关系，做了一些无用功。如果不是学校有制度，“逼”得紧，搞不搞这样的研究其实无所谓。至今仍然难以说清“情绪基础”及其与“创新”的关系。但它至少吸引了自己对发展学生创新能力的关注，唤起了对另外一些日常教学问题的关注。如“班级管理的艺术”“如何提高学生听的能力”“练习设计的反馈效度”……

据了解，在这期间，全校有近10名教师，写了近百篇文章（教学随想、一课一得、教学设计、小论文）在县级以上报刊杂志上发表或研讨会上交流。恰如伍教授指出的，它们与该课题研究不直接相干，但却与研究意识的唤醒有关。这让人想起罗森塔尔所做的心理实验。在这里，省级项目带来了激励，教授带来了期望，至于项目内容是什么，如何运行的，已不那么重要。如同罗森塔尔实验中原初并没有20名儿童智力超常一样，但它却带来了一些意外的收获。这是否可以看做是学校教科研中的“皮革马利翁效应”？

尴尬

翻看已被学校封存的科研档案，和老师们一起重新体验初次涉足项目研究的经历，那聆听专家报告的兴奋与失望，全员出动“做”资料的日夜操劳，接受专家鉴定的紧张，等等，所激起的绝不只是对大学教授的感激，对与专家直接对话机会的珍惜与企盼，更为重要的是对实际发生的项目活动与严谨的科学研究程序及基本准则之间系统偏离的反思。科研文本要求陈述事实并揭示规律，通过经得起检验（事实与逻辑的双重检验）的模型或理论来建构知识。这里老师们“编”报告、“做”资料，所表征的并非客观事实，更谈不上揭示什么教学规律，而是一种意愿，一种按专门研究规格“重构”研究过程，期望获得大学教授认可的意愿，一种利用名人效应和项目级别推销学校的构想，也就谈不上什么科学价值。打的是“科研兴校”的招牌，领的是正规的科研项目，做的却是背离科研基本准则的东西，这对于“教育科研”来讲，不能不说是一种悲哀。

缺乏科学价值，不等于没有其他方面的效用，换个角度看问题，可能获得新的认识。譬如公开课，科研界普遍指责它的“不真实”，但我们如果不是简单地用一般科研标准去衡量，不把它看做是某个教师的课，而看做是“高于现实生活”的集体创作，一种有别于教育科研的专业引领活动，也就会在一定程度上改变对公开课的看法。从教师专业成长的角度看，项目也好，课题也罢，或许是一种孵化器，其作用在于促进“教师的教学知识”的孕育、生产与交流。有研究报告指出：教师“自身的教学经验和反思”以及“和同事的日常交流”是他们发展自身教学知识的最重要的来源。① 也许日常教学生活状态下，这种教学经验的总结与反思，与同事的交流不那么自觉，也比较零散。一定级别的项目研究与审查评估可以唤醒教师内在的自觉，将时间、精力与智慧聚焦在特定的领域，比较系统地作一些反思与交流。但这种教师的教学知识生产绝不单纯是一个书本知识的言传与教师的接受过程，而主要是这样一种过程：使教师在学生时代就萌发的及其在后来的职业生涯中积淀的关于教学的默会知识显性化②、个人知识公开化，形成关于教学活动的设计、实施与反思能力，从而超越“理所当然的经验世界”。这一过程所要求的项目内容显然应来源于教师的日常教学生活，而不是科研管理部门的直接下达；研究方式应有利于个人内隐知识的澄清、呈现与质疑，而不是什么“前测”“后测”与“变量控制”；所建立的成果审查与交流制度应着眼于消除压抑个人知识的话语霸

① 范良火．教师教学知识发展研究［M］．上海：华东师范大学出版社，2003：自序．

② 张民选的《隐性知识与隐性知识的显现可能》一文介绍了近年来国外心理学界关于“隐性知识”的存在、生成及显性化步骤的研究成果。袁军《让默会的知识流动起来》一文中，归纳出默会知识显性化的几种方式：意象反思、讲故事、聊天、观察等。两篇文章皆发表在《全球教育展望》2003年的第8期。

权，真正赋予教师真情言说的权利，而不是“正式知识”、正规学术活动的一言堂。在这里，理论知识只是教师教学经验的总结与反思的一面镜子，当然在很多情况下又是不可缺少的。“创新素质培养的情绪基础”研究，项目来源于科研院校的下达，选择的是正规的学术研究方式，教师在对正规科研报告的刻意模仿中缺少应有的话语主权，成了学术话语、政治话语的传声筒，在项目范围之内没有能真正生产出属于自己的知识，而在项目范围之外，所形成的副产品又得不到应有的承认（伍教授称其“存在着比较严重的不切题现象”）。这便是学科规训制度下教师关于“教学知识”生产的尴尬！

（原载《当代教育科学》2005 年第 2 期）

2. 引领新潮的"课堂时装"

——飘荡在公开课赛场的声音

仲广群 柳夕浪

一、引 言

基础教育课程改革凸现出学校在课程开发与实施中的主体地位，要求教学研究回归学校，回归教师，回归教学实践，营造相互关爱、相互帮助、相互切磋交流的学校文化，建立以校为本的教学研究制度。

作为传统教研方式之一的"赛课"（评优课），从校级、乡（镇）级到县（市）级、省级，乃至所谓"国家级"（一般为某个民间学术团体组织的），逐层推开，势头十分强劲，牵动着千万个教师的心。面对如此规模庞大、高频率的教研活动，置若罔闻，视而不见，是极不明智的；简单肯定，或者简单否定，也是无济于事的。这样一种实实在在的"教研存在"，到底显现出什么？对此必须敞开自身的视域，加以解读。

研究方法

"赛课"这种"教研存在"到底显示出什么？对于这一问题适宜采取质的研究方法进行追寻。与以确定的方式提供规范的探究过程得出普遍有效结论的量的研究有所不同，质的研究强调把握"赛课"这样一个教学研究场域的独特性，探究卷入其中的参赛者、评判者内在体验感受如何，这样一种独特经历的生命意义何在，它更多地关注独特意义的寻求。质的研究中意义的呈现不同于空洞无物的"大道理"的阐述，通常借助叙事讲故事，说者与听者一同实实在在地去领悟、去感受，以恢复、激活人的原初的感受力。

质的研究不是凭借仪器、量表去度量研究对象，而是在参与性的观察、开放性的访谈中，了解"赛课"场域中到底发生了什么，倾听当事人内心倾诉，感悟教研空间内在的张力。在这里，研究者本人便是最为重要的研究工具。需要说明的是，研究者自己不仅多次充当"赛课"活动的组织者、评委，也曾是参赛者，参加过县（市）级、省级的竞赛，亲身经历种种赛事，这对于解读"赛课"现象既有帮助，也有妨碍，容易先入为主，作茧自缚。为此，研究者努力尝试着将先前熟悉的赛事经验、判断悬置起来，力求以当事人的眼光，也以研究者的态度重新观察、体验“赛课”这样一个独特的教研空间所发生的一切。

样本的选择与问题的显现

对评优课的议论的焦点主要集中在“作假”上。一些业内人士指出，评优课的“作假”“作秀”现象比较严重，脱离教学实际，影响教研风气，到了非刹不可的地步，“公开课也要打假”。针对此，最初确定女教师李晓作为考察对象。李晓，32 岁，小学语文教师，教龄 15 年，因为“综合素质好”“课堂驾驭能力强”，工作的第一年，参加学校青年教师“献课”活动，幸运地被评为一等奖。随后多次参加县级、市级、省级，直到代表某省参加全国的赛课，受到小语界专家、同行的好评。我们读到李老师的部分参赛日记，从中体验到的是李老师伴随着赛课的成长经历，对赛课机遇的珍惜与赛课经历的感激，与“局外人”的批评意见相左。

看来，不同的人对赛课意义的感悟有所不同，乃至相距甚远。仅考察一人、一个角色是不够的，宜将访谈范围扩大。

王晨，男，35 岁，教龄 17 年，小学数学教师，曾参加小学数学教师优课评比，经过层层选拔，最终在省级优课评比中获一等奖，现担任某小学教导主任。

刘丽，女，50 岁，多年从事教研工作，组织过 20 多次优课评比活动，经常被邀请作为赛课的评委。

朱涛，男，53 岁，学校分管教学的副校长，每年都安排本校若干教师参加各学科、各种级别的优课评比。教育理论研究的兴趣较浓。

小汤，男，小学四年级学生，他所在的班级被老师借班上过评优课、公开课。（尊重被访者意愿，行文中隐去了真实姓名。）

卷入赛课活动中的不同角色、不同的人，并不否认“作假”“作秀”的存在，但对此，并不像“局外人”那样十分在意，让我们强烈感受到的倒是赛课者的高度投入、观摩者的群情兴奋、赛场气氛的紧张热烈。这里究竟存在着什么样的动力机制促使成千上万个教师、教研人员的自觉或不自觉地卷入其中，乐此不疲地经受磨炼，“脱胎换骨”，“获得新生”？

资料的搜集与归类

资料搜集以访谈为主，辅以赛课教师的日记摘录，有关教学文件的整理等。

访谈的时间、地点安排如下：

对 象	时 间	地 点
王 晨	2003. 5. 3	某学校操场
小 汤	2003. 5. 3	小汤家中
李 晓	2003. 5. 7 2003. 5. 9	某校教师办公室
朱 涛	2003. 5. 12	某校校长室
刘 丽	2003. 5. 18	某教育局教研室

访谈中我们所关心的主要问题有：

①赛课的具体过程、经历、细节；

②伴随着赛课活动的内心感受；

③赛课对教师专业成长的影响。

具体访谈中的提问因人而异，灵活掌握，属于半开放式的。因为都是熟人，谈出来也就很少有什么拘谨，很多时候并不受访谈提纲的限制，访谈时耐心倾听，常有意料之外的收获。

资料整理主要采取类属分析的方式，根据赛场角色，分为参赛教师、旁观者、组织者及评委三类。这主要是因为关于赛课的声音因其所扮演角色的不同而不同。“一个实事的显现方式是何种类型的”，“这取决于人的境域”，取决于他的视角。不同角色所反映的事实、细节可以相互印证，也有相互重复的地方，对此，我们作了必要的剪辑。

整理资料过程中，我们发现，不仅旁观者，而且赛课教师、组织者也多次提及“时装”“品牌”“穿衣”“表演”“演练”“出彩”等，并不忌讳“上演教案剧”这一说法。只不过不同的角色陈述的隐含的意思不尽相同，这大概便是我们要寻找的“本土概念”吧。

二、当事人的声音与研究者的旁白

参赛教师：“被强迫穿了一件别人的衣服。”

参赛教师“过五关斩六将”，荣获“全省一等奖”“全国一等奖”，不只是兴奋。

感激

体育竞赛获奖，运动员感激的是教练的栽培、父母的养育之恩。教师赛课获奖，首先感激的是赛课的机遇。

李晓：人是需要被唤醒与激活的。我被唤醒是1996年参加思品赛课。一次外出听课，校长（思品教研员在学校挂职）问我愿不愿意参加思品赛课。思品可是我从未涉猎过的学科，但校长的鼓励，加上我好强的个性起了作用，我答应下来。没想到一路赛过去，获得县区第一名、市第一名、省一等奖。而且又参加了全国小学语文赛课，获得一等奖。这一系列的赛课打开了我的世界。校领导想到了我，给了我这个机会，也许这才是我教学上真正的起步。

王晨：参加省赛课之前，我上公开课很少，包括市里的说课比赛，也是校长恩赐给我的。那天他问我有没有参加过市一级的比赛，我说没有，他便让我去了。那一次说课比赛对我也很有帮助，可以看做是后来省级赛课的热身。

“教师每天要做的事情就是上课，教师经常进行的研究就是课堂教学研究，在教师成长过程中，或多或少都有其代表性的课，这些课从某种意义上讲就是他某个阶段教学及教学研究的缩影。”（李晓）赛课无疑给教师的专业生活、给他们的课堂教学研究注入了有效的兴奋剂。“没有了评优课就缺少了激励和压力。自觉钻研的人其实很少。”（王晨）“几乎举不出没有上过公开课却非常优秀的教师。”（李晓）

煎熬

赛课现场，一节课只有40分钟，而40分钟的背后有一段较长时间的“磨课”，一段“备课——试教——研讨——再备课——再试教——再研讨”的周而复始的“磨课”。这种备战对参赛教师来讲，是一段脱胎换骨的过程。

王晨：我虽然只上了一节课，但前前后后准备了三个月的时间。这一段时间，我真的是在“煎熬”中度过的。不过这期间，我也得到了太多的指导和帮助，这节课我一共进行了十四次试教，每一次试教，我都能从别人的指点中悟出好多新的东西来。每次听课的，少则五六人，多则十几人，像专家会诊一样，逐个地给你谈想法、提建议，大到教学的目标定位、课堂的整体构想，小到板书设计、语言表达，甚至我的一举手、一投足全都成为评议的内容。这让我改掉了很多平常没留意到的不良习惯，努力精雕细刻，力求使课的每一个环节都尽善尽美。当然这个过程是很痛苦的，尤其是众人意见不一，甚至彼此对立时，就要靠教者去进行比较、甄别和取舍了。记得我试教第六遍的时候，市里组织了一班人听我的课，把我的课评得一无是处，包括我安排的一个最得意的环节也给他们推翻了，被认为是眼中没有学生的做法，是“故意作秀”，有取宠评委之嫌。回来后，我试图综合他们所提的意见，重新设计了一份教案，在校内试教后，大家又都说我的课变成了个“四不像”，反而什么特色也没有了，当时我心里难过得简直无法形容，后来又熬了两天两夜，将教案再来一遍翻新，总算又找回了感觉。类似于这样的经历很多，每次都像动物脱壳一样，不过我知道，我正是在这一过程中不断地实现着自我超越。

李晓：我是在思品赛课刚刚结束时报名参加语文选拔赛的。由于有过多次较大场合上课的经验作基础，比较顺利获得了全国赛课的资格。面对即将到来的备战，教导主任给我打预防针，说："上这种课的老师没有一个不哭的。"听了他的话，我暗暗告诉自己，千万不能哭。距离比赛只有短短40天，我开始投入紧张的学习，在家中读1994年以来的《小学语文教学》，每天读两本。大剂量吸收，做笔记。冒着夏日的酷暑请教他人，钻研教材，完成教案。开学后第一次试教，结果只教完了三分之一的内容，不得不调整教案，确定重点，两天之内，拿出第二稿教案。第二次试教，下午从两点开始讨论直到七点多才结束，要求彻底否定自己，重新设计一个教案，时间那么紧迫，感到的确很难。有一种无从下手的感觉，甚至原来找到的那么丁点儿的信心和感觉也跑得无影无踪。我再次陷入了迷茫之中……我的身体总跟我作对：嘴唇干裂，继之声音嘶哑、咳嗽、拉肚子……每过一天，心里的不安便增加一分。几天后又重新设计了一份教案，试了三次，效果还不错，还有些细处需要打磨，有了这份教案，我稍微轻松了些。后来到别的学校连续上了几遍，算是找到了一点感觉吧。又专程到某特级教师那儿细磨，整整一天，理出了一份教案。回来后到学校试教，效果不很理想。国庆节放假七天，天天讨论教案，教案已是第十稿，离大赛没有多少天，只能在个别环节上作微调。当我们对整个教案逐一细磨的时候，我觉得好像就是在琢磨一件精致的艺术品。

"随着比赛的层层选拔，赛课教师被一步步逼得没有退还的余地，那时光实在熬人。"（李晓）身心疲劳，犯病，这是一种煎熬。磨课过程，执教者自己的设想与评课者不尽一致，在教学权威人士面前不得不放弃，这更是一种煎熬。

李晓：（讨论修改教案时，大家的看法与你不同时怎么办?）如果另有人支持了我的意见，我就会坚持；如果大家都反对，我就屈服。（屈服的滋味怎样?）像是别人给强迫穿一件自己不喜欢的衣服在身上，又别扭又难受。

出彩

王晨：上课有点像赴刑场，课前心中没有底，有一种任人宰割的感觉，有时觉得自己快要崩溃了。

全国大赛，赛场气氛异常热烈，参赛老师也免不了有些紧张，焦虑不安，但"挺过去就是一片艳阳天"。

李晓：心慌的感觉出现在第一个教学环节结束时，因为事先准备的教案在行程途中又作了修改，修改的是整节课的教学线索。没有机会试教。没想到这样一改，教学时间的安排出现了大概3分钟左右的误差，我看了一下表，心里一边想完了，一边也在考虑有效的应对措施，多出来的时间用到哪里去？我一边教学，一边看表，在背诵环节，有意多安排了一次集体试背和抽背，当还剩下最后一分钟时，我开始了我的结束语。我话音刚落，铃声也同时响起，全场顿时掌声雷动，全国著名特级教师袁某跟我说："我记住你成了全国冠军。"大会总结时，某权威人士特地指出："有的老师把背诵拿到课堂上，并且做得很到位，这体现了语言文字训练不是虚晃，非常好。"

出什么"彩"？自然是权威人士认定的"彩"。权威者一锤定音，这对于参赛教师来说太重要了。

王晨：赛场上，我希望课前准备好的各种设计能在课上很顺畅地用起来，并且被他们所接受。(他们是谁?) 听课的评委啊！(为什么不是学生呢?) 学生当然也很重要，但毕竟不是学生给我的课打分啊！这就好比评委们在逛街购物，要看他们的口味、心情以及不同商品对评委的刺激程度（你不相信品牌?）所谓品牌，其实也需要有专家在后面为它撑腰。

旁观者："公开作秀，上演教案剧。"

前来听课的老师更多的是被上课教师的精湛技艺所折服，时而啧啧称赞，时而爆发掌声。而理论工作者旁观赛课，更多的是批判地加以审视。

作秀

朱涛：现在的评优课都是"磨"出来的，"磨"得很细，精致到每一个细节，甚至每一句话，一旦到了课堂上与学生"磨"而不"合"时，教师往往会不顾学生的认知和感受，生硬地把学生拉回来，请君入瓮，让学生循着教师既定的思路走，这实际上是教师在"作秀"，演教案剧，学生充其量在剧中扮演了个配角。我曾经听一位老师上"统计与概率"一课，她让学生随机写下一个六位数的号码，然后摸奖，班上居然有一个孩子真中了奖——一支钢笔。当时我好一阵惊讶，因为按照概率，那只是1/1 000 000的希望呀，后来我一打听才知道，是这个学校的另一位教师坐在那个学生的旁边，那边摸一个号码，老师便让他写下一个号码，这样才保证了这个游戏最终有人"中奖"，这可是集体作假。事实上她也弄巧成拙了，没有人获奖，才能很好地反映她的课本来的主题呀！

与参赛教师的访谈，也证实了评优课"作秀"现象的普遍性。

王晨：评优课有很多不切实际的地方，与平时的教学相距甚远，作秀的成分多。每个上课者都力求使自己的课有一定的观赏性。有些设计考虑听课者多些，考虑学生的少些。这里有两个层次，低层次的是教者自己想办法出风头，取宠于评委；高层次的则是想办法让学生出风头，通过学生的活动来出彩。担心学生配合不上，则事先与学生接触，设计一个类似的情境，暗示学生，保证课上不出太大的意外。

匿名

公开课上，学生被隐身。执教者更多地关注评委，也就很少真正关注学生及其反应。即使关注学生，更多也是希望能有效地配合教师，顺利进入预先设定的教学程序。

王晨：各级比赛都安排上课教师与学生见见面，但时间不长，一般只有三四十分钟。接触学生时，我主要做三件事：一是与学生相互认识、了解，吹一番自己，弄一通玄虚，让学生盼着我给他们上课；二是对基础性的知识摸一下底，确保课上不出纰漏。凡课上所涉及的学生应知应会的知识，都要过一遍。第三是对课上出彩的环节换个情境让学生练一练，以便到时候顺利地迁移。

在“匿名化”的教学情境下，学生的感受如何？

小汤：（你喜欢上公开课吗？）无所谓，我嫌烦。（你为什么嫌烦？）要上公开课，老师给我们布置的作业特别多，要查好多资料，有时还要先试一下。（谁试一下？）上课的老师呀，他说先模拟一下，看我们到时候究竟是什么样子。（你们做笔记吗？）不准记录，只让试一试。（你觉得试的课上得好，还是有人听的课上得好？）有人听课上得好！（为什么？）有人听的课信息多，老师也特别亲切。（你喜欢先试上吗？）不喜欢，到上课时就没味了，一点新鲜感都没有。

异化

朱涛：现在的优课标准有异化的倾向，上公开课就要有投影仪、计算机，好像没有这些玩意儿就上不了好课似的，形式的成分大于内涵的成分，结果，评优课变成了拼时间、拼人力、拼财力。说到底，学校整体的研究力量强，帮忙出主意的人马力量强，老师得奖的层次就高。赛课所评选出来的课是不是优秀的？可能越精致的课却越糟糕。评优课的“异化”也可以说是一种“反教学”：不是从学生实际出发，而是根据评委的权威意志调整教学；不是基于日常教学情境，而是花费百倍的人力、财力演练教学；不是动态性调整教学过程，而是按预先精心设定的剧本表演，窒息了教学应有的开放性和活力。

组织者："其实我们并不计较这一失真。"

默契

对于旁观者所披露的赛课中的"作秀"，赛课活动的组织者、评委们持什么态度呢？

刘丽：其实，赛课除了评比、甄别、选拔的功能外，还有一个重要的功能，就是通过这一形式进行教学研究。由于评优课以竞赛的形式出现，对教师、学校的影响很大，故而研究的力度大、层次高，产生的课对其他听课的老师们会有很好的辐射作用。尤其在推进课程改革的今天，用以引领老师实施从理论到实践的跨越，其作用是不可低估的。所以看待这一问题，会因立足点不同而对它的接纳程度不同。如果就事论事，只看评比的结果，这会有很多问题，如果从教研目的的贯彻与落实的角度看，我们其实并不计较这一失真。这就犹如时装表演，生活中有几个人穿那服装？但它代表了一种潮流、一种趋势，没有它的引领，就无法实现对更高目标的追求。

在旁观者看来的"作秀"行为在组织者的眼中并不意味着作假。赛课组织者课前让教师与学生有一个接触过程，为参赛教师提供了向学生渗透的时机，是否也意味着对"作秀"问题的宽容？长期的赛课活动中，评委与教师之间已经形成了某种默契。

李晓：（如果在某些环节上作假了，涉及了这部分内容的教学时，你心情如何？）是有点紧张，但只要事情能按我设想的样子发展，我上课会变得很轻松的，成功时还略带点儿兴奋。（你不怕被评委们看穿？）不会的，只要把握好分寸就行，有些事情大家都心知肚明，评委也不会跟你较劲儿，从没有哪个教师因为上课作假而落下个处分的。

呼应

谁不想成为一个"好教师"。像李晓这样生于教师家庭的，当个好教师的愿望非常强烈。然而"好教师"只是一个笼统的说法。学生、家长、学者各有各的"好"。而今教育行政部门认可的"好教师"包括合格教师、骨干教师、学科带头人、特级教师等不同层次。骨干教师、学科带头人等还有校级、乡（镇）级、县级、地市级、省级的区别。众多的教师资格认定与聘用、职评、职务晋升、工资待遇等直接挂钩。这是一部被教育人事部门牢牢操纵在手的、供教师竞相攀登的"成长梯子"。

"成长梯子"的攀登须从上课起步。赛课组织者所研制的"课堂教学评价表"，一般包括"教学思想、教学目标、教学过程、教学方法、教学手段的运用、学生活动、教师素质"等指标（时代不同，要求不一，指标体系亦有所不同），依据从分项到综合、从定量到定性的程序、标准，将课区分出优秀、良好、一般、差课等不同的等级，从而筛选出“好课”来。“好课”在“好教师”的资格评定中所占的分量很重。某教育局根据上级主管部门的要求下发的“关于中小学教师职称资格评审工作的意见”规定，申报评审小学高级教师、中学一级教师职务的“任职资格基本条例”之一为：

任现职以来，每年在校级及以上范围开过教学公开课、示范课、观摩课等至少1次，并获得优良等次（提供教案、课堂教学评价表等原始材料）。

至于职称破格评审须“开过市级及以上教育行政主管部门组织的示范课、观摩课，并获得高度评价”，“在省及以上教育主管部门组织的基本功大赛评优课上获奖”，“或在市教育主管部门组织的基本功大赛获一等奖”（基本功大赛含说课、上课等）。可见，赛课不是孤立的，它与教师的职称评定、认格、聘任等联系在一起的，教育行政部门、人事职改部门是赛课活动背后真正的组织者。

三、感悟与困惑

倾听当事人的声音，一边整理，一边设身处地体验他们的心境，发现角色不同，声音完全不同。赛课教师有自己的感激与苦衷，旁观者更多的是批评，而组织者对赛课则有另一番完全不同的解释与价值预设。研究者自己也很难作出什么结论，只是对本来已经司空见惯的赛课感到有些陌生，留下不少疑虑，不知如何才能拨开这些迷雾，逼近其“本真状态”？

当事人反复提及的“穿衣”“作秀”“品牌”“时装”等，让我们感受到那会堂、剧院、舞台上的“赛课”确实如同“时装表演”，那一堂堂精致的课如同一件件精彩纷呈、靓丽夺目的时装。“课堂时装”的设计者显然是那些有着“特级教师”“学科带头人”“教学研究专家”等种种头衔的学科教学的权威（他们中的很多人员也是从公开课中赛出来的）。这是一个优秀的教师群体，而非一两个设计师。他们将新的教学理念转化为具体的优课评价指标体系和操作性强的教案。而赛课教师犹如“时装模特儿”，他们一般基本功较好，为了获得展示教学精品、展示自我的机会，不得不根据“课堂时装”的要求裁剪教学方案，反复磨炼自我。穿了一件不一定适合自己身材的衣服，难免“又别扭又难受”，“上课有点像赴刑场”，“有一种任人宰割的感觉”。层层选拔、表演，推出一系列“教学精品”，再巡回展示，或制作成课堂教学实录播放。这样的课堂教学确实是超越日常性质的，它以“教案剧”的形式展现出教学的理想境界，反映出课堂教学改革的时尚，这是否不失为一种比理论家的空洞说教更为有效的教学引领方式？所谓的“上演教案剧”是否也有它存在的现实的土壤？不然，它何以能吸引成千上万个教师前去观赏？

“表演”是给别人看的，不是演给自己瞧的，它就意味着一定程度上的公开。人们要公开展示的总是自己的优点、亮点、闪光点，大庭广众下谁愿意丢脸、给自己脸上抹黑？中国人那么要面子，何况文人教师呢？故而“公开”也就意味着“掩饰”，“显现”又总意味着“遮蔽”，如同一枚硬币的两面。公开课多少带有表演的成分，所谓“上困惑课”，把困惑、不足展示给人看，尤其是展示给陌生人看，精神正常者一般恐怕不会这样做的。如此，“公开”恐怕绝不仅仅是一种教研活动形式，它还是一种“机制”，一种驱动教师及相关人员反复磨课的动力。“公开”的机制制造了一个敞视的区域，所激活的不仅仅是参赛教师，而且包括所属群体的潜能，从而将人的行为推向极端，致使其偏离日常教学情境。教学内容的加工、情境的设计、教学语言的锤炼等都存在着某些“作秀”成分，但我们似乎不能因为其偏离常态而怀疑其“真实性”，如同我们不应怀疑对原始素材作加工而形成的艺术形象的真实性一样。这样一个特定的“优课”生产、筛选的场域有其自身的法则，有一套不同于日常课堂教学的游戏准则，它是否可理解为“源于日常教学，又高于日常教学”呢？

至少，我们可以感受到，“赛课”不同于一般的学术研讨，其所追求的不是那个再现日常教学实际的“真理”，而是课堂教学的理想范型；所展示的不是贴近日常课堂生活的那个“真实”，而是经过参赛教师及其所属群体中的教学权威多次加工的可供大家观赏的“精品”；所要处理的不只是一般课堂教学的教师、学生、教材的关系，而首先要处理“参赛作品”与优课标准、评委需求之间的关系。在“赛课”情境下，不仅学生要“配合老师”，而且老师也要适应评委，适应预设的“优课标准”。这里存在着一个教学主体的遮蔽、教研主体的遮蔽的问题。牵引着整个赛场的无疑是由特级教师、教研专家充当的评委们，不要说是学生，就连教师也缺乏应有的自主空间。然而这些“特级教师”“教研专家”的绝大多数也曾在赛课舞台上摔打磨炼过，被“规训”出来的，他们只不过是“成长梯子”的先行攀登者。从一般教师，到骨干教师、特级教师，从乡校级、县级，到地市级、省级，这是一个金字塔式的“科层结构”，如此体制下的教研活动中必然是“科层化”的。竞相攀登这“科层教研”的顶端，就会拥有更多的教学声誉、研究资本和学术权力。在这样一个“科层管理”体制下，存在着多大的“校本教研”的空间？

（原载《当代教育科学》2004 年第 8 期）

3. 对话、引领、读解与展望

——关于江苏省海安县开展微型课题研究的实践与思考

陈 萍

在互动中成长

触发 2005年8月16日，《中国教育报》刊登了江苏省海安县白甸镇中心小学王存宝副校长题为《微型课题，教育研究的“快乐便桥”》一文。作者结合自身的教育教学实践和教育研究经历，介绍了一种适合一线教师从事的研究方式——微型课题研究。文章发表之后，引起了多方关注：学校教师们关注“微型课题”，并以此为话题，在网上展开了讨论；有关部门关注“微型课题”，县教科室的同志立即到该校调研，与教师座谈交流，总结经验；有关专家、领导关注“微型课题”，柳夕浪副局长要求县教科室不仅要组织、管理、指导各级规划立项课题研究，更要多到学校中去，关注一线教师工作、研究的真实状态，帮助他们总结、提升在教育教学实践中获得的富有创见、行之有效的新做法、新经验。

在南通市“素质教育与课程改革”研讨会上，海安县的交流发言《推进课改：一种自内向外的力量》部分介绍了白甸镇中心小学实施微型课题研究，解决教师临场问题，提升教师实践智慧的做法。市教育局秦建荣副局长、市教科所领导对此高度关注，认为微型课题研究可能是教师喜欢、能切实提高教育教学质量的研究方式之一。秦局长要求教科研部门对此展开调研，加强指导，探讨微型课题研究的方法、组织管理及成果推广等问题。

走近 2005年10月下旬，县教科室人员首次到白甸小学进行专题调研。王存宝副校长告诉我们，所谓微型课题研究就是老师们针对教学中遇到的、感到头疼的难题，通过想办法加以解决的过程。现在，学校里钟爱微型课题的除了他，还有张老师、曹老师等多名同事，这些老师都有一个共同的特点：对自己的教学富有热情，非常投入，善于思考。王校长还给我们展示了近两年的《教师发表文章统计表》，三十余篇教育教学案例或研究故事发表于各类报刊，其中多篇刊登在较有影响的《中国教育报》《中国教师报》上。这些丰厚的成果让我们感到振奋，一方面为基层老师自觉地结合教育实践，开展课题研究，体验专业幸福而心生感佩；另一方面，也为开阔教师研究视野，发现一种切实可行的研究方式而高兴。

引领 时隔一个月，调研组第二次来到白甸小学，学校展示了部分教师的研究计划、研究手记等原始材料。

学校介绍的三点内容引起了我们的思考。首先，"微型课题研究"这一话题的提出，源于学校当时承担的南通市教育科学"十五"规划课题"农村小学教师课程视野和参与角色问题的研究"。在主课题的主导思想和研究框架下，学校指导部分教师结合自身的教育教学实际提问题，将课题分解成若干子课题（二级或三级）进行研究，同时给这些子课题取了一个鲜亮的名字：微型课题。因此，微型课题的提出并非心血来潮和空穴来风。这使我们想到，当前，不少专家及教师将各级立项课题误解为形象工程，阳春白雪，脱离教育教学和教师专业发展实际，进而质疑其存在的必要性。白甸小学的研究实践告诉我们，造成这一状况的原因主要不在于课题本身的存在价值，而是研究思路或方法的偏差。立项课题也是源于教育教学中产生的问题，关注的是教师和学生的日常生活和教学行为，只要课题主持人注意引领教师在主课题和自身教育实践间找到一个具体、可操作的切入点，就能获得改进教育实践的着力点和促进专业发展的生长点，让教师实实在在地看到课题研究对自身提高的效应。

其次，微型课题的产生，不总是教师的个人奋斗，而是常常从同一个办公室的几个人在课余闲聊之中迸发的。课间十分钟，大家相互提出各自碰到的教学问题，有的介绍自己的成功经验，有的推荐阅读文章或网上浏览，然后在各自的阅读、学习中有意识地搜集资料、尝试改进，并将获得的感悟、收获再拿来与同事碰撞。学校也有意识地引导教师的课余对话，由以往的"闲聊"转向对教育教学话题的"民间讨论"。他们认为"课间闲聊不仅聊出一片精彩，还能聊出一个团队"。由此可见，鼓励教师个体进行微型课题研究，不是要形成一种新的专业个人主义，因为对于教师个体来说，不应该也不可能在自我封闭中取得实践认识的突破。

第三，该校好几位老师与《中国教师报》建立了密切的合作关系，积极参与"教师论坛"以及"人民教育网论坛""教育在线"的研讨，凭借这一跨越时空的对话平台，从小课题走向大世界，与外校的教师、专业研究人员进行对话，从而获得更为宽畅的信息通道和专业指导。由此，我们发现，对处于方寸校园、乡村远郊的教师来说，要使他们的微型课题研究获得持久的动力，需要研究人员的引领、学校管理者的指导和其他教师的启迪，因此构建和提供多层面的、开放的信息互通平台显得至关重要。因为，我们关注微型课题，不仅在于它让教师的专业知识获得拓展、实践智慧得以丰富，更在于它对教师专业意识的点燃，让教师对自己的教育实践抱有一种饶有兴趣的关注，产生一种“提升自我”的冲动。

基于以上思考，我们建议学校制定微型课题研究管理方案，建立合理的机制，将微型课题纳入学校教学、科研、教师教育管理的范畴，作为学校实施校本研修的主体形式；建立健全微型课题研究的管理机制、支持机制和指导机制，完善微型课题研究的专题档案，制定微型课题研究成果的专题、奖励制度；发挥教研组、年级组等非正式群体的作用，共同选择研究课题，在合作与对话中探索、提高。

在此基础上，县教科室又于12月中旬，邀请海陵小学副校长许卫兵、海师附小教科室副主任张先跃等教科研骨干一同赴白甸小学与教师进行研讨对话。

此时，学校已全面铺开了微型课题研究，并初步制定了《白甸小学微型课题研究章程》《教师岗位考核细则》等相关制度。学校给我们展示了30多位教师的课题研究档案，内容包括课题方案、主题阅读、评阅意见、课题案例等，学校提供统一的表格由教师填写。老师们选择的微型课题颇为丰富，诸如“小学生学习心理的研究”“小学数学课堂探索”……

翻阅这些资料，我们既为学校、教师开展研究的热情和花费的精力感动，也为微型课题研究理念在实践中的走样感到忧虑。首先，是课题的异化。本来是一个小问题，转化为课题名称时则变得过于宏大、空洞而不着边际，比如，一个教师提出的问题是“学生不敢发言怎么办?”，转换为课题却成了“小学生学习心理的研究”，完全失去了微型课题“为我所用”“量身定做”的特点，问题域被无限扩大，有滑向传统规划课题窠臼的倾向。其次，是课题方案的异化。学校在设计微型课题方案时借鉴了省市级课题申报表的样式，细目中包括“研究背景”“理论假设”等，老师们也效仿传统立项课题，从宏观到微观，生硬机械地照搬理论，反将自己的专业实践置身事外。再次，研究过程的异化。整齐划一、想当然的倾向比较严重，不少老师将“学习文献”理解为“摘抄笔记”，将获取实践信息的方式局限于“设计问卷调查”，认为成果即文章……

问题的出现既有偶然性，也有必然性。多年来，无论是学校管理者，还是普通教师，都认为教育研究就是教育试验或问卷调查，就是写文章，看重结果、看重文本，而忽视了最为重要的研究过程，忽视了平心静气地做，忽视了持之以恒的实践、反思。微型课题的研究同样面临这些问题：从观念到行为，从行为到文化，需要的是一个长期的理解、体验、提升的过程。既要有推进的热情，也必须冷静地认识到可能遭遇的困难。

在引导学校、教师在实践中不断澄清微型课题研究理念的同时，我们还和学校共同讨论解决一些微型课题研究中不断生成的具体问题。比如，建议学校重新设计简单的研究方案表，只要填写问题、课题的名称、研究的方法、研究的过程以及需要的援助就可以了；课题的表述也力求平实、简明……这样的引领很受学校和老师的欢迎，也算是微型课题的微贴身研究吧！

拓展 2006 年 4 月，县教科室牵头成立了“海安县学校微型课题研究中心组”，首批成员包括中小学、幼儿园及职业学校的 16 所教科研骨干学校。在中心组的第一次研讨会上，县教科室下发了《微型课题研究实施指导意见（讨论稿）》，白甸镇中心小学汤月明校长作了课题实施报告，大家还就微型课题研究的“基本理念”“实践意义”“实施策略”“组织方法”等问题展开了广泛的讨论。会后，各单位陆续制定并上交了本单位的实施方案。

5 月 25 日，南通市教育科学微型课题研讨会在海安县召开，来自各县市的 200 多名专家、教师参观了白甸镇中心小学的现场，聆听了该校的主题报告《小路风景》及部分教师讲述的研究故事，观摩了中心组成员的沙龙研讨。此后，如东、如皋等县市又先后组织中小学教师前来参观或邀请白甸小学老师前去介绍经验。

微型课题研究生成、发展、提高的过程，也是具有“半专业”性质的县教科室人员与白甸小学老师之间基于对话、合作、引领的共同成长的过程，是更多学校、教师不断参与、融入的过程。实践的推进促使思考的深入，随着微型课题研究的开展，一些具体的操作问题和深层的理论问题逐渐敞显，比如“教师的教育问题具有怎样的生成机制?”“微型课题与教师专业发展到底具有怎样的内在关联?”“基于教师的微型课题研究，现行的科研管理、教学制度、学校文化如何转型?”，等等。这些问题空间召唤着我们采取进一步更为有效的行动。

教师专业发展的“快乐便桥”

在与白甸镇中心小学一同开展微型课题研究的基础上，我们又开始从全县教育科研管理的角度，进一步思考这一研究方式的发展与深化，并于 2006 年 9 月成功申报了江苏省教育科学“十一五”规划立项课题“区域推进微型课题研究的实践探索”。借助于课题申报方案的修改、打磨，微型课题研究的内涵、特质也得以进一步明晰和凸显。我们认为，微型课题研究就是教师自觉地针对自身教育教学实践中的某些问题或话题，在一段时间内积极关注，不断反思、追问，持续进行改进性尝试的探究性教育行为。

微型课题研究提倡一种“教学即研究，教师即研究者，成果即成长”的理念，是一种本土化、草根化、个性化的研究。具体地讲，它具有如下特征。

“属己”：微型课题研究不是为了构建理论，也不是为了发现规律，而是教师自身的一种需要，这种需要既包括圆满完成教育教学任务的美好愿望，又包括教师提高自身专业素养的成长动机，是教师应对“专业困境”所表现出来的积极姿态，因而具有鲜明的“属己”特性。

真实：微型课题源于真实的教育、教学问题，比如“怎样用表演提高作文评讲课实效性”“如何解决学生抄作业的现象”，等等，也许这些问题似乎有些小家子气，无法立项，但它们恰恰是众多一线教师在日常的教育教学活动中遭遇的最为迫切的难题，是常常困扰着教师、影响着教师顺利组织教育活动的现实问题，其中的价值与意义也只有教师自己方能真切感受，因此，它是真问题。

微观：微型课题着眼于“小”，以“微型”彰显特色，它的切入点和开口都很小，关注的是教育教学活动中问题的“某点”以及某个细节，并由此层层深入，不断探究，寻求解决问题的最佳途径，从而达到研究的目的，揭示问题的本质和内涵。由于切口小，一个教师或一个课题组可以同时研究几个微型课题；由于切入口小，所以能跟具体的教育教学融为一体，更加适合一线教师。

即时：一方面，微型课题生成于教师的教育实践之中，根植于教师的课堂教学之中，具有很强的随机性、偶发性、情境性，常常是不约而至的。另一方面，微型课题在研究周期上很灵活，不受时间限制，一周、一个月，时间周期不等，方式上根据实际需要随机应变，用一句时髦的话就是“我的事情，我做主”。正如白甸小学的老师们所认为的那样：“什么时候眼明了，心亮了，就可以自己给自己结题了。很显然，这样一种短、平、快的研究形态应当是教师专业发展和应对新课程的‘快乐便桥’。”

渐进：微型课题研究是一种默会的、多元的生成行为，是教师实践智慧不断丰富的渐进过程，其成效（教师自身的专业成长——隐性的成果）大多难以在短时间内显现，更难以凭借传统的标准进行量化考证。所以，更需要教师拥有一种平静的心态、一种务实的品质、一种坚持的毅力。只有如此，才能将真问题做成真研究；从小问题闯出大天地。

微型课题研究已经带来了什么，还可以带来什么？小课题孕育着怎样的大天地？不断追问、明晰研究的价值，有助于我们进一步增强行动的自觉性和目的性。

首先，微型课题研究是引领教师进入研究状态的“发动机”。倡导教师搞微型课题研究，不仅仅在乎他们研究了什么，解决了什么问题，取得了什么显性成果，而是更看重作为一种日常的、个人化的研究方式，微型课题研究是否能引领教师进入一种研究的状态，养成一种研究、思考的习惯，使教学不再是日复一日的机械重复、辛苦劳作，而成为发现、思考并尝试解决问题的过程，让教师在反思性实践中触摸、掌握一种本原的研究方式，实现教学与研究的最佳融合。

其次，微型课题研究是破解教育教学难题的“金钥匙”。在推进素质教育，实施有效教学的过程中，教师面临着不断涌现的问题与挑战，这些问题有的因为教师的教学惯习、专业视野而处于遮蔽状态，习以为常，视而不见；有的问题被感觉到，却不知从何下手，找不到合适的解决办法；有的问题虽然可以从教育学专著或他人的研究成果中借用解决的“理论”，却因实际情况的独特性，缺乏针对性而收效甚微……微型课题研究可以促进教师提高对自身教育实践的“诊断”能力，改进能力，从而实施有效教学。

第三，微型课题研究是生成教师实践知识的“孵化器”。微型课题研究强调的是自己的问题自己解决，“做自己的主人”，因为教师在教育教学实践中遭遇的问题大多无法通过照搬教育理论或他人告诉解决，必须依赖于教师自己做出临场的决断。而微型课题研究策略选择的过程糅合了教师个人独特的生活经历、知识背景、个性风格、处事方式等，具有强烈的个人风格，这种智慧是“做”出来的，而不只是“想”出来的。

第四，微型课题研究将是新型学校文化诞生的“催化剂”。微型课题研究促使教师打破专业个人主义，形成一种开放的视域，通过项目共担、成果共享，促进教师之间的合作与对话；将改变传统的学科组、年级组的功能和机构，从一般的事务管理向研究团队、学习共同体转型；学校管理，包括教学管理、科研管理、教师管理等，都将从单纯的“管理”朝着“服务、引领、对话、支持”的方向转变。管理力量也将进一步前移，成为个别化、零距离的沟通与帮助。

正如白甸小学管理者所感受到的那样，如果仍沿袭传统的“象牙塔”式的管理模式，必然收效甚微。面对教师不断生成的形式多样的问题或课题，学校的教学管理必须细化、前移，要主动地给予教师面对面、一对一的指导和引领。毫无疑问，这要比学校聚集体力量进行主课题攻关有难度，必将给管理工作带来新的挑战。所以，微型课题研究的展开将带来整个学校管理文化、管理方式的变革。

管理：有效的才是最好的

正因为微型课题是以教师为本的研究方式，所以，相应的管理行为必须充分考虑到教师的专业生活的真实境况，准确把握微型课题研究的本质特点，进而确定管理工作的基本理念。我们认为，微型课题的管理应该是：淡化指令、指导，强化引领和对话；淡化起点，强化过程和终点；淡化共性，强化个性；淡化形式，强化实效……

积极营造开放、多元的学校氛围。微型课题与立项课题最大的区别在于，它不靠行政指令和任务驱动，而是依赖于教师专业意识的唤醒和专业热情的激发，指向自我，自我驱动，因此学校对教师进行微型课题研究应重在引领和指导。坚持以教师为本，积极营造重研究、重效益、重智慧的教育文化，消除职业倦怠，注入学习动力，引导多元对话，努力改变教师的“行走方式”，防止边缘化和自我封闭。鼓励教师进行微型课题研究，形成自己的教育风格；通过年级组、学科组交流，办公室沙龙，全校研讨等形式，为教师搭建沟通和展示的平台，促进教师的多样化发展；白甸小学每月一次的“科研例会”，就是以“盘点微型课题”为主要内容，展开不同层面的交流。大家可以毫不谦虚地“公开推销”，可以毫无隐藏地“敞开心扉”，可以毫无避讳地“指手画脚”……（摘自汤月明《小路风景》）研究的成果以展示的形式呈现，学校黑板报、墙报、广播、网络、研究简报，等等，不断推出教师微型课题研究的动态信息，肯定教师的研究状态、研究形式、研究成果，激励教师继续研究。

合理构架课题研究发布机制。微型课题作为一项课题，作为一种适合教师的研究方式，它要不要“申报”呢？这个问题我们曾经展开过激烈的争论，觉得可能需要因人因校而宜，应该慎提“申报”这个词，因为微型课题与传统立项课题的重要区别之一在于：它不可能，也不应该在统一、规定的时间内，要求老师特地去选择研究问题。微型课题的问题具有教学情境中的偶发性、随机性，稍纵即逝。因此，也许在等待申报的过程中，问题早就解决了；再说，“申报”一词的意思是用书面向上级或有关部门报告，这就意味着权力的不对等，对教师来说，最终能否开展此项研究的决定权其实是落到了管理者的手中，有违微型课题研究“我的事情，我做主”的初衷。

虽不提倡“申报”，却不意味着对教师的微型课题研究放任自流，让微型课题研究永远处于遮蔽状态，藏在深巷里弄。我们需要建立一种让教师的微型课题得以公开、敞亮的机制，让它能及时地为众人所知，这是教师获得专家引领、同伴互助的前提。缺少对话、互动必然会制约课题研究的深入。学校要通过便捷、多样的途径，帮助教师将最新的研究项目予以“发布”“登记”或“注册”。

正因为这种课题研究的公开方式是“发布”，而不是“申报”，所以更加强调其自主性、过程性和动态性，在具体方式上除了传统的填写表格上报登记，还更加灵活多样地通过定期和不定期的研讨交流、研究简报、专题网页、个人博客等手段，为学校管理者提供了解、调控、指导教师微型课题研究的即时信息。但是，在整个研究环节中，这个“申报”过程应该是淡化的。

搭建课题研究的交流、指导平台。立项课题需要规划、反思、决策，微型课题研究同样需要这样的研究品质，并直接决定着研究的质量。虽然微型课题研究不过分强调课题的“申报”和“设计”，不要求形成规范、详尽的文本，但仍要引导教师学会梳理、反思自己的教学问题，学会规划研究方案，遴选最优化的改进策略，推想研究可能遭遇的困难。

研究人员、学校管理者要主动介入教师的日常教学，进行面对面、一对一的“临床指导”，引导教师学会反思教学、积极参与同伴对话，帮助教师从日常教学工作中发现问题，归纳专题，提炼课题；要对教师的微型课题研究积极关注和合理调控，整合外力，给予必要帮助和指导；要注意培养骨干教师，为他们实施微型课题研究创造必要条件，并注重发挥他们对全体教师的示范引领作用；要畅通交流渠道，打造学习共同体，开展“我的小窍门”“微型课题研讨会”等研讨活动，充分依托校园 BBS 和博客等信息技术平台，引导教师讲述校课题研究故事，在对话中启迪智慧，在生成中提升理念；放大集体智慧优势，突破个人研究的局限，探索教师研究的“同伴互导”模式，优化年级组、学科组的研究功能。

完善以“微型课题研究”为介质的校本研修方式。学校要以微型课题研究为抓手，统领学校的教研、科研活动。指导教师进行个性化的读书、学习，指导教师学会案例研究、叙事研究等质的研究方法，指导教师撰写研究故事、教学故事、教育日记等（事实上许多教师并不会撰写这类看似简单实质要求很高的文章）。同时，校内的研讨课、观摩课、校本课程开发、综合实践活动、品德教育等都要尽量与微型课题研究有机整合。

构建实践取向的成果评价体系。微型课题研究坚持怎样的成果取向，是将教师拒之门外，是蛊惑其弄虚作假，还是让他获得“存在”的尊严？教师的微型课题研究，不是为了“繁荣教育科学”，也不是为了“发现教育规律”“完善教育理论”，而是为了解决教师自己遭遇的实践问题，是教师对“问题情境”的感受、体验、解释、作用的过程，是来自教师本能的一种存在方式、表达方式的需要。因此，考察教师的微型课题研究成果，必须紧紧立足于教师特定的专业场域，观照教师专业发展的实然状态。

“经历即成长，成事即成人。”评价微型课题研究的成果，首先要看教师有没有进入一种研究的状态，经历了怎样的研究过程。“发现一个问题胜于解决一个问题。”教师是不是对自己的教育教学抱有一种“热切的”“饶有兴趣”的关注？教师具有怎样的问题意识，是否从自身教育教学实践，从读书学习中，从同伴互动中发掘具有教育学意义且切实可行的话题或问题？对问题作出怎样的分析和思考？如何创造性地选择解决问题的策略……这些不仅是衡量教师进行微型课题研究的重要指标，也是教师创造性教学品质的重要体现。

关注教师的研究过程，要求教师在研究中养成良好的积累与反思习惯，能对相应的研究话题保持自觉、持久的探究，注意收集研究资料，进行“生活体验写作”；能够根据研究的进程，尤其是学情的发展，能动地调整研究策略，采取智慧行动；积极地与指导者、同事展开及时、有效的专业对话，努力探寻一种合作与分享的工作状态，等等。

评价教师的研究成效同样具有不可或缺的重要性。研究起始于问题，因而必须考察其对预期目标作出怎样的回应，在多大程度上解决了实际问题，对学生的发展发挥了怎样的促进作用。教师的研究成果不应，也不可能归结为一种理性的学术表达，而是应该建立在“叙事研究”“生活体验写作”的基础上，以教育日记、教学随笔、案例分析、教学方案、学生作业等为主的一种实践原生态的呈现，是基于“研究经历描述与解释”的研究报告的表达，是实践活动本身意义的敞现和多元解读。

评价的视角决定了评价方式。日常管理必须前移，努力实现“贴身式服务”。管理者和专业研究人员应该自觉地融入教师日常的教育活动，参与到微型课题研究的过程中，在与教师的对话、合作、引领中，对教师的微型课题研究进行动态性的过程评价；要充分尊重教师的独特经历、主体感受，进行基于研究案例的对话、研讨，尝试进行展示性评价；要培养教师的资料意识，积极实施档案袋评价。

至关重要的是，学校、各级教育主管部门必须转变教育科研成果的评价标准，摒弃“论文情结”，凸显实践多元，发挥积极的导向作用。要让教师的微型课题研究成果与论文一样，具有参与各级考核、评奖的同等待遇。这是教师开展微型课题研究的一个极为关键的前提条件。在这方面，海安县的管理机制已为微型课题的研究作了新的规定，凡是学校推荐的优秀微型课题研究成果，经县教科室界定确认之后，将以文件的形式公布确认为县级课题研究成果。

坚持评价与成果推广相结合。微型课题尽管个性色彩很浓，但教师们的研究方法、研究思路、研究内容对其他教师依然具有很强的借鉴意义，所以，我们主张将课题评价与成果推广有机结合，通过举行研究故事报告会、研究成果展览、主题研讨沙龙、主题活动汇报等示例成果展示活动，形象、直观地展示微型课题研究给教师、学生、教学带来的变化，为大面积推广微型课题研究、实施有效教学提供支持。

4. 让教师在真情言说中感悟

——江苏省海安县实验小学教师撰写教育故事的故事

顾 荣

引 言

作为全国教育科学“十五”规划重点课题“教育研究与教师的专业发展”的子课题研究单位，自2002年下半年起，我们就在思考着这样一些问题：什么是适合教师的专业发展的教育研究？什么是适合基层教师的研究方法？什么样的教师研究方式能促进教师个人实践知识的更新？作为学校应该如何引导教师参与教育研究？作为“指导者”应该如何为教师创设平台，让教师寻求到适合自身个性特点和自身专业发展的教育研究方式？

总结反思

回顾、梳理20世纪90年代以来我校的教育科研情况，主要呈现出以下几个特点。

从研究的内容上来看，先是验证性实验，后来逐渐走向自己的主课题实验。我们先后参加了“注音识字，提前读写”“李吉林情境教学法”等验证性实验，1990年起学校与海安县教育局教科室共同主持了“调整活动节奏，改善教育交往”的主课题实验。“九五”期间，我们作为国家青年专项研究“中小学生人际交往指导模式研究”的子课题主持单位，着力进行了“小学交往活动课的开发”试验，同时学校将研究聚焦在“课堂教学民主化”和“班队管理自主化”上。“十五”期间，我们又主持了江苏省教育科学规划重点项目“为了‘共生理想’的交往教育研究”。

从参与研究的人员来看，由科研骨干逐渐走向全体教师。开始参与实验的只是作为骨干的实验班教师，后来队伍不断扩大。“八五”期间，参与“调整活动节奏，改善教育交往”教育实验的教师人数只有七八个人，随着学校课题研究的进一步深入，研究的队伍不断扩大。目前，全校几乎所有的教师都参与到了“十五”主课题研究中。

从研究的成果来看，近年来，我校教师年均在省级以上报刊发表文章在100篇左右，但除去少数是课题研究的相关论文和报告以外，较多的是教学设计、教学随笔、经验总结等。从发表文章的作者面来看，虽说每年全校在省级以上报刊杂志发表文章百篇左右，但主要集中在少数教师，作者的面约占全校教师的15%左右。

从研究的方法来看，从早期较为封闭单一的实验法逐步走向多元化的、开放的研究方式，目前涵盖了课题研究、教例研究、教育沙龙、反思教学等多种研究方式。

1995年起，为了进一步深化学校主课题研究，我校创造性地开展了教育沙龙活动，让全校教师在交流中实现观点的分享、思维的碰撞。应该说在一定时期内，教育沙龙确实发挥了积极的作用，拓宽了我校教师的理论视野，促进了教师的自我反思，激发了教师的科研热情。但是教育沙龙在发挥着积极作用的同时，我们也发现，不少老师的发言稿确实不是自己的声音，完全成了专家的传声筒。例如，在“教育民主化”沙龙中，除了谈自己在教育教学过程中如何认识和实践教育民主化之外，更多的是资料的展示、照搬，如：

迄今为止，关于教育民主化，无论是从内涵还是从外延说，都没有一个十分明确的定义。每一个人或每一个国家都是从不同的角度或立场来理解或实施教育民主化的。法国教育史学家米亚拉雷和维亚尔两人认为，“教育‘民主化’这一根据就其完整的意义而言包括两个方面：教育面前的平等和参与教育管理的平等”；在一些不发达国家或地区，教育民主化仅是指能够受到最低限度的教育，学到最低限度的知识；而在一些发达国家或地区，教育民主化意味着教育决策。联合国教科文组织在20世纪70年代末的一次区域性会议上对于教育民主化的这种丰富而复杂的内涵给予了一个总的概括：“教育民主化既涉及入学机会均等，又涉及学业成功机会均等，还涉及教育形式的多样化，教育面向社会和生活，以及在教学内容、教学方法和教学组织中培养新精神。”

从上面的发言中，不难发现这不是教师“自己的声音”，这种研究方式充其量只是相关知识的了解而已，对教师的专业发展并无明显的促进作用。

先期探索

“九五”期间，学校主课题研究的两个重点是“民主化的课堂教学模式研究”和“自主式的班队管理模式研究”。研究的过程中，大家逐渐形成了这样的共识，改善师生交往是关键！因为教育从本质上讲是一种人文交往实践，教学同样是一种特殊的交往活动。教育作为一种心灵交流的活动，绝不可能在交往之外进行。教学由交往演化而来，以交往形态而存在，没有实质性的交往、互动，就不存在真正的教学。学生在教育教学的互动过程中，作为交往的主体而存在，同他人结成一定的师生关系、同学关系，结成一定的教学关系。这种关系的生成过程及其结构性质直接影响到教育教学交往的质量。之所以提倡“课堂教学民主化”“班队管理自主化”，实际上就是在寻求构建良好的师生关系和同伴关系。严格说来，每一次的师生交往都应该是双方去努力实现心灵相遇的过程。在努力改善师生交往的过程中，教师应该付出更多的耐心、细心和爱心，因为每一种教育方式、每一个教育环节，都能体现出师生交往的独特性和复杂性以及不可重复性。在平时的交流中，我们了解到不少教师在改善师生交往方面做出了有益的探索。本着总结经验、引发思考、改善行为的目的，我们于2000年9月征集编印了《尊重·理解·关心——海安县实验小学改善师生交往个案选》，其中不乏充满师生灵性的个案，王鹏老师的“一堂意外的班会课”便是一例。

班会课开始了，我灵机一动，不如让他们说说我吧。一方面，反映我这个人“民主”，一方面也看看他们到底能说些什么，不用说，一定都说我怎么怎么好呀！饱饱耳福！一举两得，岂不乐哉？

过了几分钟，几个平时受宠的漂亮小女孩开口了：“王老师，你像妈妈一样爱我们！”“王老师，你的辫子真好看！”“王老师，你读课文的声音好好听！”

果不其然，我几乎有点儿飘飘然了。

“王老师，你经常拍我的头，好像我的头是排球。”一个男孩突然轻轻冒出这样一句话，教室里哄堂大笑。我心里一下子涌起一股怒火：“不拍你的头拍谁的头？谁让你总把板凳弄得吱吱响！”我正要吼出来，突然想起有言在先“一律鼓励”，好歹不能说话不算数，我勉强挤出一丝笑容：“说得好，请坐下，谁继续？”小萝卜头们受到了鼓励，胆子变大了！

“王老师，那天下大雪，我总往外看，可你却不准我们看。”“你有一次把‘车’写倒笔了。”“我捡了一元钱交给你，你没表扬我。”“那天，我的牙要掉，你硬要我吃加餐，我差点儿把牙吃到肚子里了。”……

天哪！“表彰”大会变成了“批判”大会，而受审的不是别人，正是我这个“伟大”的班主任！站在前面，我脸上红一阵白一阵，发言的一个接一个，诉说着对我的不满，对我的建议，间或也有几声表扬。在难熬中，我才发觉作为一名老师，平时没有跟他们平等相处，没有重视跟他们的感情交往！

收入《个案选》的68份个案，很快在全校教师中传阅着，大家由此受到不同程度的启发和触动，《个案选》也作为全国教育科学“九五”规划青年专项课堂“中小学生人际交往指导模式”的成果受到有关专家的好评。焦顺华老师的《向学生学习》《走进心灵与走进生活》、王玉梅老师的《润物细无声》、陆美云老师的《沟通，让老师、学生和家长间关系更加和谐》等个案发表在《人民教育》《新教育周刊》《教育探索》等报刊上。

撰写改善师生交往个案渐渐地成为大家进行“交往教育”研究的一种方式。

偶然尝试

2002年6月，我校金沙校长主持的江苏省教育科学“十五”规划重点课题“为了‘共生理想’的交往教育研究”和柳夕浪副局长主持的全国教育科学“十五”规划重点课题“教育研究与教师的专业发展”研究同时启动了。作为“教育研究与教师的专业发展”的子课题研究承担学校，我们将研究内容侧重在对“教师研究方式的尝试、总结与改进”上。一方面用“为了‘共生理想’的交往教育研究”来整合、统领全校的各级各类研究；另一方面，结合主课题研究来尝试、总结、探寻适合我校教师的研究方式，从而促进课题研究的健康运作，又真正实现教师的专业发展。

“为了‘共生理想’的交往教育研究”主要包括三个方面的研究内容。一是教学交往的改善，二是共生理念下教师队伍的建设，三是管理场境的优化。该主课题研究的核心理念和理论基础与如火如荼的基础教育课题改革的理念是吻合的。因此，我校又将课题研究作为推进课程改革的重要抓手。2002年9月，我校一年级全面使用国标本教材，实质性地进入课改实验洪流之中。一年级的实验教师们努力从教学方式的变革、师生关系的优化、评价手段的调适等方面实践着新课程的理念。一学期下来，一年级部的25位老师跨出了“从走近新课程到走进新课程”这坚实的一步。他们将一学期的辛劳兴奋与喜悦、一学期的心跳与泪流、一学期的辛劳与汗水，全部记载在他们的教育日记当中。

最先，在2003年4月出刊的第32期校刊《对话》上，发表了储冬生老师的《为别人喝彩!》和仲剑峰老师的《一场没有上演的课本剧》。接着，便有了一年级部为大型展示活动——“走进新课程”而准备的系列材料中的教育故事集《孩子和我们》。这本共45篇文章的故事集凝聚了一年级部全体教师的心血和智慧，分为《聆听童声》《美丽的日子》《一路如歌》《有生如斯》

和《何以润物》五个乐章。因为印刷成本的原因，这本集子只能在很小的范围内传阅。很快，我们便被故事集中清新的文笔所吸引。一时间内，徐丽新老师的《一碗蛋炒饭》即"飘香"在全校教师的案前。

"薛老师送你的蛋炒饭！"

"哦。"我还真忘了，心底里最脆薄的一根弦突然就这样被触动起来。一缕香味扑鼻而来，饭里拌一点蛋与葱，火腿肠加一点碎肉，我的肠胃开始骚动不已，我忍不住尝了一口，又一口。就在我吃第三口的时候，我抬起了头。我一下子放慢了咀嚼的频率。

几乎所有的孩子都已经停下勺子瞅着我，我刚才那副饥肠辘辘的丑态被每一个孩子尽收眼底，我很快窘迫了。正好，身边还有一个站着没走的男孩，我慌乱地拉住他，冲他一笑："真香，尝一口，怎么样?"孩子的脸上一下子现出受宠若惊的表情，但他很快便把嘴巴凑上来，他的两侧鼻翼紧张地收缩，再放松。"香吗?""香!"那孩子像是对全世界宣布一样的大声。接着，我便清晰地看见了在场的孩子们眼神里涌动的是什么。我的心情莫名其妙地变得愉悦了。我端起那只碗，走下去，声调也变得生动活泼起来："想吃的，说一声!""我!""我!"……

碗中很快空空如也，其中有一个孩子因为嘴里塞得过多，把两个腮帮子都给高高地撑起了。看着他们一个个兴奋地咂吧着小嘴，我的头痛一下子不翼而飞。

"老师没得吃了!"不知是哪个女孩尖尖的嗓音，教室里沸腾了一般传开了这句话，一个个神色慌乱，像大祸临头一般。我赶忙说："我比你们先吃了。""哦，对的。""我也看见了。"气氛顿时又轻松下来。我以为事情到此为止就可以鸣金收兵了。

然而吃完饭看电视时，就有一个胖嘟嘟的女孩儿开始塞糖给我了，那沾着汗的糖块让我一下子踏进了遥远的孩童时代。恍惚间，就以为自己真是一个孩子了。

后来，又有一张纸条传过来："老师，你的病好了吗？祝你万事如意。"几乎都是拼音，还有两个字母写错了，但工工整整，语气真挚而中肯。我捏在手里，别有一番滋味在心头：这群小不点哟，谁说他们不懂事呢，简直比大内密探还神通。

很少有孩子说话了，他们开始自觉地互相提醒，而我一个柔和的眼神就能阻止一场将有可能的舌战。

开始我对孩子这些变化一直不解其味。后来我懂了：他们是在用一种原始的单纯和热烈来回报我，回报这一碗蛋炒饭。我的眼角那边暖烘暖烘的。

像这样的美文故事还有很多！

在此之前，我们对全校教师关于教科研工作的认识进行了一次问卷调查。有两项的结果说明了我校教师的普通认识：①你觉得学校的教科研主要指什么？55%的教师认为是“对自身的教育教学行为进行批判反思”（高居第一位）；②你认为什么样的教科研活动对教师的帮助大？60%的教师认为“与专家或经验丰富的老师一起观摩研讨课堂教学中的实际问题”对自己的帮助最大，其次37%的教师选择“经常对自身教学行为进行批判反思，写课后记等”。

鉴于老师们普遍的认同，并受《孩子和我们》的启发，课题组成员商量后决定，在全校范围内倡导教师正常撰写教育故事。2003年4月30日，与《征集教育故事的通知》同时下发给教师的还有徐丽新老师的《牵手》、戴树琴老师的《有生如斯》、仲明月老师的《关于颜真卿》等几篇精彩的教育故事。

搭建平台

2003年的5月，和所有的中小学一样，我们也生活在阴霾之中——“非典”的阴影一直笼罩在我们的上空。大家一边严防着“非典”的入侵，一边一如既往地从事着自己的工作。《征集教育故事的通知》下发后，立即得到了老师们积极的响应。大家有的整理过去的故事，有的记录今天的趣事，有的写下自己的收获，有的记下自己的困惑。到6月20号截稿之日，我们一共收到125篇教育故事。这其中，有刚刚参加工作不足一年的新教师的心声，也有临近退休的老教师的真情，有描写着欣喜的文字，也有记录着困惑的话语。我们组织有关人员进行认真的评选，共评出一等奖6名，二等奖12名，三等奖24名。

2003年7月7日下午，烈日炎炎，天气闷热，学校会议室里一场别开生面的教育故事交流正在进行。

苏小燕老师的《一只桃子》记录了师生之间的纯真友情。储玲玲老师的《抗议分班，真人签名》表现了三（4）班铁一般的凝聚力。因一股爱的力量，已生银发的蒋玉珍老师戴上老花眼镜，拿起笔，拾掇起五个教学生活的片段，让我们从《那轻轻的抚摸中》看到一位老教师的拳拳爱生之心。储冬生老师的《喜欢的力量》，让我们看到了他处理所谓“早恋”问题的匠心独运。

台上演讲老师的表演引人入胜，尤其是焦顺华老师巧用道具声情并茂的表演，犹如表演大师刘兰芳再现！台下，全体教师全神贯注、聆听思考，时而点头称道，时而掌声附和。整个故事会给人最深启发的是梅德平老师的那篇《思困》——

"同学们，昨天我问你们如何对待有困难的人，你们都说要热心地帮助她，今天，我们班的吉丽就是这样一个时刻需要帮助的同学，愿意与她同座的同学请举手。"我满怀信心地期待那些平时在我心目中品行端正、思想健康向上的优秀学生高高举起的小手。然而，结果让我如同掉进了一片漆黑的深谷。我站在那儿足足等了五分钟，竟然没有发现一只手举起来，让我十分尴尬。因为我用我的行动击碎了我信心十足的判断，为我要教育的学生坚持她的错误做法树立了信心。我顿觉威信扫地，我们的教育是何等的无能为力。而此时的孔凡更是满脸得意，我不知此时的老师在她的心目中是何种形象。再看看吉丽，则低垂着头，趴在桌上，眼含泪花。我能揣摩到不被人接纳的她此时的内心是何等的酸楚，我也深知被孤立被隔绝对她的幼小的心灵是何等的伤害。而此时的我已忽略了这一切，灌满我胸膛的是失去威信的愤懑和拥有这帮学生的痛心，我觉得此时急需趁热打铁，对这帮学生上一堂深刻的思想课。

思想教育课临近尾声，自己觉得上得很深入，因为每个人都坐得端端正正，听得大气不敢出一口。我不知今天教育的效果有多大，也许还会像以前老师的教育而最终出现今天这样的结果一样，只是空洞的说教。也许会出现翻天覆地的变化。最后，我意味深长地说："今天我让吉丽一人独坐一张桌子，在她的旁边有一个空座位，我想我们每个同学都会像自己所说的那样，做到言行一致，更相信我们每个人都是一个富有爱心的人。我期待着吉丽旁边的座位会出现争抢的场面……"

往后的日子里，我一直关注着那个空座位，一直期待着这个座位上能多出一个人影，期待着那个被隔绝的世界能被洒上一片温暖的阳光，那是我最大的希望，也是对我那节课成功的佐证。但是，我的希望落空了，那个座位一直空空的，直到学期结束。这段时间里，吉丽一直寡言少语，脸上也很少有丰富的表情，唯独见到我时总是一脸灿烂的笑容，这笑容是对我的一丝慰藉，但更多的是让我感到无比的失落，我的心里也一直是空空的，心口总觉得被一种莫名的东西堵塞着……

随后，我们在校园网上开辟了《海安县实验小学教师教育故事专栏》，要求教师们将所撰写的教育故事上传到专栏中，让大家分享这一喜人成果。另外，还在校刊《对话》上开辟专栏，发表教师的优秀教育故事。我们还通过电子邮件将部分优秀故事发送给《中国教师报》，该报总编辑刘堂江先生给予了高度评价，并将稿件推荐给相关责任编辑。（到目前为止，《中国教师报》已刊发了我校老师的5篇故事。）

接下去的一学期中，我们继续征集教育故事，并将撰写教育故事写进了工作计划，作为教师工作考核的项目之一。老师们也就自然多了一些“心计”，多了一份“经营”。期末，共收到142篇故事，共评出等级奖50篇，其中戴树琴老师的《吕海东的童年》、王小燕老师的《与心灵有个约会》、傅桂梅老师的《意外的机会》等10篇获一等奖。同样，我们于2004年元月11日下午组织了“教育故事会”。

引领指导

如果说当年的《改善师生交往个案选》只是先期探索的话，如果说一年级的《孩子与我们》仅是偶然尝试的话，那么从随后的搭建平台起，我们就开始了引领指导。

2003年4月，我们开始陆续向教师推荐一些关于教师叙事研究的专著和文章，如加拿大学者范梅南的《教学机智——教育智慧的意蕴》《生活体验研究——人文科学视野中的教育学》、王枬的《关于教师的叙事研究》、刘良华的《改变教师日常生活的“叙事研究”》等。我们还重点推介了朱永新教授在“教育在线”（http：//eduol. com. cn）上开的“成功保险”：成功保险的对象不限，任何人都可以投保，尤其欢迎教育界人士来投保，因为教育的成功，是中华民族伟大复兴的基石。投保金额不限，万元不多，十元不少。投保期限为十年。条件只有一个，这十年中，每天必须写一千字的教育反思日记。我们专题介绍了苏霍姆林斯基、顾泠沅、魏书生、李镇西、张向阳等撰写教育日记走向成功的例子，同时我们还推荐教师到“教育在线”上去学习别人的教育故事。（“教育在线”上有许多教师的教育日记、故事专栏。）

学校也组织相关人员对全体教师进行适当的指导。首先，是许卫兵副校长对全校老师所作的专题报告《教育故事，让我们真诚言说》的专题报告。

教育故事，顾名思义，就是以故事的方式来叙述教育活动中那些本身已经逝去，却被记忆挽留在我们印象中的大事、小事、喜事、伤事、趣事……教育故事有其自身的特点。首先，它是本真的。也就是说，它的内容应完全来源于教师自身具体的教育实践，取自教育生活的真实原貌。应该说，正是平常、朴素而又真实的教育生活以及教学活动中的成功、困惑、懊恼、尴尬、惊喜、感触、顿悟……让教师们有了言说的冲动，有了交流的需求。其次，它是直白的。也就是说，它摈弃高深的理论阐释，力戒旁征博引，通篇侧重于对事情本身的描写和叙述。再者，它是蕴含的。教师写教育故事并不是简单停留在对教育生活事实的赘述，更是因为老师们想超越生活，想在历史的基础上重建教育生活的价值和意义。此外，它还应是艺术的。“故事”本身就属于具有强大吸引力的一种文学艺术形式。同样，作为“教育故事”，除了以真人、真事、真情感人外，也缺少不了要用生动的语言、曲折的情节、精巧的构思、细致的描写、深刻的内涵等文学艺术的魅力来让读者产生碰撞、产生启迪并获得美的享受。

我们还邀请总课题组负责人柳夕浪先生进行了专题指导。他认为撰写教育故事时，教师首先应当通过与同事、学生、家长的对话、互动来叙述自我、敞亮自我。其次，讲故事的过程应是对教育教学生活的内在意义的探询、体验、理解与建构的过程。而追寻教育意义的教师故事应当着力描述个人的教育教学生活际遇，陈述作为当事人的内在体验感受，不断叩问自身的教育教学行为对儿童的成长意味着什么，从曾经怎样与可能怎样的生命感受中探索生命的应然。第三，教育故事要直面事情本身，把握活生生的教育生活现象本身，让读者从事情的叙述中去感悟、体验，要求“悬搁”任何预设，以防某种意义上的“偏见”。他还强调了教育故事与经验总结是不同的，一般意义上的经验总结，并不是总结实实在在的经验体会，而是要将经验概括提炼上升为理论，较多的表现形式是“观点＋例子”或“案例＋观点”，结果这些“论文”往往大同小异，而教育故事是直面事情本身，真实记录自己的内心感受，让读者从平常中、细微中见真情，从无问题中直观出有问题，让读者自己去感知、感悟，而非追求“提升理论”，追求“大道理”。

几点思考

思考之一：教育故事，为什么会成为我校教师认可甚至热衷的一种研究方式？

在一定的历史时期，在一定的范围内，“教育实验”“课题研究”等研究方式为我校的教育科研发展和科研骨干队伍的培养发挥了积极的作用。随着学校课题研究的深入，随着“教师专业化发展”这一时代主题的突显，我们认识到教育科学研究严格的“学科规训制度”对一般教师而言高不可攀且现实意义不大。因为基层教师从事教育研究的根本旨趣不在于构建什么教育理论，而在于通过教育研究使自己得到专业化发展，最终改善自己的教育教学实践行为。教师置身于教育教学情境之中，作为“教育教学交往”的主体之一，他交往的主要对象是学生，其交往的主要目的也是为了学生。教师在日常的教育教学交往中，会因孩子的喜而喜，会因孩子的忧而忧，会被美好的童心感动，会因交往中的失误而痛苦，会因成功而幸福……他作为局内人，会把自己摆进去。除了用“论文”“报告”或“总结”提升他们的经验外，他自然会选择用自己的话语来叙述自己的成功、困惑、遭遇、想法与尝试行动，这些自己日常生活层面的话题。

还因为“教育交往”追求的是师生间心灵的相遇。一个留心观察的教师一定会被学生的童真所感动，如果教师时刻反省自己的话，他还会不时地叩问自己的行为对孩子的发展到底意味着什么。他在反思中，会因成功而高兴，会因温馨而幸福，会因失误而懊悔……自然他会记下这些真实的故事，记录下来既是为了“美好的回忆”，又是为了“引以为戒”。

所以，我们选择了教育故事这种研究方式，来让往事告诉未来，让自我向他人敞亮，让回忆警戒自我，在记录中关照和改善自身的行为。正因为多了一份“心计”，多了一份“经营”，让我们的教育生活多了留念，多了激情，多了智慧，多了艺术，你能说这不是研究吗?

思考之二：教育故事，我们还能做些什么?

教育研究的本性是寻求教育的理想彼岸。而写故事，可以把点点滴滴汇聚成小溪，而小溪终将汇成河流，一条思想的河流，这条河可承载着我们的教育之舟驶向教育理想的彼岸。

罗丹说：“生活中不是缺少美，而是缺少发现美的眼睛。”教师要留心生活，要有敏锐的感察能力和用心去发现的品质，也就是说要有较为强烈的写故事的意识。写故事绝非编故事，教育故事杜绝猎奇，这需要我们在平常的细微中见真情，从司空见惯的、熟视无睹的无问题中直观出有问题。这需要我们从记教育日记开始。教育日记不求天天写，但应经常写。通过日记来叙述师生交往中的点点滴滴、是是非非，促进我们与过去对话，与理想对话，在对话中寻求通往理想的通途。叙述故事的过程本身是选择、反思、求解，获得意义，进而改变内心世界的过程。经常性写故事，并整理这些故事，可从中找到灵感，找到前进的方向。

思考之三：如何深化对教育故事的研究?

引导教师写教育故事，首先要考虑写怎样的故事?故事有没有所谓的“好坏”之分?如果有，什么样的故事称得上是“好故事”?我们应该如何商定出“好故事”的标准，来对教师的研究进行必要的引导?

写故事与写论文对于教师的专业成长而言有什么不同?故事与论文的形成过程有怎样的区别?故事与论文的行文方式对教师研究有怎样的意义?如何使

多样化的研究方式“共存”于教师的研究之中？诉诸感性的故事是对理性的排斥吗？如何处理好感性与理性的关系，让理性积淀在感性之中？

教师的研究从记教育日记、写教育故事起步，又如何从写故事中拓展开去而不止于写故事？那么该走向哪里？怎样才能真正找到一条适合于教师的专业化发展的“回家的路”？

……

故事才刚刚开始，愿教育故事的世界越来越精彩！

注：①本文属全国教育科学“十五”规划重点课题“教育研究与教师的专业发展”的子课题研究成果。参加本项研究的有海安县实验小学的王少华、景盛、许卫兵、金沙、顾荣等。

②本文的形成过程中，得到了总主持人柳夕浪先生的悉心指导，文中引用了王鹏、徐丽新、梅德平、贲友林、许卫兵等老师的教育故事和文章片段，在此一并感谢！

（原载《当代教育科学》2004 年第 8 期）

责任编辑 刘 灿
版式设计 贾艳凤
责任校对 徐 虹
责任印制 曲凤玲

图书在版编目（CIP）数据

教师研究的意蕴／柳夕浪著．—北京：教育科学出版社，2007.11（2010.7 重印）
（教育智慧与智慧型教师研究丛书/田慧生主编）
ISBN 978-7-5041-3966-5

Ⅰ．教… Ⅱ．柳… Ⅲ．中小学—教育科学—科学研究 Ⅳ．G632.0

中国版本图书馆 CIP 数据核字（2007）第 153377 号

出版发行 教育科学出版社
社 址 北京·朝阳区安慧北里安园甲 9 号　　市场部电话 010-64989009
邮 编 100101　　编辑部电话 010-64981245
传 真 010-64891796　　网 址 http://www.esph.com.cn

经 销 各地新华书店
制 作 北京金奥都图文制作中心
印 刷 保定市中画美凯印刷有限公司　　版 次 2007 年 11 月第 1 版
开 本 169 毫米×239 毫米 16 开　　印 次 2010 年 7 月第 2 次印刷
印 张 18.75　　印 数 5 001—8 000 册
字 数 260 千　　定 价 29.80 元
